한옥의 美 ❶

그리움으로 찾아가는 아름다운 전통 가옥과의 만남

한옥의 美 ❶

서정호 저

경인문화사

　일반적으로 한옥을 우리의 전통 건축양식으로 지은 집이라고 통칭하는데, 더 깊숙이 들어가 보면 한옥은 단지 건축양식일 뿐만 아니라 한반도의 자연환경과 각 지역마다의 고유한 생활 방식, 나아가 민족 특유의 정서와 심성까지 스며있는 복합적인 생활공간이다. 예컨대 한옥의 지붕에 쓰인 재료만 가지고도 지형과 자연환경, 집 주인의 신분까지 유추할 수 있다. 예외는 있으나 볏짚, 밀짚, 갈대 등으로 만든 집들은 주로 평야지대에 사는 서민들의 집이요, 나무껍질과 돌 등으로 만든 너와집, 굴피집, 점판암집은 산간지방에 거주하는 서민들의 생활공간이었다. 신분이 높은 양반들은 서민과 달리 환경적인 요소에 구애받지 않고 기와집을 지었는데 그럼에도 집의 배치나 내부 공간의 구성은 지역적인 특색을 띠었다.

　한옥의 배치 구조를 들여다보면 자연과 벗 삼아 어울리고자 했던 우리 조상의 지혜를 엿볼 수 있다. 대부분의 주거용 공간은 태양의 흐름에 맞춰 동남향을 바라보고 장방형으로 배치했으며, 산을 등지고 남쪽으로 전망이 트인 곳을 명당으로 선택했다. 지붕 끝에는 처마를 만들었는데, 이 때문에 태양 고도가 높은 여름에는 한낮의 뜨거운 햇볕이 방 안에 들지 않아 시원하며, 겨울에는 낮게 비치는 햇빛이 방 안 깊숙이 들어와 일조량이 적은 시기에 공기를 데워주고, 창호지에 비추어진 햇살은 기나긴 겨울을 쾌적하게 해주는 역할에 중요한 요소가 되었다. 또 뒷 건물은 앞 건물보다 높게 기단을 만들어 태양 고도가 낮은 겨울에 집 안 가득 햇볕이 들게 했다. 이밖에도 서양의 건축물과 달리 한옥은 온돌 난방을 이용한 겨울공간과 대청마루를 이용한 여름공간이 하나의 공간 안에서 조화를 이루는 점도 매력적이다.

한옥이 자연과 함께 호흡하고 있음은 공간 구성에서도 찾아볼 수 있다. 부드러운 지붕선은 뒷산의 형상과 닮아 있는데, 때문에 자연과 집이 한데 어우러진 느낌을 들게 한다. 또 경사진 곳이라 해도 자연 지형을 거스르지 않고 그대로 짓는데, 이는 말 그대로 자연스러움을 최고의 아름다움으로 추구하기 때문이다. 이러다보니 집을 두르고 있는 담장은 그 높이가 제각각인데, 사실 담장은 '내 집'을 구분하기 위한 공간 분리의 역할보다는 집 전체를 아늑하게 감싸면서 건물 외의 공간으로 장독대와 텃밭을 만들어 건물과 조화를 이루게 하는 역할이 더 크다. 한옥은 마당을 외부공간이 아닌 지붕이 없는 내부공간으로 여기는데, 이는 건물 내부에서 할 수 없는 추수, 잔치, 음식 준비 등을 마당에서 모두 해결했기 때문이다.

사실 이 책을 준비하는 동안 많은 고민과 갈등이 있었음을 여러분께 먼저 토로한다. 우선 한옥에 대해 여러 각도로 안내한 선학들의 저서가 이미 상당수 있으며, 특히 한옥의 특징에 대해 강조하고 싶은 관점에 대해서도 현재 한옥에 살고 있는 사람들의 의견 또한 분분하기 때문에 어떠한 시각으로 접근해야 할지가 가장 큰 고민이었다. 때문에 한옥을 답사하는 사람들의 주관적인 관점과 삶의 공간으로서 한옥에 살고 있는 분들의 관점 모두를 한데 묶는 과정이 쉽지 않았다. 게다가 한옥은 대부분 비슷한 배치와 구조를 갖고 있는 것처럼 보이지만, 자세히 들여다보면 하나 같이 같은 것이 없으며, 주인의 편리와 심성에 맞춰 다양한 구성과 형태로 독특한 멋을 내었기 때문에 객관적인 잣대로 아름다움과 실용성 등을 규정할 수 없어 필자의 주관적인 견해가 많이 반영되었음을 이해 바란다.

둘째, 현재에도 민간 주택으로 사용되고 있는 수천 채의 전통 한옥이 지정문화재로 등록되어 있음에도 실제로 한옥에 대한 깊이 있는 연구와 보존 활동은 보물과 중요민속자료로 지정된 몇몇에만 국한되어 있어 정보를 얻기가 쉽지 않았다. 그러나 다행인 것은 최근 들어 여러 지방자치단체들이 자기 지역의 한옥에 대한 홍보와 관광 상품 개발에 적극적으로 노력하고 있고, 많은 사람들이 고택 체험과 답사 등을 통해 얻은 정보를 온라인상에서 활발히 교류하고 있어 어느 정도 도움을 얻을 수 있었다.

이 책에서는 기존에 많은 연구가 이뤄졌던 한옥에만 국한하지 않고 각 지역별 지방문화재와 국가에서 지정하지 않았지만 우리의 옛 생활 모습을 그대로 담고 있는 여러 민속마을의 한옥까지 모두 담고자 노력했다. 그런데 지방문화재로 지정된 한옥의 대부분은 사람이 살고 있지 않은 빈 집으로 제대로 관리가 이뤄지지 않고 있으며, 보수공사 또한 공사하는 이들의 작업 능률과 금전적인 문제 때문에 원형이 훼손되는 쪽으로 진행되고 있어 안타까움을 금할 수 없었다. 이에 더 많이 훼손되기 전에 한 채라도 더 원형 그대로 한옥의 모습을 자료화하고 소개해야 한다는 의무감과 책임감을 답사하는 내내 지울 수 없었다. 그러한 책임감의 발로가 이 한 권의 책에 담겼다고 해도 과언이 아닐 것이다.

모든 한옥은 한 번의 답사로 마치지 않고 수년에 걸쳐 계절이 바뀔 때마다 찾아가 자연과 시간의 흐름에 따라 어우러지는 한옥의 아름다움을 찾고자 노력했다.

각 한옥별로 소개할 때는 고택의 주변 환경에서부터 시작해 점점 중심부인 정침正寢까지 세밀히 글과 사진을 실어 답사를 가지 않아도 전체적인 그림으로 머릿속에 떠올릴 수 있도록 노력했다. 다만 사계절 변화하는 한옥의 모습을 담고 싶으나 지면이 부족해 그럴 수 없었음을 양해 바란다. 또한 애초에 써놓았던 일부 원고와 상당수의 사진들 역시 지면 문제로 다 싣지 못하였음을 밝혀둔다. 저자로서도 아쉬운 부분이다.

우리 문화재를 향한 사랑과 보살핌은 단순히 역사 보존으로만 그치는 것이 아니다. 현재 우리 삶의 가치를 높이고 민족의 자부심과 역사에 대한 긍지를 느낄 수 있으며, 앞으로 후손들에게 가치 있는 선물을 남기는 중요한 일이다. 이 책이 전통 한옥의 우수성과 아름다움을 후손들에게 길이 전할 수 있는 작은 발판이 되어주기를 희망하며 글을 마친다.

2010년 정초에 즈음하여
아름다운 한옥 앞에서 서 정 호

차 례

韓屋의 美

1 안동 하회마을

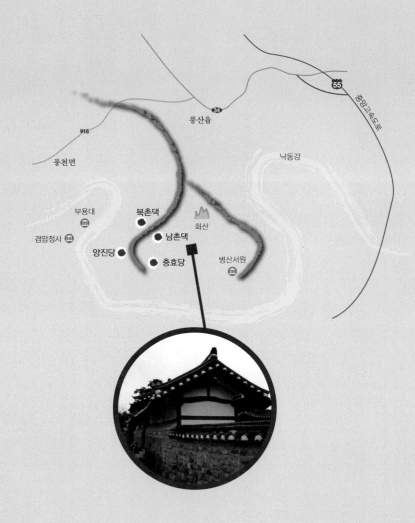

풍산읍

916

풍천면

낙동강

부용대

북촌댁

화산

겸암정사

남촌댁

양진당

충효당

병산서원

34

55

중앙고속도로

안동安東 하회河回마을

중요민속자료 제122호 | 경북 안동시 풍천면 하회리

• • •

안동安東 하회河回마을은 처음에는 허씨許氏와 안씨安氏 중심의 씨족마을이었는데 세월이 흐르면서 점차 이들 두 집안은 떠나고 풍산류씨豊山柳氏가 중심이 되어 터를 닦아 그 후 600년 동안 명맥을 이어오고 있는 우리나라의 대표적인 씨족마을이다. 한편, 씨족마을이라는 전통 외에도 마을 주민들이 기와집과 초가집의 옛 한옥을 여전히 생활공간으로 이용하고 있어 한옥의 과거 현재 미래 모습을 모두 살필 수 있는, 그야말로 한옥을 대표하는 마을로 꼽힌다.

'하회河回'라는 이름은 마을 주위를 감싸 안고 흐르는 낙동강의 모습이 '회回'자와 비슷하다고 하여 붙여졌는데, 풍수지리학적인 관점에서는 마을이 물 위에 떠 있는 연꽃의 형상과 같다 하여 길지吉地로 꼽는다. 이와 관련하여 과거 이 마을에서는 담장을 만들 때 돌을 섞지 않았다고 하는데, 마을이 물에 가라앉지 않기를 바라는 풍수의 관점에서 그렇게 한 것이라고 한다.

현재 하회마을에는 100여채의 전통 한옥이 있는데, 그 가운데 12채가 보물 및 중요민속자료로 등록되어 있다. 또 서민들의 놀이였던 '하

낙동강 모래 바람과 매서운 겨울 북풍을 막아주는 방풍림 너머의 하회마을

회별신굿탈놀이'와 선비들의 풍류놀이였던 '선유줄불놀이'가 현재까지도 전승되고 있어 하회마을은 우리의 전통 생활문화와 건축양식 모두를 경험할 수 있는 귀중한 공간으로 자리매김하고 있다.

　하회마을로 들어서기 전 두 갈래 길이 나오는데, 왼쪽은 서애西厓 류성룡柳成龍을 기리는 병산서원屛山書院으로 향하는 길이며, 낙동강을 끼고 굽이친 오른쪽 길이 하회마을의 중심부로 안내하는 길이다.

　병산서원으로 향하는 길은 낙동강에 접하면서 포장되지 않은 시골 옛길로, 하회마을을 찾는 많은 방문객들이 구불대는 이 길을 걸으며 옛 정취를 느끼곤 한다. 다락처럼 높게 세워진 병산서원의 만대루晩對樓에 앉아 병산 아래로 유유히 흐르는 낙동강과 드넓게 펼쳐진 백사장을 바라보노라면 500년 전 이곳에서 같은 풍광을 바라보며 시상을 펼쳤을

학문의 산실, 팔작지붕의 빈연정사

유림儒林들의 모습이 그려지는 듯하다.

한편, 오른쪽 길로 가는 길은 산길을 돌아 내려온 마을 입구에 다다르면 사계절 변화하는 전통마을의 꾸밈새에 병산서원에서 느끼던 아름다움을 마을 초입에서 느낄 수 있게 되어 또 한 번 눈이 즐거워진다. 마을의 초입로는 계절마다 각기 다른 모습을 보여주는데, 봄에는 강 언덕에 줄지어선 벚나무의 화려한 자태를, 여름에는 수줍은 듯 피어나는 연꽃의 미소를, 가을에는 들녘의 일렁이는 금빛 물결을 한껏 감상할 수 있다. 입구의 좌측편으로 펼쳐진 너른 들판 주변에 초가들이 일렬로 늘어서 있는데, 예부터 이 논밭을 경작하던 소작농들의 집으로 추정된다.

본격적으로 마을에 들어서면 기와지붕과 초가지붕이 하늘 아래 그려놓은 부드러운 곡선이 가장 먼저 눈에 띈다. 지붕 사이마다 촘촘히

제작 방식과 재료에 따라 저마다 독특한 아름다움을 뽐내는 전통 담장

초가집의 운치를 더하는 꽃과 나무로 만든 담장

안채의 시선을 보호하기 위해 세워진 쪽담

자리한 골목길에는 다양한 형태의 담장이 거미줄처럼 이어져 있는데 모두 같은 모양이 아니라 제작 방식과 재료에 따라 저마다 독특한 아름다움을 자랑한다. 담장밑 곳곳에는 봉숭아, 맨드라미, 채송화처럼 키 작은 꽃나무들이 가득 심겨져 있어 담장 곳곳에는 고운 빛깔을 더한다.

하회마을의 담장은 그 어느 것 하나 같은 것이 없다. 다들 자기가 사는 집과 어울리는 형태와 재료를 택해 만들었기 때문인데, 그래서 이곳은 전통 담장의 전시장이라도 해도 과언이 아닐 정도다. 그 가운데에는 우리 선조들이 삼국시대 때부터 고대 성곽이나 집을 지을 때 사용한, 판축 기법의 담장이 있다. 이렇게 흙을 겹겹이 다져 쌓아 올리는 판축 기법으로 만든 담장은 흙의 부드러운 질감이 살아 있어 많이 선호하는데, 시루떡처럼 조금씩 층을 올려 쌓을 때마다 생기는 결 모양은 자연 그대로를 닮아 있어 전통 한옥과 잘 어울린다.

담장은 골목을 지나다니는 사람들이 집 안을 들여다볼 수 없도록 사생활을 보호하고자 하는 필요 때문에 세워졌는데 전통 담장은 이러한 목적을 과학적인 시선 처리 방식을 이용해 해결했다. 집안의 중요한 생활공간인 안채나 사랑채는 담장과 가장 멀리 떨어진 곳에 배치했으며, 담장 아래는 부속 건물을 두고 지붕선은 담장의 높이와 사선을 이루고 하늘로 향하고 있어서 전체 건물 수가 아무리 많고 그 규모가 크다 해도 담장 밖에서 보면 모든 가옥의 추녀선 위의 지붕선 만이 보일 뿐 내부는 들여다볼 수 없다. 이는 담장 밖으로 기와지붕의 커다란 몸체 모두가 드러나지 않아서 부드러운 스카이라인이 형성된다. 이처럼 마을 북쪽, 즉 마을 초입에 자리한 한옥들은 19세기 이후에 지은 집들이 자리하고 있는데, 일부는 세부 조형이 조금씩 모습을 달리하며 새로운 한옥의 모습을 제시하고 있다. 예컨대 벽돌을 사용한 화방벽과 굴

학문의 깨달음과 한옥의 멋이 느껴지는 원지정사 대청 여름날의 풍경

뚝이 등장하고, 커다란 연못을 마당에 만들거나 길상무늬를 직접 기와무늬로 표현하는 막새기와들을 사용하는 집들이 보인다. 또 대문은 초가집의 형태로 만들고 안채는 기와집으로 만든다든지, 담장은 기와집 형태로 만들고 가옥은 초가집으로 짓는다든지 하는 식으로 다양한 형태의 한옥을 확인할 수 있다.

그러나, 하회마을의 전체적인 모습을 감상하고자 한다면 부용대에 올라 회回자 모양으로 마을을 감 쌓아 안고 흐르는 낙동강과 그 안에 자리한 마을을 보는 것이 백미이다. 부용대가 내려다보이는 마을 북쪽으로 강학講學 공간인 원지정사, 빈연정사가 있으며, 이 두 정사 앞의 강 너머로 부용대, 옥암정사, 겸암정사가 자리 잡고 있다. 예전에는 강을 건너려면 배를 타야 했는데 요즘에는 풍천면 소재지에서 광덕교의 다리를 건너면 차로 이동할 수 있어 누구나 쉽게 찾아갈 수 있다.

부용대를 마주하고 있는 원지정사와 빈연정사는 류성룡과 류운룡柳雲龍 형제가 학문에 정진하며 많은 책을 남긴 장소로 동쪽과 서쪽에 약간의 거리를 두고 떨어져 있다. 류성룡의 강학 공간인 원지정사는, 흙채움 없이 돌만 사용해 줄맞춤 없이 쌓은 막돌허튼층쌓기 방식으로 만든 2벌대 기단 위에 덤벙주춧돌을 놓고, 기둥은 모두 네모난 기둥인 방주方柱이지만 대청 전면은 둥그런 원주圓柱로 빈연정사보다 조금 부드러운 느낌을 준다. 정면에 세 칸 정침이 있고 그 옆에 누마루 정자가 붙어 있는데, 정침은 서쪽 두 칸이 온돌이고, 동쪽 한 칸이 대청大廳이다. 대청 사이에는 불발기창을 달았는데 천장에 매달면 하나의 넓은 공간으로 사용할 수 있어 실용적으로 꾸며 놓았다.

빈연정사는 원지정사와 여러모로 대칭을 이루고 있어 두 건물의 특징을 비교해 보기에 좋다. 원지정사의 맞배지붕 건물은 전면에 툇마루를 두고, 머름대를 크게 댄 두 칸의 온돌방과 한 칸의 대청마루, 운공의 보아지 초각과 섬돌이 있다. 반면 빈연정사는 팔작지붕 건물로 두 칸의 대청마루와 한 칸의 온돌방으로 이루어져 있다. 온돌방은 툇마루 없이 방문에 직접 연결되어 있어 원지정사에 비하여 폐쇄적인 느낌을 준다. 두 정사는 모두 출입문이 협문처럼 작은데, 최대한 외부와 단절한 상태로 나만의 공간에서 학문을 닦고자 하는 선비의 의지가 반영된 결과물이다.

원지정사의 창문 너머로는 부용대의 모습이 한눈에 들어오는데, 태백산맥의 맨 끝부분에 해당한다는 이 부용대의 꼭대기에 오르면 낙동강이 굽이치는 하회마을이 손에 잡힐 듯 한 폭의 그림처럼 펼쳐진 모습을 볼 수 있다.

마을로 들어가 중심부로 갈수록 골목길이 오르막으로 이어지는데 가장 높은 곳이라 여길 만한 지점을 향해 골목길을 돌고 돌다 보면 오랜 세월의 향기가 물씬 풍기는 노거수가 하늘을 가리며 서 있는 모습과 맞닥뜨리게 된다. 두 사람이 다정히 다닐 만 한 골목길 안쪽에 있어 하늘을 보고 찾아야 할 정도로 특별한 공간 안에 있다. 마을의 안녕을 책임지고 있는 삼신당 당산나무로, 마을이 생겨났을 무렵부터 생사고락을 함께 했다고 한다. 마을의 동제를 이곳에서 지내며 하회별신굿탈놀이도 여기서부터 출발한다.

삼신당 주변에는 새끼줄이 둘러져 있는데 여기에는 소원을 적은 종이가 빼곡하게 달려 있다. 예전에 이곳 마을 사람들의 축원을 들어주었던 삼신당이 이제는 하회마을을 찾는 수많은 방문객들의 소원까지 들어주느라 분주한 시간을 보내고 있지는 않을까 싶다.

하회마을의 집들은 이 삼신당을 중심으로 강을 향해 배치되어 있기

방문객들의 소원문을 빼곡히 달고 있는 삼신당

원지정사의 창 너머로 보이는 부용대의 모습

아침해살을 가득히 머금은 빈연정사의 대청마루

빈연정사로가는 골목길의 아름다운 능소화와 어울린 담장

때문에 좌향坐向이 일정하지 않다. 일반적으로 한옥 마을의 집들이 정남향 또는 동남향을 하고 있는 것과는 상당히 대조적인 모습이다. 또 큰 기와집을 중심으로 주변의 초가들이 원형을 이루며 배치되어 있는 것도 하회마을만의 특징이다.

이 삼신당을 중심 기점으로 양진당, 충효당, 북촌댁이 주변에 자리하고 있는데, 이들 공간에 대해서는 다음 편에서 따로 자세히 다루고자 한다.

안동 安東 양진당 養眞堂

보물 제306호 | 경북 안동시 풍천면 하회리 729

2

● ● ●

조선 명종 때 황해도 관찰사를 지낸 입암立巖 류중영柳仲郢과 그의
맏아들 겸암謙庵 류운룡柳雲龍이 살던 집으로 류중영의 호를 따서 입암
고택立巖古宅이라 부르기도 한다. 사랑대청 앞 처마 아래에 '입암고택'
현판이, 사랑대청 안 북쪽 벽 바라지창 위에 '양진당養眞堂'이라는 현판
이 걸려 있다. 지금의 이름인 '양진당'이라는 당호는 이곳을 크게 중수
한 류운룡의 6대손인 류영柳泳의 아호雅號에서 따온 것이다.

풍산류씨 대종택인 양진당은 원래는 아흔아홉 칸이었으나 지금은
쉰세 칸만 남아 있다. 'ㅁ'자형 안채에 행랑채와 대문채가 'ㅡ'자로 합
쳐져 열세 칸의 3량 집의 긴 건물이 전면에 배치되어 있는 형상이다.
평면도를 그려보면 경상도 가옥에서 공통적으로 찾아볼 수 있는 'ㅁ'자
형 안채에 대청 옆으로 'ㅡ'자형 별당을 이은 형태이다. 마을의 다른 가
옥에서 그 형태를 찾아볼 수 없을 만큼 우뚝 솟은 솟을대문과 사랑채의
높은 기단, 좌우로 뻗은 행랑채 등은 이곳이 대종택임을 한눈에 알 수
있게 한다. 또한 하회마을에서는 드물게 정남향을 취하고 있는데, 이
러한 양진당은 연화부수형連花浮水形 형국의 하회마을에서 꽃술에 해

행랑 안쪽에서 바라본 솟을대문, 그리고 대문 사이로 보이는 충효당 행랑채와의 만남

당하는 자리에 있다 하여 가장 명당자리로 꼽는다.

양진당은 마을길에서 접어들면 담장으로만 구획 된 바깥마당이 있고, 전면에 있는 행랑채에서 솟을대문으로 들어서면 사랑마당 건너편에 별채로 쓰이는 사랑채가 자리하고 있다. '입암고택' 현판이 걸려 있는 사랑채는 자연석을 높게 쌓아올린 기단 위에 팔작지붕으로 세워졌는데 정면 다섯 칸 측면 두 칸의 겹집으로 안채 쪽 측면 두 칸은 서고로 만들어졌다. 기단의 도움 외에도 경사진 지형을 그대로 이용해 다른 가옥보다 높게 세워진 사랑채는 주변에 툇마루를 달고 계자각鷄子脚 난간을 설치해 건물의 위상과 함께 중후한 멋을 냈다.

행랑채 옆, 두 짝의 판문으로 바깥마당 담장에 기대어 왼쪽 안채로 들어갈 수 있는 대문인 일각문이 따로 나 있는데, 이 일각문으로 들어

사랑채의 위상을 높여주는 툇마루 주변의 계자각 난간

가면 텃밭이 있는 아래채의 대청마루가 나타나고 그 옆으로 안채 안마
당으로 통하는 중문이 있다. 일반적으로 사대부 가옥은 사랑채 앞을
거쳐 안채로 향하는 동선을 취하고 있는데 이와 다른 양진당의 동선은
아녀자들이 사랑채를 거치지 않고도 자유롭게 안채로 드나들 수 있도
록 배려한 출입문을 만날 수 있다.

　양진당의 외형적인 특징으로 안채 지붕과 사랑채의 왼쪽 지붕은 맞
배지붕으로 처리해 안채와 사랑채의 내부공간을 하나로 연결하고 있
다. 사랑마당에서 보면 안채와 사랑채가 별도의 건물로 나뉘어져 있는
것처럼 보이지만 실제로는 사랑채의 대청 툇마루와 안채의 대청마루
를 같은 높이로 만들어 이 두 건물 사이에 설치한 외닫이 판문만 열면
이 둘이 하나로 연결된 공간이 꾸며져 있다.

사랑채 안팎에 걸린 입암고택과 양진당 현판

사랑채에서 안채로 연결되는 문

안채의 동쪽 벽면에 만들어진 각기 다른 형태의 창문과 문의 멋스러움

주로 제사를 지낼 때 이 외단이 판문이 열리는데, 안채 대청에 제사 음식이 차려지면 제관들이 이 통로를 이용해 사랑대청까지 제사 음식을 가져다 상에 올린다. 특히 불천위不遷位 제사를 지낼 때 대청은 친척과 손님들로 발 디딜 틈 없이 넘쳐나는데 이렇게 외단이 판문과 서재와 연결 된 출입문을 이용하여 만들어진 넓어진 공간 때문에 많은 사람들을 수용할 수 있다.

사랑채 대청마루에는 듬직하고 세련 된 커다란 세살무늬 4분합문을 기둥 사이에 꾸미고, 한 칸의 온돌방에는 궁판 없이 인방을 덧댄 형식으로 2분합문이 달려 있다. 특히, 여름에 양진당 대청마루에 앉아 전면의 분합문을 열면 솟을대문 위로 아득하니 문필봉이 보인다. 문필봉은 류성룡을 모신 병산서원의 입교당 서측방의 들창을 열면 보이는 산으로, 문필봉을 가운데에 놓고 양진당과 병산서원이 마을과 연결되어 있는 셈이다.

사랑채의 가구기법을 살펴보면, 전면 네 칸에 측면 두 칸 크기의 5량 집으로 둥근 기둥 위에 주두를 두고 대청 가운데 대들보는 반듯한 소나무를 이용해 약간의 표면을 짜귀로 가공해 자연미를 느낄 수 있게 만들었다. 벽의 상부에 걸린 대들보는 약간 활처럼 휜 부재를 이용해 지붕에서 내려오는 하중을 최대한 기둥에 전달할 수 있도록 힘의 모멘트moment를 조절한다. 이러한 방법은 목재로 집을 지을 때 선택 가능한 가장 과학적이고 공학적인 기법의 결정체로 지붕의 무거운 기와와 서까래 안에 채워진 적심들을 가느다란 기둥으로 버틸 수 있게끔 한다.

천장가구 구조는 보아지와 첨차 및 대공에 초각을 두어 장식적인 표현과 함께 일반 가정집에서는 보기 드문 처마를 길게 내밀기 위하여 서까래에 이어서 내민 네모난 모양의 부연 목재를 덧댄 겹처마 집의 형태

1 파련대공과 초각으로
꾸며진 사랑채의 천장
2 겹처마로 아름다운 선을
그리는 양진당 추녀

1 안채 부엌 위에 음식을
보관하는 상방
2 안채 대청마루 위 선반에 가득히
쌓여 있는 소반

를 하고 있다. 또 기둥머리에도 초각을 한 첨차를 두어 주심포 양식을 취하면서 기둥 사이에는 창방을 두어 판재로 화반을 꾸미고 있는 점도 이 집의 아름다움과 중후함, 그리고 조형적인 세련미와 함께 고즈넉한 전통 한옥의 모습을 그대로 드러낸다.

안채의 안마당에는 가슴이 풍만하고 표면에 문양이 없이 단아하게 처리한 경상도 지방의 특징을 갖고 있는 커다란 항아리를 중심으로 각기 다른 장醬을 담고 있는 다양한 크기의 항아리들이 장독대를 가득 메우고 있다. 안채의 대청은 전면 두 칸, 측면 두 칸의 정방형으로 후면에는 중인방과 하인방 사이에 회벽과 바라지창이 꾸며져 있다.

안채에서 가장 눈길을 끄는 것은 대청마루 앞의 기둥에 매단 선반에 수십 개의 소반들이 쌓여 있는 모습이다. 각기 다른 세월의 흔적을 지닌 다양한 모양의 소반들을 보노라면, 수많은 손님들의 접대와 많은 제사를 치루는 종갓집의 살림살이를 보여주는 듯하다.

대청의 기둥머리 위 가구 구조는 창방과 도리 사이에 소로를 두어 소로수장小爐修粧집의 형태를 취하고 있다. 대청마루 옆으로는 전면 한 칸의 윗방과 두 칸의 안방이 있으며 방 사이의 벽은 2분합문을 달아 연결되어 있다.

온돌방 전면에는 반 칸의 퇴를 두고 툇마루가 꾸며져 있으며, 툇마루 끝의 부엌으로 연결되는 벽에는 통나무 계단을 짜귀로 찍어 발판만 만든 계단을 놓고 상부에는 판문을 달아 음식을 보관하는 장소로 사용하고 있다. 서편 날개채와 안채가 연결되는 상단에 마루를 만든 이 공간은 냉장고가 없었던 시절 큰 행사를 앞두고 많은 음식을 보관할 때 사용하던 저장고이다. 종갓집에서 꼭 필요한 공간으로 외부로 연결 된 판문을 열면 시원한 서풍이 들어와 음식이 쉬이 상하지 않았다 한다.

두 불천위를 모신 두 개의 사당

그리고 아래로는 부엌으로 드나드는 통로가 된다.

안방 방문은 겨울이 되면 띠살무늬 덧문과 속문인 미서기문으로 꾸며져 웃풍을 막도록 되어 있다. 그리고 더운 여름에는 덧문을 추녀 끝에 달아 통풍과 채광이 잘 되도록 꾸몄다. 이 미서기문은 격자형 창살을 단순하게 꾸며 단아한 선비 집안의 느낌이 들도록 하였다.

부엌은 살창의 채광창이 나 있고 그 옆에 텃밭으로 나가는 문이 있는데, 집안 여인들이 이 문을 통해 텃밭에서 경작한 채소를 바로 부엌으로 가져와 음식을 마련했다. 텃밭이 지금은 마당으로 바뀌었지만 몇 해 전만 해도 꽤 많은 분량의 상추와 고추, 배추를 직접 경작했다고 한다.

사랑채 옆으로 난 협문을 나서면 넓은 후원과 함께 다른 고택에서 볼 수 없는 양진당만의 특징으로 두 개의 사당이 은행나무 밑에 자리하고 있다. 이 사당은 이 집의 자랑거리로 류중영과 류운룡 두 불천위가 부자父子 관계이기 때문에 한 곳에 모실 수 없어 두 개의 사당이 세워진 것이다. 아버지인 류중영의 사당은 정면 세 칸 측면 두 칸 크기에 반 칸의 퇴를 두고 있고, 류운룡의 사당은 정면 세 칸 측면 한 칸의 규모이며, 기둥의 간격과 규모 또한 아버지의 사당보다 작다. 이러한 부분에서도 위계질서가 건물로 표현되는 예를 볼 수 있는데, 이것이 우리 조상들이 지금의 우리나라를 예의 나라로 만든 초석이 되었다고 본다.

안동 충효당 忠孝堂

보물 제306호 ┃ 경북 안동시 풍천면 하회리 729

3

● ● ●

양진당과 함께 하회마을을 대표하는 반가로 꼽히는 충
효당은 서애 류성룡의 종택이다. 지금의 충효당의 모습은 류성룡 선생
사후에 선생의 유덕을 기리는 많은 유림들의 도움을 받아 그의 손자 류
원지柳元之가 안채를, 증손자 류의하柳宜河가 사랑채를 확장 중수한 것
으로, 류성룡이 낙향한 후 말년을 보냈던 소박한 생가와는 전혀 다른
형태의 가옥이라 한다. 대문채는 선생의 8대손인 류상조柳相祚가 지었
는데 일반 기와집과 달리 전면에 긴 행랑채와 함께 일자 모양의 독립된
건물로 배치돼 있어 눈길을 끈다.

이 가옥은 커다란 바깥마당을 지나 긴 행랑채인 대문채를 지나 끝나
는 지점에 좌측으로 동선이 꺾이면서 솟을대문을 만나게 된다. 대문채
의 몇 개의 계단을 올라서면 사랑대청에 걸린 '충효당' 편액이 눈에 들
어오는데, 이 글씨는 류의하가 사랑채를 중수할 때 당대 명필가 미수眉
叟 허목許穆이 전서篆書로 쓴 것이다. 당호를 충효당이라 짓게 된 연유
는 서애가 임종할 당시 자손들에게 남긴 시구절인 '충과 효 외에 달리
할 일은 없다忠孝之外無事業'에서 비롯된 것이라고 한다. 이 전서체의

멋들어진 선은 남촌댁의 사당 담장 흙벽에서 다시 만날 수 있다.

정문에 해당되는 대문채는 남북으로 긴 열두 칸의 건물로 오른쪽은 사랑채와, 왼쪽의 반은 안채와 연결될 수 있도록 설계되어 있으며, 그 가운데에 안쪽에서 협문을 달아 담장으로 구획했다.

사랑채는 정면 여섯 칸 측면 두 칸 규모의 겹집 형식으로 건물 정면과 측면에 계자각난간을 두른 툇마루가 꾸며져 있다. 사랑채는 세월의 멋이 느껴지는 소나무의 오래 된 나이테와 잘 다듬은 장대석의 축대가 인상적인데, 특히 궁궐에서나 사용할 수 있었던 긴 장대석을 계단 디딤돌로 놓아 멋스러움과 함께 고고한 선비의 기상이 느껴진다.

대청마루 뒤쪽의 두 칸 중 출입 판문이 있는 상부에는 '충효당' 편액이 걸려 있고, 오른쪽 기둥 사이에는 머름을 댄 바라지창을 두어 하나는 출입 용도로 하나는 창문 용도로 나누어 설치했음을 알 수 있다. 출입문으

사랑채의 툇마루를
둘러싼 계자각난간

1 솟을대문 안쪽으로
보이는 사랑채의 모습
2 사랑대청에서 뒤뜰로
드나들 수 있는 띠살문
3 독립된 건물로 회랑처럼
길게 연결된 충효당의
대문채

로 사용하는 바라지창의 처마 아래 뜰에는 섬돌이 놓여져 안채로 드나드는데 사용 한 것으로 보인다. 대청에 노출된 둥근 기둥은 부드러운 나뭇결을 그대로 드러내 고풍스러움을 풍긴다. 사랑채의 온돌방문은 분합문으로 설치했는데, 더운 여름이나 제사를 치러야 할 때 천장에 단 등자쇠에 문을 걸어 공간을 넓게 이용할 수 있게 했다.

사랑채의 동쪽 방 가운데 남향인 건넌방은 툇마루와 방의 위치가 다른 곳과 달리 뒤로 물려 배치되어 있다. 이는 여름날에 내리쬐는 뜨거운 햇볕을 피할 수 있도록 도편수가 일부러 서쪽에 판벽을 두어 완충 공간을 만들었기 때문이다.

사랑채 건넌방 전면에는 마루에 판장문이 설치되어 있는데, 이는 사랑안방에 계시는 웃어른은 대청마루를 자유롭게 사용하고, 건넌방에서 거주하는 사람에게도 자유롭게 공간의 편안함을 누릴 수 있게 배려한 선조들의 지혜롭고 자유로운 인간미를 느낄수 있다.

안채의 평면 형태는 중앙에 안마당을 두고 건물을 둘러 배치한 'ㅁ'자형으로 경상도 지방에서 흔히 볼 수 있는 가옥 구조이다. 사방의 건물은 각각 일곱 칸 규모로 안마당을 둘러싸고 있다. 가운데 단을 세워 둘로 나눈 안마당에는 장독대와 화단이 꾸며져 있는데, 부엌 쪽에는 장독대를 두고, 협문 쪽에는 화단이 자리하고 있다. 봄과 여름에 걸쳐 화단에 가득 심겨진 목단과 나리가 만개하면 안채가 온통 화사한 분위기를 연출한다.

안채 정침에서 안방 오른쪽에는 정면 두 칸 크기의 대청이 자리하고 있는데 이 공간이 'ㅁ'자형의 구조가 주는 답답함을 해소해 준다. 이 외에도 대청을 포함한 정침에 세워진 높다란 두리기둥은 답답함을 줄일 뿐 아니라 안채의 분위기를 압도한다. 정침 가장 왼쪽에는 부엌이 있

안채 중문으로 보이는
안마당의 풍경

안채 건넌방의 창호와
어우러진 모과나무

폐쇄적인 구조의 안채에
열린 공간을 제공하는 대청

안채 박공벽에 새겨진 길상무늬

고, 그 옆에 세 칸 규모의 안방이 있는데 안방은 다시 정면 한 칸 측면 두 칸 크기의 방으로 나뉘며 상부는 다락으로 쓰인다.

서쪽 방향의 날개채는 지붕이 높은 2층 구조로 아래층은 찬방, 고방, 헛간, 방이 각각 한 칸씩 배치되어 있고, 위층에는 곳간 겸 다락이 설치돼 있는데 이곳은 과거에 작업장으로 사용했다고 한다. 동쪽 방향의 날개채는 대청 옆에 상방을 두고 그 옆에 두 칸의 방을 단층으로 둔 중문채와 같은 구조이다.

동쪽 날개채를 단층으로 서쪽 날개채를 중층으로 만든 것은 폐쇄적인 구조의 안채에 뜨는 해의 기운을 많이 담고 저녁 무렵의 일사량이 많은 열에너지는 가급적 피하고자 한 결과물이다.

안채의 동쪽 편 박공벽에는 기와를 이용한 아름다운 조형물을 볼 수 있다. 기와로 음양을 나타내는 의미로 수키와로 안고 덮어 쌓고 그 위

기와를 쌓아 만든 사당의 담장

에 '쌍 희囍'자를 표현하고, 한 켠에는 눈을 질끈 감은 얼굴 모습을 표현하고 있다. 이는 집안이 항상 기쁜 일만 있으면 좋을 것이라는 의미와 마음에 들지 않는 일도 눈감고 기다리면 화목과 행운이 찾아 올 것이라는 염원의 표현물로 이러한 예술적 감각은 다른 고택에서 보기 드문 한옥의 건물에서만 맛 볼 수 있는 훌륭한 조형물이다.

안채에는 외부로 연결된 세 곳의 통로가 있다. 중간 행랑채의 중문에 연결된 입구, 중간마당의 북쪽에 마을길로 바로 연결되는 대문, 사랑 뒤편의 대청마루로 나갈 수 있도록 안채 건넌방 사이에 놓인 문이 그것이다. 사랑 뒤편으로 나가는 문은 사랑채에 모신 손님에게 음식을 나르거나 사당에서 제사를 지낼 때 주로 사용한다. 빈지널로 만든 이 문은 아기자기한 느낌이 드는데, 문 안으로 들어올 수 없다는 문구가 붙어 있음에도 관람객들은 삐걱대는 이 문이 혹시 열리지는 않을까 하는 마음에서인지 한 번씩 손으로 살짝 밀어보곤 한다. 전통 한옥의 문은 현대식 대문에서 느껴지는 단절감보다는 이처럼 공간과 공간을 잇는 매개체로서의 느낌이 강하다.

안채의 박공벽은 암키와와 수키와의 형태를 이용해 웃는 얼굴과 '기쁠 희喜'자를 넣었다. 이는 이곳에 사는 사람들에게 늘 밝은 웃음과 기쁜 일만 가득하길 바라는 마음을 담은 것이다.

사랑채를 오른쪽으로 돌아 뒤로 가면 기와로 겹겹이 쌓아올린 담장 안으로 사당이 보인다. 사랑채와 달리 남쪽을 향하고 있는 사당은 일반적인 사당 건축의 양식인 삼문의 문과 세 칸의 맞배지붕의 재실을 두었다. 삼문 너머로 보이는 건물은 정면 세 칸 측면 두 칸 규모의 건물로 불천위로 모시는 서애 선생의 신위와 4대조 신위가 모셔져 있다. 사당의 규모는 그리 크지 않지만 커다란 문과 높이 세운 추녀가 사당 전체에 장중함을 흐르게 한다.

사당 앞에는 서애 선생의 유물전시관인 영모각永慕閣이 자리하고 있는데 박정희 전 대통령이 썼다는 현판이 걸려 있다. 이곳에는 서애 선생의 대표 저서인 『징비록(懲毖錄, 국보 제132호)*』을 비롯해 많은 교지와 고문서 등이 전시되어 있다.

---

*용어설명

이 책은 (국보 제132호) 조선 중기의 문신인 서애 유성룡(1542~1607)이 임진왜란 때의 상황을 기록한 것이다. 징비란 미리 징계하여 후환을 경계한다는 뜻이다.(문화재청)

하회河回 북촌댁北村宅

중요민속자료 제84호 ┃ 경북 안동시 풍천면 하회리 706

● ● ●

하회마을은 마을 가운데를 가로지르는 길을 따라 크게 북촌과 남촌으로 나뉜다. 이 때문에 북촌 중심에 자리 잡은 가장 큰 가옥인 화경당和敬堂이 자연스레 북촌댁이라 불리게 되었다. 대지 1,700여 평에 72칸의 대저택인 북촌댁은 하회마을 가옥 가운데 가장 크다. 강 건너 부용대에서 마을을 내려다보았을 때 가장 눈에 띄는 너른 지붕이 바로 북촌댁의 안채이다.

7대에 걸쳐 200여 년간 부와 명예를 누린 북촌댁의 역사는 1797년에 현재의 자리에 류사춘柳師春이 집을 짓고 만수당萬壽堂이란 이름을 붙이며 시작되었다. 이후 류사춘의 아들 류이좌柳台佐가 집을 중수하면서 화경당으로 당호를 바꾸었다. 현재의 북촌댁은 류도성柳道性이 화경당의 규모를 크게 키워 증축한 것이다. 류도성이 집을 증축할 당시의 흥미로운 일화가 지금껏 전해지고 있는데 다음과 같다.

1859년 여름, 상갓집에 조문을 갔다 돌아오던 마을 사람 수십 명이 탄 배가 홍수로 갑자기 불어난 물살 때문에 전복되는 사고가 일어났다. 당시 경상도도사를 지냈던 류도성은 강변에 건조 중이던 화경당을

❶ 북촌댁으로 가는 길에 만
난 다양한 소재로 만들어
운치를 더하는 전통 담장
❷ 화방벽으로 꾸며진 북촌
댁의 대문채

큰사랑 북촌유거의 전경

북촌유거의 창문 너머로
보이는 마을의 형상을 닮은
'回자' 모양의 소나무

증축하고자 3년 전부터 정성스레 준비했던 건축자재를 내어 주어 일부를 강물에 띄우는 뗏목으로 사용하여 동네 사람들을 구하고 일부는 불을 붙여 밤에도 환하게 구조 작업을 할 수 있게 조치했다는 말이 전해져 내려오고 있다. 정성스럽게 준비 된 이 나무들을 마을 사람을 위해 단숨에 꺼내온 그의 도량과 배포가 지금도 북촌댁과 함께 전해지고 있다.

마을길 중간 즈음에서 북쪽 방향으로 들어서면 부드러운 곡선으로 이어지는 골목길과 수평으로 나란히 늘어선 북촌댁의 담장이 눈에 들어온다. 돌과 흙을 한 켜씩 번갈아 쌓아 올린 토석담장 옆에 기와와 백토를 같은 방식으로 쌓아 올린 흙벽담장이 나란히 세워져 있어 전통 담장의 다양한 모습을 한곳에서 살필 수 있다.

북촌댁의 대문채는 양진당, 충효당과는 다른 건축기법으로 지어졌다. 양진당과 충효당은 대문채 앞에 앞마당이 있어 대문이 골목길과 바로 접하지 않지만 북촌댁은 골목길과 바로 접하기 때문에 화재와 사고에 쉽게 노출될 수 있어 이를 막기 위한 화방벽으로 지어졌다. 기둥 골격이 그대로 노출되는 양진당, 충효당의 심벽과 달리 북촌댁의 화방벽은 외부를 장식하는 효과도 있는데, 둥근 강돌 위에 암기와를 나란히 쌓아 선을 강조하고 줄눈을 흰색 양성토로 마무리해 회청색의 기와 빛깔과 선명하게 대비된다.

북촌댁은 그 규모에 맞게 사랑이 셋이나 된다. 큰사랑 북촌유거北村幽居는 가장 웃어른인 할아버지께서 거주하시거나 간혹 외빈 접객용으로도 사용되었다. 중간사랑 화경당은 아버지가, 작은사랑 수신와須愼窩는 손자가 거처했다.

정면 일곱 칸 측면 세 칸 크기의 별당인 북촌유거는 제일 왼쪽에 부엌, 그 옆으로 두 칸 크기의 방, 한 칸 크기의 방이 연이어 있고, 그 옆으로 두 칸 크기의 대청, 한 칸 크기의 누마루가 차례로 이어진 평면구조로 지어졌다. 누마루에 앉으면 하회마을의 3대 풍광을 동시에 볼 수 있는데, 동쪽으로는 하회의 주산主山인 화산花山을, 북쪽으로는 부용대와 낙동강을, 남쪽으로는 남산과 병산을 한눈에 담을 수 있다.

뒷마루는 반 칸 뒤쪽으로 설치되어 있는데 북촌유거가 남향으로 지어졌기 때문에 여름에 집 안으로 뜨거운 햇볕이 덜 들어오게 배려한 것이다. 북촌유거 앞에는 넓은 마당이 있는데 여기에 하얀 마사토가 깔려 있어 달 밝은 밤에 내려다보면 눈이 소복이 쌓인 것처럼 느껴진다.

북촌유거 뒤편의 뜰에는 수령이 300년 넘는 한 그루의 소나무가 서 있다. 마을을 둘러싸고 흐르는 낙동강의 물줄기와 소나무의 휘어진 모습이 닮아 '물돌이동 소나무'라 불린다. 북촌댁이 지금의 위치로 분가

북촌댁의 너른 사랑마당

해 나올 때 류사춘이 집안의 융성과 일가의 번영을 기원하며 하회의 주산인 화산에서 옮겨와 심은 것이라고 한다.

중간사랑과 작은사랑인 화경당과 수신와는 한 건물에 좌우로 나란히 배치되어 있다. 가족과 친족 간에 화목하고 임금과 어른을 공경하라는 뜻을 지닌 화경당은 정면 두 칸 방, 한 칸 대청과 전면을 반 칸 물러 앉히고 툇마루를 두었으며, 특이하게 대청 오른쪽으로 한 자 정도 높게 쪽마루를 두고 난간을 둘렀다. 이렇게 대청보다 난간을 높인 것은 난간 본래의 목적보다는 북촌유거에 머무시는 웃어른이 대청에 계시는 모습을 아랫사람이 직접 바라볼 수 없게끔 한 시각 차단의 목적이 더 강하다.

두 칸 방 뒤에는 안채 마당을 향해 돌출된 벽장과 안채로 통하는 은폐된 통로를 두었으며, 대청마루 뒤에는 한 칸 크기의 서고와 다락을

한 건물에 배치된 화경당과 수신와

고래등처럼 널찍한 북촌댁 안채 지붕

두었다. 다락 아래는 큰사랑채로 나가는 문의 통로가 된다.

북촌유거에서 바라다 보이는 화경당의 벽에는 음양의 조화를 나타
낸 기하문양이 암수 기와로 새겨져 있다. 안채로 들어가는 길목에는
날개채 아래로 통하도록 꾸며져 있다. 물론 이와 맞은편에 사당을 찾
은 손님이나 사랑마당에서 일하는 하인이 안채를 들여다볼 수 없도록
내외벽이 세워져 있는데, 이 벽은 중방 아래에는 널빤지를 댄 판벽으로
만들어놓았다. 안채로 통하는 중문 위에는 두 칸 크기의 다락을 두었
으며, 방과 대청 사이에는 필요에 따라 완전 개방할 수 있는 4분합 들
어열개문을 달았다. 화경당의 편액 글씨는 한석봉韓石峯의 글씨를 집

안채 대청의 멋스러운 천장가구

자하여 각刻한 것이라 한다.

수신와須慎窩는 어렵게 사는 이웃을 생각해 언제나 삼가면서 낮추어 살라는 정신이 담긴 당호다. 한 칸 방, 한 칸 대청, 두 칸 툇마루로 이루어진 수신와는 사랑 중 규모가 가장 작다. 손자가 기거하는 수신와의 방 오른쪽에는 어린 손자가 안채의 어머니가 보고 싶을 때 중문을 통하지 않고 출입할 수 있는 조그만 문이 달려 있다.

안채는 둘레 3.5자(약 1미터), 높이 13자(약 4미터)의 두리기둥과 둘레 6.5자(약 2미터), 길이 23자(약 7미터)의 굵고 긴 대들보를 얹은 장대한 규모로 지어져 있다.

대청의 천장가구를 살펴보면, 커다란 대들보가 마루 끝까지 한 번에 건너지르고 기둥과 만나는 곳에서 보아지를 아래에 받쳐 주춧돌까지 힘을 전달하도록 되어 있다. 위풍당당함이 절로 느껴지는 대들보는 중간 부분이 착시현상으로 가늘게 보이는 것을 보정하기 위해 배흘림 양식을 사용했는데 때문에 훨씬 안정감이 느껴진다.

안채 대청 뒷면의 바라지창과 회벽

며느리가 거주하는 윗상방 덧문

윗상방과 아랫상방 사이
통로 위 선반에 놓인 꽃가마

안채 부엌의 내부

대청 뒤편을 막는 바라지창은 여느 집처럼 판벽과 빈지널을 이용한
밋밋한 형태가 아니라 띠살무늬 분합문에 동살을 세 무리로 구성하였
으므로 문을 닫았을 때 대청 안의 분위기를 한결 화사하게 꾸며준다.

한편, 안채 뒤뜰에서 바라지창을 바라보았을 때 윗부분의 회벽이 검
게 그을린 모습을 볼 수 있다. 이 회벽은 집을 지은 후 한 번도 보수되
지 않고 그대로의 모습을 유지하고 있는데, 이 벽은 짚을 잘게 썬 여물
과 해초풀, 찹쌀을 쑤어 만든 풀을 흙과 개어 만들었다. 이렇게 전통 방
식으로 만든 벽은 화재나 해충에 잘 견뎌 내구성이 뛰어나다. 오랜 세
월 무너지지 않고 이렇게 그을음의 흔적을 지니고 있는 이 벽이 우리
전통 건축기법의 우수함을 말해 주고 있는 것이다.

불천위를 모시는 사당

　전체 평면의 모양은 'ㅁ'자형으로, 중앙에 마당을 두고 전면에 부엌, 안방, 대청, 고방, 윗상방, 툇마루, 아랫상방을, 오른쪽에 큰 사랑으로 통하는 중문, 왼쪽엔 아랫광, 뒤주, 문간방으로 배치되어 있다.

　윗상방과 아랫상방 사이에 놓인 통로는 여러 역할을 하고 있는데, 주로 제사를 지낼 때 대청에 차려진 음식을 사당으로 옮길 때 유용하게 쓰인다. 이 외에도 며느리가 기거하는 윗상방과 시어머니가 기거하는 아랫상방이 통로로 떨어져 있어 며느리가 개인 생활을 좀 더 누릴 수 있도록 배려했다.

　이 밖에도 윗상방의 덧문을 살펴보면 이 방에 기거하는 이에 대한 배려를 확인할 수 있다. 덧문에 띠살무늬 분합문을 두고 미세기문은 간결한 살대를 이용해 처리했는데, 미세기문은 사당에 드나드는 사람들이나 하인들이 문틈으로도 안을 볼 수 없게 턱을 만들어 맞물림 이음으로 마무리했다.

부엌은 세 칸 반으로 상당히 규모가 큰데, 상부에 안방의 다락과 같은 크기의 다락을 두었다. 툇마루에서 부엌 쪽 벽 판문을 열고 통나무 계단을 올라가면 다락이 나오는데 들창이 달려 있어 음식을 시원하게 보관할 수 있는 장소로 쓰인다.

대개의 부엌은 수직널을 이용해 판벽을 만들고 살창을 만드는 것이 대부분이나 북촌댁의 부엌은 사람 눈높이 부근의 판재 벽체에 구멍을 수직으로 뚫어놓았다. 이 구멍은 부엌에서 나무를 땔 때 나는 연기를 빠져나가게 하거나 전기가 없던 시절에 채광 역할을 했을 것이다. 구멍의 위치가 눈높이에 있는 것으로 미루어 볼 때 부엌에서 일하던 여인들이 밖의 동정을 살필 때도 이용했을 것이다.

사당은 안채와 큰사랑채 뒤편에 자리하고 있는데, 안채에서는 사당으로 바로 갈 수 있으나 남자들이 기거하는 사랑에서는 별도의 담장과 '헌춘문'을 통해서만 갈 수 있도록 설계된 것이 특이하다. 사랑에서 사당으로 가는 특별한 통로를 만든 것은 바깥주인이 선조들의 배향에 노력하고 있음을 나타내고자 한 것으로 생각된다.

하회 河回 남촌댁 南村宅

중요민속자료 제90호 | 경북 안동시 풍천면 하회리 24

5

● ● ●

하회마을의 아랫마을인 남촌의 중심에 자리 잡은 남촌댁은
충효당 뒤편에 위치해 있다. 1797년(정조 21)에 형조 좌랑을 지내던 류
기영 선생이 건립한 집으로 현재는 대문채, 사당, 별당채, 1980년대에
새 사랑채 자리에 이건한 백율원百栗園의 정자가 남아 있다. 이렇듯 본
채가 없는 까닭은 1954년 음력 6월 30일에 일어난 화재로 본채와 새로
지은 사랑채가 소실되었기 때문이다.

남촌댁을 방문할 때마다 나는 화마로 잃어버린 숭례문과 낙산사, 그
리고 화순에 있는 쌍봉사 대웅전이 생각난다. 쌍봉사 대웅전은 탑의
형태를 띤 건물로 우리나라에서는 보기 드문 귀중한 목조 문화재였으
나 신도의 실수로 한순간에 사라지고 지금은 복원된 목조물만이 그 자
리를 대신하고 있다. 그러나 아무리 예전 모습으로 복원한다 한들 모
든 것이 똑같지는 않을 것이다.

대문채는 일곱 칸 크기에 가운데 한 칸에 솟을 대문을 세우고 동쪽
으로는 광을 꾸미고 서쪽으로는 온돌방과 부엌을 두었다. 남촌댁의 대
문채는 북촌댁과 마찬가지로 담장으로 막힌 마당 없이 바로 골목길과

남촌댁 대문 앞의 골목 풍경

맞닿아 있기 때문에 화방벽으로 꾸며졌다. 하단에는 막돌을 줄눈으로 쌓고 중간에는 전돌이라 생각될 정도로 네모반듯하게 가공한 석재를 사용해 수평줄눈을 맞춰 쌓았다. 그리고 그 위에는 기와를 이용해 음양을 상징한 기하학 무늬를 담았다.

이렇게 다채로운 무늬의 대문채 벽을 보고 있노라면 이 가옥이 얼마나 정성들여 만들어졌는지를 충분히 느낄 수 있다. 담장 또한 다양한 색깔과 무늬의 둥근 강돌과 황토로 쌓아 멋스럽게 꾸몄다.

'백율원'은 원래 하회마을 남쪽의 낙동강 건너에 있던 정자로 남촌댁에 화마가 휩쓸고 간 뒤 소실된 새 사랑채 자리에 옮겨왔다. 'ㄱ'자를

대문 안쪽으로 보이는
소실된 안채 자리

화재로 소실된 새 사랑채 자리에
이전한 백율원

좌우로 옆은 형태의 구조로 3량으로 되어 있다. 누마루 형태의 대청이 있고 직각으로 온돌방과 부엌이 위치해 있다.

대청에는 분합문이 달려 있는데 일반적인 분합문과는 조금 다르다. 3량의 가구 구조로는 대청의 분합문을 천장의 등자쇠에 걸 정도의 공간이 나오지 않는데, 때문에 이곳에는 처마 아래쪽으로 걸 수 있게 등자쇠가 달려 있다. 그런데 천장에 걸 때보다도 처마에 걸 경우에 하얀 한지를 바른 창문이 추녀까지 가리기 때문에 오히려 대청이 훨씬 밝고 넓어 보인다. 한지가 주는 또 다른 기능적 매력에 젖어든다.

대청 전면에는 난간이 둘러져 있다. 동자기둥 사이에 가는 살을 짜서 장식한 난간인 교란交欄으로 꾸며져 있는데, 살의 모양에 따라 아亞자 교란 완卍자 교란, 빗살 교란 등이 있다. 대청 옆과 뒤편으로는 쪽마루를 내어 난간을 달았는데, 난간은 띠장만으로 마감하고 궁창에 안상을 넣어 장식적인 멋을 표현했다.

온돌방문은 띠살무늬 덧문에 미닫이문이 덧대어져 있는데, 문은 보의 아래까지 문틀을 만들어 문으로 면을 꽉 채우고 있다. 이로 인해 바람에 문이 쉽게 닫히지 않는다.

사당은 안채가 있던 자리 왼쪽에 위치해 있다. 이중 담장 안에 문을 두고 세 칸 규모로 맞배지붕 형식의 건물이다. 사당 전면에 놓인 이중 담장에는 와편을 이용한 꽃, 구름, 물결 등의 무늬가 수놓아져 있다. 문양이 크고 동일한 문양이 반복되어 나오는데 역동성이 느껴진다.

사당 안쪽의 담장은 토담으로 만들었는데 때문에 바깥쪽 기와 담장과는 분위기가 매우 다르다. 특히 별당 쪽으로 향한 토담에는 전서체로 쓰인 '충효忠孝' 두 글자가 커다랗게 음각되어 있다. 조상을 향한 지극한 자손들의 효심이 묻어난다.

처마에 등자쇠를 건 백율원 대청의 분합문

백율원의 난간과 쪽마루

안채 및 사랑채와 독립되어 떨어져 있는 남촌댁 별당

별당은 별도의 담장으로 구획된 사당 옆으로 시선만을 차단하는 담
장을 두고 동향으로 앉아 있다. 북촌댁의 별당은 안채나 사랑채 옆에
붙은 별당과 달리 멀리 떨어져 독립된 형태로 세워졌다. 정면 네 칸에
측면 한 칸으로 팔작지붕의 가옥이다. 왼쪽 끝에 한 칸의 대청이 있고
가운데 두 칸의 온돌방과 방에 불을 때는 한 칸의 부엌으로 공간 구성
이 되어 있다.

별당채 부엌 남쪽 벽에는 기와를 이용해 그물무늬 가운데 '희囍'자
두 개를, 동쪽 벽에는 '수壽'자를 새겨 넣었다. 항상 기쁜 일이 가득하고
식구들의 무병장수를 기원하는 바람을 이렇게 표현한 것이다.

마을을 향해 쪽마루를 약간 높인 대청에서는 담장 너머로 마을이 보
인다. 천장은 우물천장으로 마루도리 끝에 부챗살처럼 펼쳐지는 서까

별당 온돌방의 멋스러운 실내

별당 부엌 남쪽 외벽에 새겨진 무늬

래의 이음이 매우 인상 깊다. 이 대청과 온돌방 사이에는 넉살무늬를 잔잔하게 꾸민 네모난 불발기창을 꾸며놓았다.

온돌방은 두 칸을 사용해 넓고 환한 느낌이 드는데, '용用'자 무늬 미닫이문이 주인의 소박한 심성을 말해 주는 듯하다. 이밖에도 다락문에 사군자와 글을, 미닫이문이 들어가는 두껍닫이에도 길상을 나타내는 목단 그림을 먹으로 시원스럽게 그려놓아 별당 전체가 우아하고 품위 있게 느껴진다.

화재로 사라진 안채는 최근 발굴조사를 통해 건물의 윤곽이 드러나고 있다. 기단을 비롯해 후원 굴뚝과 사당 쪽으로 난 벽돌로 쌓은 커다란 굴뚝이 소실되기 전의 안채 규모를 짐작케 한다. 남촌댁에는 많은 문집과 서화 등 진귀한 물품들이 있었는데 이 또한 화재로 잃었다. 이것까지 되찾을 수는 없겠지만, 아무쪼록 화재 이전 남촌댁의 모습을 기억하고 있는 이들이 살아 있을 때 안채가 복원되어 하회마을 남촌을 대표하는 고택으로 계속해서 남아 있기를 바라마지 않는다.

韓屋의 美

2 안동 다른 고택들

안동 의성김씨종택 | 귀봉종택 | 오미리마을 | 안동 풍산김씨종택
예안이씨 충효당 | 안동 임청각

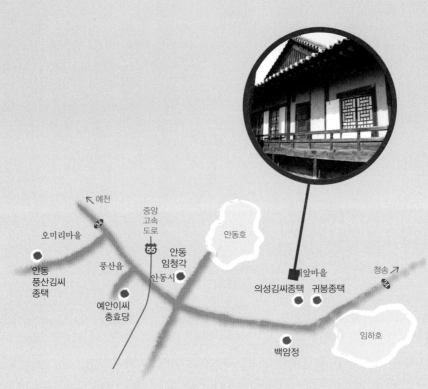

안동 다른 고택들

오미리마을

안동
풍산김씨
종택

풍산읍

↖ 예천

중앙
고속
도로

55

안동시

예안이씨
충효당

안동
임청각

안동호

의성김씨종택 귀봉종택

앞마을

청송 ↗

백암정

임하호

안동安東 의성김씨종택義城金氏宗宅

보물 제450호 | 경북 안동시 임하면 천전리 280

● ● ●

의성김씨종택이 자리한 천전川前리, 일명 내앞 마을은 댐이 생기기 전에는 탄성이 절로 나올 만큼 수려한 풍광을 지닌 곳이었다고 한다. 이러한 자료로는 『택리지擇里志』의 저자 이중환李重煥은 영남의 4대 길지로 도산, 하회, 닭실과 함께 천전을 꼽았는데, 대부분의 풍수가들도 천전을 길지로 꼽는 것을 주저하지 않는다.

의성김씨종택은 일월산日月山의 지맥支脈이 동남방으로 내려오다가 서쪽으로 흘러오는 낙동강 지류인 반변천과 만나면서 자리를 만든 곳이다. 반변천은 마을 앞을 휘돌아 나가기 때문에 자연스럽게 아름다운 모래밭을 형성하는데, 때문에 이 종택을 '완사명월형浣紗明月形'이라 하여 명당자리로 꼽는다. 완사명월형은 밝은 달 아래에서 귀한 사람이 입는 옷(紗)을 세탁하는(浣) 형국이란 뜻으로, 여기서 완사는 댐이 생기기 전의 반변천 모래밭을 상징한다고 볼 수 있다.

지금의 천전리는 임하댐이 건설되고 국도가 확장되는 등 변화의 바람에 휩쓸려 옛 모습이 많이 퇴색되었다. 그러나 의성김씨종택을 비롯해 500년 세월 동안 굳건히 자리를 지킨 의성김씨 일가들의 고택이 명문가의

임하댐 건너 천전리의 고즈넉한 고택 풍경

멋과 품위, 기상을 드러내고 있다. 종갓집을 시작으로 여러 기와집들이 마을길 초입에서부터 산 밑에 이르기까지 넓게 자리하고 있다. 가옥 뒤로 펼쳐진 산과 어우러져 더욱 당당한 기세를 뽐내는 의성김씨종택은 멀리 국도에서 봐도 한눈에 '이곳이 종갓집이구나' 하고 알 수 있을 정도로 반듯한 느낌을 준다.

이 가옥은 경상도 지방에서 흔히 볼 수 있는 'ㅁ'자형 구조로 대문채와 사랑채가 서쪽으로 다시 한 번 감싸 안고 있다. 특이한 점은 일반적인 대문채와 달리 바깥 담장에는 대문이 없는데, 대신 입구에 담장을 쌓지 않고 빈 공간을 두어 이 부분이 대문 역할을 한다. 우리 한옥의 담장은 공간을 구분할 뿐 단절하는 것이 아님을 보여주는 대표적인 사례다. 담장이 끊어진 좌우 끝에는 사계절 푸르른 향나무가 왕래하는 손님들에게 인사하듯 허리를 굽히고 있다.

행랑채와 아랫사랑채

산을 기대고 서 있는 의성김씨종택

　담장 안으로 들어서면 서쪽으로 둥근 자연석을 이용하여 높게 쌓은 축
대 위에 세워진 큰사랑채에 약간 비껴서 사당이 자리하고 있다. 이 사당에
는 청계靑溪 김진金璡을 불천위不遷位로 모시고 있다. 불천위는 제사를 4
대까지 모시도록 하는 유교 규율과 관계없이 왕의 특별한 배려로 영구히
제사를 모실 수 있도록 허락된 신위로 나라에 많은 공을 세운 이들에게만
주어진 조선시대의 특별한 제도이다.

　청계 선생은 이 집을 오자등과댁五子登科宅으로 불리게 한 장본인이기
도 하다. 그가 대과를 준비하던 시절 한 관상가가 그에게 말하길 '살아서
벼슬을 하면 참판에 이를 것이나 자손 기르기에 힘쓰면 죽어서 판서에 오
를 것이다.'라고 했는데, 이에 자손의 영예를 위해 대과를 포기하고 학문
장려에 힘썼다고 한다. 결국 그의 다섯 아들 모두가 과거에 급제해 이 집

행랑채 대문으로 보이는 중간마당

아랫사랑채의 쪽마루 난간

작은사랑과 큰사랑을 연결하는 행랑채

큰사랑으로 오르는 툇마루

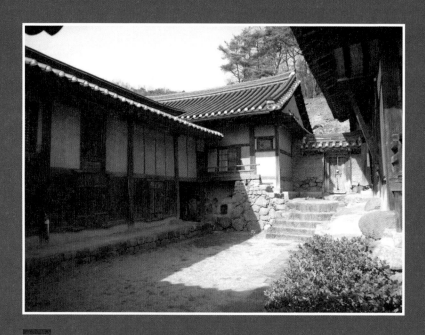

서고와 큰사랑

이 오자등과댁이라 불리게 되었다고 한다. 또한 자손들이 높은 벼슬에 올라 청계 선생은 이조판서에 증직되었는데 때문에 육부자등과지처六父子登科之處로 널리 알려지게 되었다.

현재의 의성김씨종택은 원래의 집이 화재로 소실되자 16세기 말에 정치가이자 학자인 김성일金誠一이 관직에서 물러난 후 다시 재건한 것이다. 이 종갓집은 다른 사대부 집과는 많은 차이를 보이는데, 김성일이 재건할 때 명나라 상류주택의 설계도를 응용했기 때문이라고 한다.

행랑채는 가운데 한 칸에 안채로 들어가는 중문을 두고 동서 방향으로 '一'자형으로 길게 늘어서 있다. 자연석 허튼층쌓기 방법으로 만든 외벌대 기단 위에 중문을 포함해 전면 일곱 칸에 측면 한 칸으로 이루어져 있다. 행랑채 동쪽 끝으로는 한 칸의 대청에 온돌방 한 칸을 두어 하인들의 거주 공간으로 사용하고 나머지 칸은 헛간과 외양간으로 꾸며놓았다. 사랑마당에서 행랑채를 바라보면, 하인방과 중인방 사이는 상하로 길게 붙인 널판 벽을 대어 나뭇결의 운치가 느껴지고 상부는 흙벽으로 마무리해 나무와 흙의 색채 대비가 아름답다.

중문의 서쪽으로 아랫사랑채가 있는데, 행랑채의 기단보다 높이 올리고 누하주를 두어 위계를 구분했다. 아랫사랑채의 쪽마루 난간은 계자각 난간같이 화려하지는 않지만 낮은 높이에 박쥐무늬 풍혈이 뚫려 있어 앙증맞으면서도 귀여운 모습이다.

행랑채의 대문은 월방이나 문틀 위에 홍살무늬 같은 장식이 없어 화려하지는 않지만 사대부의 격조 있는 품위를 느끼기에 충분하다. 문 안으로 비스듬히 보이는 안사랑채의 높은 기단과 사당으로 가는 협문 담장 기와의 섬세함과 수려함이 집안의 역사와 함께 고풍스러운 분위기를 연출하는 것 같다.

큰사랑채 대청마루

　대부분의 한옥에서는 대문간에서 안채가 바로 보이지 않도록 정면에 판벽을 세워 시선을 막는다. 그러나 솟을대문이 없는 이 집은 그러한 시선 처리 공간이 없다. 대신 큰사랑의 단을 높이고, 행랑채 끝 깊숙한 곳에 중문을 두어 겹 공간을 만들어 안채의 사생활을 보호하고 있다.

　대문에 들어서면 왼쪽으로 아랫사랑채의 개방형 부엌이, 오른쪽으로 외양간이 있다. 중간 마당으로 들어서면 왼쪽에 기다랗게 2층으로 된 누다락형 사랑행랑채가 있는데, 2층에는 서고를 1층에는 곳간을 두었다. 오른쪽으로는 안채의 쪽마루 끝과 안채 굴뚝, 그리고 중간마당이 안채 쪽으로 붙어 있다.

　흥미로운 것은 큰사랑으로 연결되는 복도형 통로로 연결되는 곳에 한 칸의 마루를 두어 아랫사랑채로 들어갈 수 있으며 2층 통로에 놓인

짜임새가 아름다운 큰사랑 바라지창

나무계단으로도 큰사랑 대청으로 들어갈 수 있다는 점이다. 이러한 복도형 2층 통로는 이곳에서만 볼 수 있는데 독특한 건축 방식이자 신비로운 한옥의 표정을 느끼게 한다.

큰사랑은 안채의 대청과 연결되는 쪽문과 동선이 연결돼 있다. 안채의 쪽문을 나서면 사랑채로 오르는 소박한 계단참을 둔 큰사랑의 쪽마루와 연결되고, 옆으로는 사당으로 가는 협문이 자리하고 있다. 동선의 규모로 보아 안채와 사랑채로 연결되는 이 길은 이 집 주인만 사용하는 전용 공간으로 보인다. 외부에서 오는 손님은 작은사랑 앞을 지나 오른쪽에 마련된 사랑마당을 지나 큰사랑방 대청마루로 연결되는 2분합문을 이용하도록 꾸며놓았다.

아랫사랑과 큰사랑을 연결하는 건물은 다섯 칸, 한 칸의 규모로 맞배지붕이며, 아래층은 위아래로 인방을 대고 두 칸의 널빤지로 만든 벽으로 꾸며져 있어 오랜 세월을 보낸 부드러운 나뭇결의 느낌이 그대로 느껴진다.

큰사랑과 안채의 연결 모습

안방 앞 툇마루의 표정

세 개의 단으로 높이를
달리한 안채마루

안채 안방 상부의 가구 모습

안채 동쪽 방 미닫이문과
상부의 다락

안채와 큰사랑 사이
사당으로 가는 협문

복도각 대청마루와 서고 방문 앞에는 촘촘한 격자의 창살에 기둥 사이를 꽉 채우는 크기의 광창을 두고, 가운데 두 칸은 띠살무늬 여닫이 분합문을 두어 채광과 통풍 역할을 한다. 큰사랑 앞의 한 칸은 통널빤지 문짝을 달았는데, 이는 큰사랑에서 깊숙이 들어가 있는 온돌방문 앞과 서고 사이에 대청에서 서쪽으로 난 바라지창의 개념이다. 2층 복도가 있는 책방은 아랫사랑채와 큰사랑을 연결하는 공간이자 하나의 별도 공간임을 보여주고 있다.

큰사랑채는 작은사랑 앞을 지나 넓은 사랑마당을 거쳐 이 집의 본채에서 가장 높은 기단으로 꾸며진 큰사랑채 서쪽으로 출입하도록 동선이 짜여 있다. 그러나 건물의 높은 축대와는 별개로, 계단 없이 완만한 경사지에 화단을 만들고 자연스럽게 복도각의 아름답고 세련된 창문과 표정을 느끼면서 전면의 사당을 바라보고 접근하게끔 짜여 있다.

주목할 점은, 대부분의 사대부가는 사당을 별도의 담장 안에 두고 대문과는 반대편에 집 안 깊숙이 높은 대지 위에 두어 손님들의 시야에 들어오지 않게끔 하는 반면, 이 집은 사당을 바라보면서 사랑채에 들게 된다는 점이다. 아마도 이 집을 찾는 모든 이들이 자신의 선조에게 예를 갖추게 하려는 주인의 의도가 깃든 설계가 아닐까 한다.

큰사랑의 대청으로 오르는 곳에 둥글 넙적한 자연석을 디딤돌로 올라서면 넉살무늬창이 달린 넌출문으로 출입하게 된다. 넌출문 좌우의 기둥 사이 여백은 널빤지 두 장을 이어 붙이고 두 줄의 배목을 장식하고 있어 문과 함께 어딘가 묵직함과 안정감을 준다. 위아래의 선이 강조된 넌출문을 열면 1고주 5량 집의 규모만큼이나 커다란 대청 공간이 위엄을 느끼기에 충분할 만큼 펼쳐진다.

정면 세 칸 측면 두 칸의 커다란 대청의 우물천장에는 반듯한 대들보 두

전면 담장을 생략하여 조상을 가깝게 느끼려 한 주인의 마음이 느껴지는 사당

개가 가로지르고, 그 위에는 약간 둥글게 굽은 종보를 동자주 없이 꾸며놓았다. 그 위에는 여러 장의 판재를 사다리꼴로 만든 판대공과 종도리 장혀 밑에 포받침을 꾸며 안채와 다른 모습을 보인다. 지붕은 사랑마당 방향으로는 팔작지붕을 하고, 안채 방향으로는 맞배지붕으로 되어 있는데, 사당으로 가는 협문의 담장 높이에 눈썹지붕을 꾸며 큰사랑 앞에 앙증맞게 꾸며진 안채와의 출입을 위한 쪽마루와 눈썹지붕의 박공판이 어울려 세련미를 더한다.

  창문은 대청마루 남쪽으로는 머름을 만들고 그 위에 띠살무늬 2분합문을 미닫이문 없이 꾸미고, 북쪽으로는 판벽에 두 줄의 배목을 댄 바라지창을 두고 있다. 우물마루와 판벽과 바라지창의 창호지를 통해 햇살이 비춰 드는 대청의 온화하고 포근한 분위기는 한옥에서만 느낄 수 있는 아름다

사당의 규모로는 보기 드문 4칸 규모에 겹처마 공포를 갖춘 사당

운 공간 연출이다.

안채 방향으로 나 있는 온돌방은 두 칸으로 각기 다른 모습의 벽으로 구성되어 있다. 한쪽은 2분합 덧문에 겹 '용用'자를 한 미닫이문을 갖추고 있고, 한 칸에는 맹장지를 감싼 4분합 불발기창을 꾸미고 가운데 두 개는 중앙에 넉살무늬창을 조그마하게 꾸며 안쪽에는 홑겹의 창호지를 발라 햇볕을 스며들게 하고, 대청에서는 장식적인 멋을 연출한다. 이렇게 외부에 면하지 않은 문을 2분합 덧문에 또 미닫이문으로 단 이유는 삼면이 판벽과 판문으로 꾸며져 있어 겨울철 차가운 웃풍을 막고자 한 것이다.

안채로 들어서면 조그마한 장독이 모여 있는 작은 안마당이 가장 먼저 눈에 들어온다. 안채는 가운데 대청을 중심으로 남쪽으로는 부엌과 안방을 두고, 대청 건너편에는 학봉태실과 상방을 마루로 간격을 띄어 배치했다. 안마당 건너편에는 마루방과 건넌방을 두고, 상부에는 다락을 두었으며 판문으로 창문을 달았다.

안채 안마당은 규모가 매우 작은데, 때문에 안채에 사는 여인들이 답답하지 않도록 대청마루를 높이 올리고 동쪽으로 방향을 잡아 이를 해결했다. 안방과 부엌 지붕의 박공 부분에 판재를 대어 그 사이로 아침 햇살이 들게끔 하고, 서쪽인 중간마당에 커다란 판재로 꾸민 바라지창을 두어 여름에 마당에서 부는 시원한 공기가 안채로 드나들 수 있게끔 조치했다.

세 개의 단으로 구성된 우물마루 형식의 대청마루는 현존하는 한옥 중에 아마도 유일할 것이다. 단을 달리한 이유는 윗사람이 앉는 마루와 아랫사람이 앉는 마루의 높이를 달리해 마루에 앉을 때도 장유유서長幼有序를 실천하고자 함이다.

대청의 가구는 대들보 위에 작은 단면의 부재들을 접시받침으로 사용해 종보를 받치도록 꾸미고 단순한 동자주로 마루도리를 받치고 있다. 사랑채와 같이 사다리꼴 판대공과는 차이가 있다. 높은 천장과 듬직한 기둥에 비해 천장을 꾸민 부재들은 지붕 무게를 겨우 버틸 수 있을 정도로 가냘파 보이는 부재를 사용했는데 이 때문에 높은 지붕이 주는 위압감이 해소되었다.

이 가옥의 사당은 큰사랑채 뒤편 산 아래에 있는데, 이 집에서 가장 높은 곳에 자리하고 있다. 예부터 우리 선조들은 사당의 위치를 양지바르고 가장 높은 대지에 모심으로써 공경을 표했다.

집 안에서 사당으로 가는 협문은 약간 안채 쪽으로 배치했으며, 지붕의 비례 또한 안채 쪽은 짧게 사랑 쪽은 길게 만들어 큰사랑채의 높은 기단과 지붕의 높이 차이에 의한 균형의 차이를 협문의 위치와 지붕의 길이를 통해 착시현상을 보완했다.

사당은 별도의 담장으로 구획되지는 않았으나 높은 기단 위에 자연석으로 담장을 쌓고 계단으로 오르는 부분에만 협문을 꾸몄다. 공포집으로 만든 이 건물은 익공집으로 앙서형의 첨차 위에 하얀 연꽃을 조각하고 단청으로 채색했으나 나머지는 나뭇결을 그대로 두어 절제미가 느껴지는데 이것이 사대부가의 위엄을 느끼게 한다.

귀봉종택 龜峯宗宅

경상북도 민속자료 제35호 | 경북 안동시 임하면 천전리 279-1

2

● ● ●

의성김씨대종택을 의성김씨대종가라 부르는데, 이는 바로 그 옆
에 청계 김진의 손자인 운천雲川 김용金涌을 불천위로 모시는 소종가인 귀
봉종택이 있기 때문이다.

　귀봉龜峯이라는 택호는 김진의 둘째 아들 김수일金守一의 호에서 연유
한 것이다. 그는 퇴계의 문하에서 공부했는데 문장과 시가 뛰어나 선생의
칭찬이 자자했다고 한다. 향시鄕試에는 여러 번 장원했으나 대과大科에는
실패했는데, 그 이후 선생은 1568년(선조 1)에 임하臨河의 낙동강 지류인
반변천半邊川과 어우러져 뛰어난 절경을 자랑하는 부암傅巖에 백운정白雲
亭을 짓고, 그곳에서 아름다운 풍경을 감상하면서 말년을 보냈다고 한다.

　의성김씨종택과 담장을 마주하고 있는 귀봉종택은 대종가와 마찬가지
로 뒷산을 배경 삼아 자리 잡고 있다. 대문채는 가운데 대문을 두고 두 칸
의 온돌방과 외양간, 사랑측간으로 꾸며져 있다. 그런데 온돌방에서 나오
는 굴뚝이 대문 앞에 낮게 자리하고 있어서 이를 얼른 알아차리기가 쉽지
않다. 대문 위에는 귀신을 쫓는다고 알려진 엄나무를 나일론 줄에 묶어놓
았다. 대문의 마루도리를 받치는 활처럼 휘어진 보는 대문채의 반듯하고

높낮이가 다른 귀봉 종택의 지붕선

도 절제된 표정과는 다른 모습으로 목수의 치목 솜씨를 가름하는 좋은 예이다.

대문에 들어서면 넓은 사랑마당이 있고, 좌우로 넉넉한 크기의 화단을 만들어 기암괴석과 나무, 꽃들이 어울리도록 꾸며놓았다. 특히 뒷산의 등그런 봉우리가 안채와 사랑채의 중심선과 일치하고 있는데 이렇게 뒷산의 곡선까지도 고려해 배치했음을 알 수 있다.

전체적인 집의 형태는 'ㅁ'자형으로 팔작지붕의 사랑채와 아랫사랑채를 나란히 옆으로 평행하게 두었다. 재미있는 점은 지붕선의 높낮이가 다른 주택에서는 보지 못했던 형태라는 점이다. 먼저 안채는 서쪽에 배치한

대문채 보의 예술적인 표현

대문채의 청지기방과 외양간
사랑채 전경

사랑채 전경

멋스러운 사랑채의
등자쇠

사랑채 섬돌과
툇마루

안방과 대청에 햇빛이 많이 들게끔 상단에 다락을 둔 높은 팔작지붕 2층
구조이며, 가운데는 중 2층구조로 상방을 만들고, 곳간과 사당으로 오가
는 문과 사랑채의 부엌이 있는 동쪽의 날개채는 맞배지붕 형식으로 낮게
만들어져 있는 것이 인상적이다.

　사랑채의 기단은 일제강점기 이후에 유행하던 정방형으로 가공 된 견
칫돌 엇쌓기 방식으로 되어 있는데 아마도 수차례 보수 공사를 하면서 원
래의 방식과 많이 달라진 것 같다. 기단을 오르는 계단은 3단으로 건물의

중문과 문지방이 높은 협문

중문 안으로 펼쳐진 안채의 표정

2층 구조인 안채의 안방

햇살을 넉넉히 받을 수 있는 널찍하고 높은 대청

두 줄의 가는 살대로 꾸민 겹 '용(用)'자의 건넌방 미닫이문

중심에 대칭이 되게 두 곳에 놓여 있다. 이 위에 팔작지붕으로 전면 다섯 칸 측면 한 칸에 툇마루를 갖추고 있는 사랑채가 자리하고 있다.

사랑채는 오른쪽에 두 칸의 온돌방과 왼쪽에 한 칸의 건넌방이 있는데 두 온돌방은 띠살무늬 덧문의 창문을 두고 좌우측 모양이 동일하다. 특히 이 사랑채에서 흥미로운 점은 대청마루에 해당하는 덧문이 2분합문인 점인데, 일반적으로 대청문은 더운 여름을 고려해 2분합으로 한 칸의 기둥 전체를 문으로 꾸미는데 반해, 이 가옥의 사랑채에서는 반만 문으로 사용하고 있다.

아울러 분합문은 두 짝의 문을 한 벌씩 접어 처마 끝에 매달린 등자쇠에 거는 방법을 사용하는데, 귀봉종택에서는 한 짝 한 짝 별도로 만든 그네형 등자쇠에 걸도록 되어 있다. 등자쇠의 모양도 들쇠를 두 가닥으로 구성하고 가락지 모양의 등자 대신에 고리를 달아서 횟대를 끼워 만든 것이 좀처럼 보기 드문 형태이다. 또한 목수는 이것만으로는 멋을 다 표현할 수 없었던지 툇보를 별도로 두지 않고 하나의 대들보로 대청에서 툇마루까지

안채 마당에서 바라보이는 중문과 사랑채

단숨에 연결해 우람하고 듬직한 느낌의 대들보를 감상하도록 만들었다.

그 밖에도 일반적으로 주춧돌은 넓적하게 생긴 돌을 가공해 안정적으로 기둥을 세우는데, 이 집에서는 뒷동산처럼 둥근 모양의 돌 위에 방형기둥을 그랭이질이라는 기법을 사용해 나무기둥 아래 부분을 주춧돌 모양으로 깎아 맞추는 기술을 사용했다.

안채로 들어가는 중문 옆에는 난간에 궁창을 둔 문간방을 두었는데, 난간의 조각이 흔히 쓰이는 박쥐무늬 궁창이 아닌 꽃무늬 궁창이며 이를 난간 동자주에도 예쁘게 조각해 꾸몄다. 그 옆 칸에는 아랫사랑과의 사이에 상부에 살창을 꾸민 한 장짜리 널판을 사용한 앙증스러운 판문이 안쪽에서만 열고 닫을 수 있도록 비밀스럽게 달려 있다.

아랫사랑채도 두 칸 반의 크기로 한 칸의 대청은 옆집인 대종가 큰사랑채와 작은사랑채의 대청문과 같은 하단에 궁판널을 꾸민 문을 사용하고

안채 뒤뜰의 풍경

사당에서 보이는 백운정의 원경

산 아래에 모셔진 귀봉종택 사당

미수 허목이 쓴 백운정 편액

있다. 이 집은 누마루 형식으로 약간 높은 대청을 오르기 때문에 난간의 끝에서 안채의 협문과 연결하는 방향으로 나무 계단을 두고 안채의 아랫사랑채 전면에는 별도의 계단을 두지 않고 깔끔하게 기단으로만 처리하고 있다. 가운데 두 개의 배목을 대어 안정감 있게 꾸민 판벽과 넌출문의 나뭇결이 더욱 고즈넉한 분위기를 연출하고 있다.

안채에는 넓은 안마당을 두고 마당 서쪽으로 안방 부엌과 장독대가 꾸며져 있으며, 마당 가운데에 수도 시설이 있다. 경상도 지방에서 흔히 볼 수 있는 'ㅁ'자 평면이지만, 대청을 높은 기단 위에 꾸미고 높이도 2층 높이로 만들어 개방적이며 바람과 햇빛이 충분히 들어온다.

안채의 주춧돌은 사랑채의 둥근 모양이 아닌 네모반듯하게 가공된 안정적인 방형으로, 이 늘씬한 기둥이 복잡하고 추상적이기까지 한 5량집

귀봉종택과 앞내마을이 내려다 보이는 절벽 위에 자리한 백운정

천장 가구를 요리 조리 잘 엮어 아름다운 서까래의 결구 모습을 보여준다. 서까래는 최근에 만들어지는 한옥처럼 직선적인 선의 모습이 아닌, 높은 지붕 때문에 가냘프게 보이면서도 가공하지 않은 나무의 모습 그대로를 느낄 수 있다.

대청마루의 북쪽으로는 판벽에 바라지창이 있고 창틀 위 선반에는 제사나 행사 시에 사용하던 손때 묻은 소반들이 가지런히 올려 있다. 안방의 띠살무늬 출입문과 다락의 넉살무늬 광창은 두 개의 나무를 인방으로 연결해 독특하게 표현돼 있다. 건넌방 미닫이문의 두 줄의 겹 '용用'자형 창살과 중인방의 두 줄은 분명 이 집에서 특별한 의미를 담기 위해 도편수가 표현한 것으로 보이나 그 의미는 알 수 없다.

아랫사랑과 연결되는 서쪽 날개채는 곳간과 부엌으로 꾸며져 있으며 외부 벽의 마무리는 통풍과 환기가 좋도록 널판 벽으로 마무리되어 있다. 동쪽으로 연결된 날개채에는 곳간과 뒤뜰, 사당으로 가는 문을 두었다. 특히 사랑과의 지붕 높낮이가 생긴 부분은 약간 낮은 지붕을 두어 사랑채의 부엌을 꾸며놓았다.

안채는 동쪽으로 협문을 두어 마을로 통하는 비밀스러운 일각문을 두었으나 지금은 폐쇄되었다. 안채 뒤뜰은 상당히 넓은데 밭으로 일궈 온갖 채소를 기르고 있다. 아마 과거에도 이곳에서 기르는 채소로 종갓집 식구들의 반찬을 만들었으리라 생각된다. 뒤뜰은 곧바로 뒷산과 이어지는데 때문에 그 규모가 더욱 크게 느껴진다.

정면 세 칸 측면 한 칸 규모의 사당은 집에서 조금 떨어진 동쪽 산 아래에 별도의 담장을 두고 꾸며져 있어 언뜻 보기에 이 집과 상관없는 건물처럼 보인다. 그러나 사당에서 본채를 바라보면 이렇게 멀리 배치한 이유를 절로 알 수 있다. 귀봉 선생이 벼슬의 뜻을 접고 호연지기 하고자 지었다는 백운정이 사당마당에서 바라다 보이는 것이다.

백운정은 팔작지붕에 정자 형태로 세 칸 중 한 칸은 온돌방으로 두고 'ㄷ'자형 안채를 이어 만들었다. 백운정에는 많은 편액이 걸려 있는데 '백운정'이라는 글씨는 미수 허목 선생이 쓴 것으로, 아름다운 전서체로 물 흐르듯 써내려간 글씨는 임하댐의 넘실거리는 물결과 어울려 부드럽고 아름답다. 백운정 마루 난간에 서서 앞내마을을 바라다보면, 댐 건너로 보이는 여러 채의 기와집이 산에 안겨 있는 듯 전통마을의 포근한 기운이 느껴진다.

오미리五美里마을

경북 안동시 풍산읍 오미리

3

• • •

오미五美마을은 풍산김씨豐山金氏들이 500년 동안 세거해 온 씨족마을이다. 대봉산 줄기가 남으로 뻗어내려 죽자봉竹子峰을 이루고, 둥근 봉우리의 검무산劍舞山을 바라보며 자리하고 있는 마을이다. 안동 하회마을과 소산마을, 가곡마을 등 여러 전통 마을이 주변에 있어 주말마다 많은 방문객들이 안동을 찾지만 오미마을은 예천-안동 간 국도에서 4km 넘게 더 들어가야 찾을 수 있기 때문인지 이곳까지 방문하는 이는 거의 없다.

입구에 세워진 표지석에는 마을의 역사가 기록되어 있는데 대략 다음과 같다.

조선 초기에 시조 김문적金文迪공의 8세손 김자순金子純공이 마을의 터를 잡았다. 학가산에서 흘러내린 산줄기가 보문산과 대봉산을 거쳐 남쪽의 검무산으로 이어져 마을 앞을 서쪽으로 감싸 안고 가곡마을 앞산에서 멈추는데, 때문에 마을에 다섯 가닥의 산줄기가 뻗어 내려 있다고 해서 오릉동五陵洞이라 불렀다. 그 후 한차례 오무동五畝洞으로 고쳤다가 의정공의 손자인 유연당悠然堂 대현大賢공의 아들 8형제가 모두 진사에 이르고,

오미리 마을로 가는 길

그 가운데 5형제는 문과에 급제하자 인조 임금이 팔연오계八蓮五桂라 하
여 마을 이름으로 지금의 오미동이라는 지명을 하사하게 되었고 그때부
터 오미마을이 되었다.

　오미마을은 독립투사를 많이 배출한 곳으로도 유명하다. 일본천황이
사는 궁궐에 폭탄을 던졌던 김지섭金祉燮 의사, 만주에서 독립운동을 하
며 일본 총영사를 사살하고 자결한 김만수金萬秀 의사, 을사보호조약이
체결되자 이를 규탄하는 '토오적문討五賊文'을 전국의 사림들에게 알린 후
자결한 김순흠金舜欽 선생 등이 바로 오미마을에서 태어나고 자랐다. 때
문에 오미마을 언덕 위에 독립운동기념비와 정자가 세워지게 되었는데,
그 옆에 노송이 마을을 향해 절을 하듯 굽어 내려다보고 있다.

　이러한 역사가 켜켜이 묻어 있는 마을에는 풍산김씨 불천위 사당을 모

오미리 마을 동산

연못이 사라진 삼벽당의 동쪽 마당

삼벽당 사랑 온돌방
대청마루

삼벽당 대청마루

삼벽당 전경

시는 종가댁과 소종가, 참봉댁, 학남유거, 삼벽당 등이 자리하고 있으며 그 외에도 여러 기와집들이 옹기종기 모여 전통 마을의 고즈넉하고 고풍스러운 분위기를 느끼게 한다.

그 가운데 삼벽당(三碧堂, 경상북도문화재자료 제273호)은 조선 후기 안동 지방 민가의 특성이 잘 보존된 건물로 꼽히고 있다. 마을회관에서 왼쪽 골목을 따라 올라가면 담장 없이 정침에 사랑채가 붙은 'ㅁ'자형의 건물이 등장하는데 바로 이곳이 삼벽당이다. 현재 이 집의 소유자는 김승현으로 그의 8대조인 김상구金相龜 선생이 분가할 때 건립한 가옥이라고 한다. 삼벽당이라는 당호는 김상구의 아들인 종한鍾漢의 호에서 비롯된 것으로 동몽교관童蒙敎官 자헌대부 동지중추부사를 지냈다고 한다.

사랑마당의 오른쪽으로 연지가 있었다고 하나 지금은 텃밭으로 바뀌고 그 자리에는 수령이 꽤 되는 향나무가 자라고 있다. 가운데 중문을 두고 동쪽으로는 바깥사랑으로 전면 두 칸의 온돌방을 두고, 끝에 한 칸의 벽감

삼벽당 아랫집 정침과 사랑

이 설치된 대청마루가 자리하고 있다. 왼쪽으로는 마구간과 두 칸의 누마루 형식의 툇마루를 갖춘 서고를 두고 있다. 중문에 들어서면 안마당을 거쳐 안채가 나타난다. 안채는 세 칸의 넓은 대청을 중심으로 양쪽에 온돌방을 배치했다. 서쪽 날개채에 부엌이 있는데, 이곳 상부에 나란히 수수깡의 살창을 대고 토벽으로 만든 봉창이 소박하면서 서정적인 분위기를 준다.

양 날개채를 한 칸씩 더 확대한 평면형으로, 특히 사랑채 동쪽 끝 대청마루의 후벽에는 상부에 가묘나 사당이 없을 경우 사용하는 벽감을 꾸며놓았으며, 벽감과 수장 공간의 확보 및 결구수법 등 독특한 형식이 엿보인다. 사랑의 온돌방은 널찍한 청판을 붙인 머름대가 인상적인데 머름대 위에 2 분합 덧문이 달려 있고, 앞으로는 쪽마루를 그 아래에는 디딤돌을 놓았다.

그런데 이 마을에는 삼벽당처럼 시대 특성을 엿볼 수 있는 전통 한옥 외에도 원형을 잃은 지 오래되거나 사람의 체온을 느낄 수 없는 버려진 폐가들도 많이 볼 수 있었다. 몇 번의 답사를 거치는 동안에도 전통 가옥이 하나둘씩 텃밭으로 변해가고 조선시대 만들어졌던 기와지붕이 시멘트로 덧발라져 제 모습을 일어가기 일쑤였다.

이렇게 전통 한옥이 점점 사라지거나 편의를 위해 제 모습을 잃어가는 현상은 비단 이 마을만의 일이 아닐 것이다. 이러한 안타까운 모습을 지켜보면서 왜 우리가 전통 한옥을 지키고 보존해야 하는지 그 당위성에 대해 다시금 생각해 보게 되었다. 이를 오미마을의 잘 알려지지 않은 몇몇의 이름 없는 한옥을 예로 들어 설명하려 한다.

첫 번째 소개하는 고택은 삼벽당의 아랫집으로, 대청과 온돌을 갖춘 전형적인 반가班家지만 지붕은 기와가 아닌 플라스틱으로 대체했다. 원래 자리에 있었던 기와는 담장 아래에 산더미처럼 쌓여 있다. 이 가옥은 'ㅁ' 자형으로 전면에는 사랑채와 중문, 외양간을 두고 있으며 사랑채의 한 칸

삼벽당 아랫집의
바라지창 쌍환 문고리

삼벽당 아랫집의 무쇠솥과
옛스런 사랑 아궁이

을 동쪽으로 돌출시키고 대청마루로 꾸며놓았다. 그 옆에는 곳간채가 있
었으나 지금은 주저앉은 상태로 버려져 있다.

사랑채는 두 칸 크기로 머름판을 갖춘 띠살무늬 덧문으로 꾸며져 있고,
대청의 문도 문지방을 두고 두 칸의 여닫이문을 가운데 놓고 양쪽 벽에는
흙벽을 발라 폐쇄적으로 표현했다. 사랑채 대청마루의 동쪽으로는 판벽
에 바라지창이 꾸며져 있다. 흥미로운 것은 쪽마루인데, 마루 앞으로 바로
마을 골목길이 접해 있다는 점이다. 과연 원래 이러한 배치였는지 의심스
럽긴 하다.

이 외에도 대청마루의 문이 일반적인 들어열개문이 아닌 회벽을 마감한
벽이 문과 함께하는 점과 쪽마루의 이음도 독특하다. 대문의 서쪽으로, 중

죽봉서재 전경

세월의 빛바랜 나무널이 정겹게 느껴지는 마을 아래 김씨고택 전면

넌출문의 멋스러운
쇠장식들

인방 아래에는 외양간을 판문과 판벽으로 꾸미고 중인방에는 둥근 소나무를 듬성듬성 얹어서 농기구를 보관하는 다락으로 사용하고 있다. 대문은 널빤지 판재를 이용한 넌출문 형식으로 문의 상부는 문틀을 장혀와 띄워 놓았는데, 이것은 의장적인 의미 외에도 문간채의 채광과 사랑채 아궁이에서 불을 땔 때 나오는 연기가 빠져나갈 수 있는 통풍 역할도 겸한다.

안채의 벽은 안타깝게도 전부 시멘트로 발라져 있는데 다행히 골조나 창문, 문 등은 그대로 보존되어 있어 과거의 모습을 추정해 볼 수 있다. 부엌문은 짜귀로 깎은 흔적이 선명한 문틀에 널빤지를 이어 붙이고 위아래 두 줄의 배목을 단 문짝을 개별 둔테를 두어 하인방에 붙이고 문짝을 지지하게 만들었다. 특히 부엌 대문은 대문이나 대청마루에 있는 바라지창과 같은 공법으로 만들어져 있으며 빗장둔테의 아래위에 둥글게 굴림한 초각도 같은 모습으로 되어 있는데, 조금은 가냘퍼 보일 정도의 부재를 선택해 사용했다.

바라지창의 잠금 장치는 일반적으로 문고리를 이용하나 이 가옥의 안채 바라지창에서는 빗장둔테로 튼튼하게 꾸며 방풍판뿐 아니라 방범 역

싸리대를 엮어 만든 모습이 운치있는 채광과 통풍 기능의 봉창

할도 한다. 그리고 바라지창 상부에는 선반을 걸어 살림살이들을 올려놓을 수 있다.

마을 가운데는 '죽봉서재竹奉書齋'라는 편액이 걸려 있는 건물이 있는데, 건물의 구성이 매우 흥미롭다. 건물의 전체 모습은 안채에 양쪽으로 날개채를 이어놓고 박공으로 전면을 처리했다. 날개채 사이에 끼여 있는 듯 보이는 대문은 날개채보다 한 단 낮춰 담장과 함께 맞배지붕으로 되어 있다. 동쪽 날개채의 박공 아래 인방에는 죽봉서재의 편액이, 옆에는 '막죽헌幕竹軒'이라는 편액이 걸려 있다.

서쪽의 전면에는 작은 부섭지붕을 달아놓았다. 이 가옥은 세월의 흔적을 느낄 수 있는 조선시대 기와지붕과 지붕가구 부재만 원형을 유지하고 아래 심벽이었던 벽체는 콘크리트 모르타르에 묻혀 옛 모습을 볼 수 없다. 또한 노출된 서까래도 페인트로 칠해져 제 색을 잃은 지 오래다. 이러한 보수 작업은 분명 거주자의 편의를 위한 것이겠지만 길지 않은 콘크리트의 수명과 전통 한옥의 원형을 생각하면 바람직한 선택은 아닐 것이다.

마을 초입에도 무너져 가는 한 채의 기와집이 있다. 그 집 앞을 지나 마을길로 접어들면 장식이 화려한 대문채에 일제강점기 무렵에 구웠던 기와로 대문을 꾸민 고택이 자리하고 있다. 정침은 'ㅁ'자형 평면의 건물로, 서쪽으로 별도의 담장을 막아 안채만의 독립적인 뒤뜰을 만들었다. 정침은 3벌대 기단 위에 덤벙주춧돌을 놓고 사랑채는 그 위에 방형기둥으로 5량 집의 홑처마 팔작지붕 형식을 하고 있다.

사랑채가 달린 아래채는 중앙의 대문을 중심으로 동쪽에 사랑을 두고 서쪽에는 마구간, 창고인 곳간을 두고 있다. 사랑에는 전면 두 칸 측면 한 칸 반의 방을 두었고, 대청마루는 전면 한 칸 측면 두 칸으로 전면에는 문을 달지 않고 개방했으며 판벽에는 바라지창을 달았다. 바라지창인 넌출문은 세발쇠와 국화정, 배목, 문고리와 거미쇠로 목재의 모서리 이음을 보강했는데 장식이 고급스럽고 중후한 멋을 더한다.

사랑채 대청마루에 자연스럽게 휘어진 충량으로 반자틀을 받치고 있는 모습과 자연스럽게 자란 나무를 이어놓은 서까래는 우리 한옥의 아름다운 조립 예술이 엿보인다. 사랑 온돌방은 전면에 툇마루를 대고 기둥 두께와 비슷한 방형석재를 툇보로 사용하고 있으며 아래는 외부로는 직절되고 내부로는 짧게 사절된 보아지로 받치고 있다. 특히 서까래의 자연스런 곡선은 한옥의 운치를 더해 주고 곡선이 생동감을 준다.

이 가옥에도 사람이 살지 않아 사랑마당에는 잡초가 무성하고 을씨년스러운 분위기만 가득하다. 그러나 고택의 당당한 모습은 잃지 않고 있다. 이 가옥에서 눈에 띄는 점은 대문을 비롯해 토벽에 봉창을 뚫어 만든 광창이 많은데, 이 광창은 초가집에서도 볼 수 있는 채광과 통풍의 기법으로 경상북도 산간과 가까운 지역에서 많이 사용하는 방법이다. 매우 소박하면서도 운치를 느낄 수 있다.

안동 安東
풍산김씨종택 豊山金氏宗宅

경상북도 민속자료 제38호 | 경북 안동시 풍산읍 오미1리 233

• • •

풍산김씨종택은 선조 때의 학자인 유연당悠然堂 김대현金
大賢 선생이 창건했다고 전해진다. 그러나 이 집은 임진왜란 때 소실된 후
통훈대부 사헌부지평을 지낸 학호鶴湖 봉조奉祖공이 선조 33년(1600)에 다
시 건립했다. 이 종택의 윗사랑채는 유연당의 조부인 장암 선생의 당호를
따라 유경당幽敬堂이라 부르고 이 집 전체를 가리킬 때는 유연당종택이라
고 한다.

이 가옥은 마을의 가장 위쪽 죽자봉 줄기 끝에 위치하고 있다. 양옆으로
는 산에서 계곡이 흘러내리고 앞에는 오미동 참봉댁(경상북도 민속자료 제
179호)이 골목을 사이에 두고 앞에 서 있으며 왼쪽 아래로는 'ㅁ'자형의 소
종택이 자리하고 있다.

마을 골목길이 끝나가는 부근에 참봉댁 담장모서리 끝에 숨은 듯이 종
택 대문이 서 있다. 대문은 담장을 약간 들어가 세 칸의 평대문을 세우고
한쪽에는 청지기방인 온돌방을, 한쪽에는 마구간을 두고 상부에는 나무를
걸어 농자재를 올려놓는 창고로 사용하고 있다. 온돌방에는 밖으로 굴뚝
과 옆에 외닫이 띠살무늬 창문을 달고 서쪽에도 출입할 수 있는 외닫이문

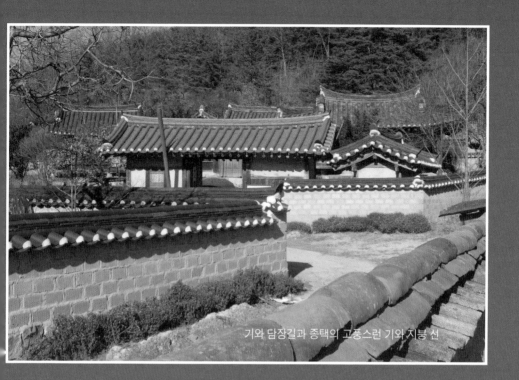

기와 담장길과 종택의 고풍스런 기와 지붕 선

사랑채 툇마루에 앉아서 대문과 안산을 바라보며

문지방만 잘라서 교체하는 대문채 문지방의 묘미

을 달아놓았다. 마구간 옆의 담장 모서리에는 사랑측간을 만들어놓았다.

맞배지붕 형식의 대문채는 박공 부분이 비를 맞아 손상되는 것을 막기 위해 박공널을 넓게 달아 중후한 멋을 보여준다. 또한 대문은 가운데 칸 전면에 꾸며져 있는데 문지방이 오래 사용해서 마모가 심하면 대문채를 해체 복원하지 않고 문지방만 잘라서 새로운 나무로 이어 붙이는 방법으로 교체하고 있다.

대문 안으로 들어가면 정면으로 작은 구멍이 뚫린 기와지붕의 쪽담이 중문을 가리고 서 있고, 오른쪽으로는 전면 세 칸의 팔작지붕 사랑채가 자리하고 있다. 왼쪽으로는 계자각난간이 달린 아랫사랑채가 자리하고 있다.

이 가옥은 외곽의 담장으로 구역을 셋으로 나눌 수 있는데 사당에 있는 담장까지 합하면 네 구역으로 구분된다. 하나는 외곽 담장 안의 사랑채와 서쪽의 텃밭을 합한 공간이며, 다음으로 정침과 뒤뜰로 연결된 공간, 그리고 정침 동쪽의 사당과 사랑이 연결되는 협문이 있는 공간으로 디딜방아

대문채에서 바라본 사랑과 정침

간이 있는 초가집을 포함한 공간, 마지막으로 사당 공간으로 구분이 가능
하다.

큰사랑채는 정침의 동쪽에 붙어 약간 돌출되어 있으며 전면 두 칸 측
면 한 칸 반의 온돌방과 정면 한 칸 측면 두 칸의 대청마루가 있으며 온돌
방 앞으로는 반 칸의 툇마루를 두었다. 툇마루 끝의 중문으로 들어가는 쪽
에 디딤돌을 놓고 올라 다니는 계단으로 이용하고 있는데 이 디딤돌은 경
상북도 지방의 가옥에서 많이 볼 수 있다. 막돌 허튼층쌓기 공법을 사용한
기단은 콘크리트 모르타르로 줄눈을 마감하고 있지만 예전에는 양회나
흙, 돌을 이용한 토석담으로 쌓았을 것이다.

큰사랑채는 전통 한옥의 지붕 곡선의 구성 방법인 귀솟음이 선명하고
팔작지붕의 박공벽이 있는 옆면에는 학처럼 날렵한 현수선이 아름답게

현수선이 아름다운 큰사랑채 박공 측면

계자각난간으로 꾸민 작은사랑채

큰사랑채 기둥 공포

표현되어 있으며, 안허리곡도 뚜렷하다. 큰사랑채의 동쪽에 붙은 바라지창을 열면 목련, 수국, 불두화 등의 꽃나무들이 푸르름을 더해주고, 사랑마당은 사랑채에 기거하던 집주인이 여유와 풍요를 느낄 만큼 담장 안의 공간이 넉넉하게 꾸며져 있다. 특히 사랑마당보다 단이 낮은 대문채 위로 보이는 검무산은 사랑마루에서 정면으로 보이는데 검무산 산 너머에는 전통 한옥이 잘 보존되어 있는 가곡마을과 하회마을이 자리한다.

큰사랑채의 구성을 살펴보면, 전면 두 칸의 온돌 방문은 띠살무늬 2분합 덧문으로 꾸며져 있는데, 머름대 없이 창틀을 마루높이로 꾸미고 중인방에 문설주를 지지해 창문을 두었다. 이 문지방 아래에 머름대를 대지 않는 이유는 머름대의 역할을 생각해 보면 이해가 된다. 머름대를 대는 목적은 냉기를 막고자 함도 있지만, 문을 열어놓고 방에서 편한 자세로 있거나 낮잠 자는 모습을 사랑마당을 오가는 하인들이 볼 수 없게끔 하려는 이유도 있다. 이 가옥의 큰사랑채는 기단이 높고 반 칸 뒤로 들어서 만든 온돌 덕택에 머름대와 머름판이 없어도 방 안이 잘 보이지 않는다.

큰사랑채의 가구는 둥근 기둥을 전면에 다섯 개 세우고, 내주內柱는 방형 기둥으로 벽을 구성했다. 이 집을 지을 당시 민가에서 둥근 기둥 사용을 엄격히 규제하던 것을 고려해 보면 이 가문의 위상이 그만큼 높았기에 이러한 가구 구성이 가능했으리라 생각된다.

온돌방 앞에 비교적 넓은 툇마루를 두고 대청마루는 전면 한 칸에 측면 두 칸으로 약간 협소한 느낌이 들지만, 대청마루와 온돌방이 만나는 벽을 맹장지를 바른 4분합 들어열개문으로 꾸며 이를 해소했다. 대청 공간을 넓게 써야 하는 행사가 있을 때는 이 문을 천장의 서까래에 달려 있는 등자쇠에 걸면 대청과 온돌방이 하나가 되는 커다란 공간을 얻게 된다.

대청마루를 살펴보면, 도리와 선자연 서까래가 만나는 곳을 지혜롭게

❶ 작은사랑 온돌방 위의 마루대공, 종보, 합보의 조화로운 아름다움
❷ 작은사랑 대청마루에서의 풍경

감추려는 전통 기술의 하나인 반자틀을 만들어놓고 반자틀의 구조적인 문제점을 해결하기 위해 대들보 위로 건너지르는 굽은 충량으로 받치도록 만들어 의장과 예술적인 아름다움을 표현했다. 기둥머리는 첨차를 둔 창방을 기둥 사이에 가로 부재로 대고, 벽선에는 자연미가 살아 있는 둥근

안채 안방과 아랫방 사이의 부엌의 역할

대들보를 직접 기둥 위에 걸쳤다. 정면에서 투박한 대들보 뿌리가 보이는 것을 막기 위해 보 끝을 서까래 경사에 맞게 양면을 쳐서 시각적인 보정을 했다.

중문을 사이에 두고 높은 기단 위에 대청마루 앞으로 계단을 만들고 계자각난간을 두른 작은사랑채가 있다. 서쪽으로 돌출되어 정면 세 칸 측면 두 칸의 규모로 자리하고 있다. 작은사랑채는 방형 기둥으로 소로수장 없이 바로 장혀와 도리가 만나는 가구법을 사용하고 있는데, 큰사랑과의 위계 때문에 둥근기둥과 첨차를 사용하는 화려함과 중후함은 없지만 계자각에 예쁜 안상을 조각한 청판을 달았다. 작은사랑채도 지붕선이 매우 부드러운 선을 이루며 비상하는 모습을 보여준다. 한 칸의 온돌방은 툇마루를 두지 않고 계자각난간을 꾸며 늘어난 만큼의 마루를 사용하고 있기 때문에 외주와 벽선이 일치한다.

안채로 향하는 시선을 막아주는 중문 앞 쪽담

작은사랑의 대청 천장 가구는 방 벽 위에는 가운데 합보를 내주 위에서
결합하고 그 위에 중보를 걸고 중보는 동자주에 첨차를 받쳐 구조적인 힘
의 모음과 장식적인 면을 고려했다. 마루 대공의 경우는 각재를 댄 동자대
공으로 단면은 중보의 폭보다 작은 것을 사용하고 맞춤은 장부맞춤을 한
다. 이 건물은 동자대공 옆에 각재를 대어 중보에 견고하게 고정하고 장식
의 효과도 내고 있다.

대청마루의 서쪽과 북쪽 벽은 판벽에 바라지창을 대고, 배목을 판벽이
나 판문이나 다 같이 중앙에 두 줄의 배목을 대어 수평적이고 매우 정돈된
느낌을 준다. 특히 오랜 세월을 거치면서 검은빛으로 변한 나무판은 탈색
되어 하얀빛을 발하는 회벽과 꽤 잘 어울린다.

안채 입구에는 사랑채 기단에 맞추어 중문을 가리도록 쪽담을 만들었

안채 뒷면에서 바라본 뒷뜰 모습

는데, 안채 여인들의 사생활을 보호하기 위해 만들어진 것이다. 이 용도 외에도 안채 여인들은 사랑마당에 온 손님이 누군지 사랑채에 나가지 않더라도 쪽담에 나 있는 작은 구멍을 통해 확인할 수 있었다. 이를 통해 손님을 확인한 후 그에 맞는 상차림을 준비했을 것이다. 이 쪽담은 주로 'ㅁ'자형 구조 건물에서 볼 수 있다. 'ㅁ'자형 구조에서는 주로 중문이 사랑 옆에 붙게 되기 때문에 사랑채를 드나드는 손님들의 시선을 피하기 위해 쪽담을 세운다.

안채는 정면 세 칸에 측면 두 칸의 크기로 맞배지붕 형식이고 날개채와 만나는 곳은 부섭지붕 같은 모습으로 연결되어 있다. 대청을 중앙에 두고 좌우로 날개채를 연결한 형태이다. 대청의 한 칸은 툇마루를 두고 온돌방으로 꾸몄으며, 온돌방의 중인방 위에는 높은 천장 높이를 이용해 천장 아래에 다락을 두어 살림도구를 보관하도록 꾸며져 있다.

천장가구는 출목도리와 중도리, 마루도리를 갖췄으며 둥글게 굽은 나무를 이용해 기둥과 조립하고 대들보 위의 중보는 동자주 없이 얹어 놓은 형식으로 간결하게 표현했다. 마루도리를 받치는 대공은 장여의 폭보다 약간 작게 하고 위아래 널을 촉으로 이어 붙이고 비스듬히 사다리꼴로 자른 대공으로 받쳤다.

날개채는 3량 구조로 부엌을 정면 세 칸 측면 한 칸의 크기로 꾸미고 한 칸은 대문 없이 출입구로 사용한다. 그 옆에는 아랫방을 한 칸 두고 마룻바닥을 높이 만든 도장방과 작은사랑에 불을 때는 부엌이 있다. 부엌의 서쪽 외벽으로는 판재벽과 춘을 달아 텃밭으로 나가는 출입문으로 사용하고 있다. 반면 동쪽으로는 건넌방과 부엌을 별도로 꾸며 며느리와 손자들의 공간으로 활용하고 있다.

불천위를 모신 사당은 집의 동쪽 뒤편에 높이 대지를 만들고 별도의 담장으로 구획된 공간에 자리하고 있다. 이곳은 마을에서 가장 높은 장소이자, 마을 전체와 안산案山인 검무산이 한눈에 내려다보일 만큼 전망이 확 트인 양지바른 명당자리다.

사당의 담장은 경사지를 이용해 층계형으로 꾸미고, 사주문은 맞배지붕 형식의 문으로 가운데는 2분합 널빤지문을 달고 양옆은 판벽으로 처리했다. 경사지를 오르기 쉽게끔 잘 다듬은 장방형 디딤돌을 중간 중간에 박아 두어 운치를 더했다. 경사진 언덕에는 수령이 수백 년은 되었을 법한 노송老松이 서 있어 사당에 신성함을 더해 준다. 1700년대 연호가 새겨진 막새가 노송과 함께 이 사당의 역사를 말해 주는 듯하다.

사당의 규모는 정면 세 칸 측면 한 칸의 크기로, 전면에 퇴를 두고 외주는 둥근 기둥에 초익공으로 공포를 짜서 만든 공포집으로 이 마을에서 가

초각이 아름다운 사당 기둥 머리의 공포가구 모습

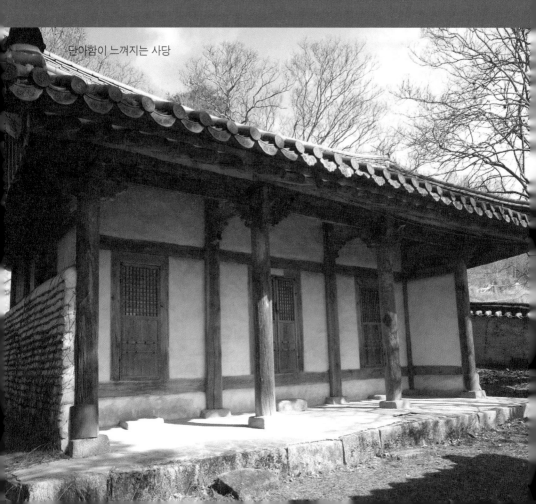

단아함이 느껴지는 사당

돌계단의 단출함에서 규율이 느껴지는 사당으로 오르는 길

장 잘 지은 건물로 꼽힌다. 벽은 화방벽으로 기와로 수평줄눈을 맞추어 쌓고 하얀 양회로 줄눈을 넣어 아름다운 조형미를 연출했다. 지붕의 물매에 따라 받치는 툇보는 높은 천장의 대들보와 단을 달리해 처마를 받치고 있으며 아름답게 초각된 보아지에서는 정성스럽게 제단을 꾸미고자 하는 집 주인의 마음이 묻어난다.

이 사당은 작은 건물이지만 웅장한 건물에서 느껴지는 중후함부터 아기자기한 멋까지 모두 표현돼 있다. 네모반듯한 납작한 초석 위에 세워진 배흘림기둥과 초각이 아름답게 조각된 공포는 단청이 없어 화려하지는 않지만 조선시대 선비의 근본 사상에 어울리는 단아함이 느껴진다.

내부는 후벽에 감실을 두고 위폐를 모시고 있으며 우물천장에 마루로 되어 있다. 문은 가운데 2분합문으로 상부는 넉살무늬 창문에 창호지를 바르고 아래는 문의 중간 높이까지 판재를 이용한 넌출문으로 되어 있고 양옆에는 외닫이문으로 꾸며져 있는데, 넓고 높은 층고에 하얀 벽이 매우 정돈되고 안정된 분위기를 느끼게 한다.

예안이씨 禮安李氏　충효당 忠孝堂

보물 제553호 | 경북 안동시 풍산읍 하리 1리 189

5

• • •

안동시 풍산읍을 동남쪽으로 감아 흐르는 냇가를 건너면 서쪽 산자락 아래에 예안이씨 충효당이 자리하고 있다. 이 집은 임진왜란 때 의병장으로 활약하다가 순국한 풍은豊隱 이홍인李洪仁 부자의 충과 효가 얽혀 있는 유서 깊은 곳으로 현재 그의 후손이 거주하고 있다. 순국한 뒤 홍인 공이 받은 충신 정려旌閭는 다른 사람에게 귀감이 되고자 이곳이 아닌 풍산읍 한복판에 세워두었다.

일반적인 사대부가의 배치와 달리 서향을 택한 예안이씨 충효당은 마을길보다 높은 곳에 자리하고 있는데 때문에 사랑채 누마루에서 내려다보면 마을의 너른 들판이 한눈에 들어온다. 또한 높은 지대에 지었지만 지붕선은 뒷산의 스카이라인을 넘지 않고 있어 집이 산에 기대어 서 있는 듯 배산임수의 모습을 띤다.

집을 둘러싼 담장 서쪽에 출입구가 있는데 원래는 본채 남쪽에 나 있는 문이 주 출입구였다고 한다. 예전에 서쪽 문 바깥에 바깥채가 없어진 뒤에 출입문도 옮긴 것이라고 한다. 담장과 주변 환경이 변하면서 옛 모습 그대로는 아니지만 충효당은 아름다운 고건축의 멋을 느끼기에 충분할 만큼

풍산의 너른 들판이 한눈에 들어오는 예안이씨 충효당

여러 매력을 품고 있다.

　연지가 있는 언덕길을 올라 집으로 들어가는 서쪽을 바라보면 팔작지붕의 '쌍수당雙修堂'이라는 당호를 가진 별당이 서 있다. '쌍수당'이란 충과 효를 한 집안에서 다 갖추었다는 의미로, 순국한 이홍인의 충의와 그 후손 한오의 지극한 효를 기리는 것이다. 쌍수당 현판 아래에는 '백원당百源堂'이라는 현판도 보인다. 백원百源이란 모든 근원, 즉 효孝를 말한다. 충과 효는 둘이면서 하나이며, 이를 모두 갖추었으나 더욱 갈고 닦고자 하는 가문의 지향志向을 알 수 있다.

　쌍수당은 별당 건물로 사랑채 역할을 한다. 전면 세 칸 측면 두 칸의 규모로, 반 칸은 통로로 사용하고 한 칸 반은 온돌방으로 꾸몄으며 나머지는 우물마루를 깔아 대청으로 사용하고 있다. 대청의 문을 활짝 열어젖히면 너른 들판과 계절마다 빛깔을 바꾸는 뒷산, 연지 너머 보이는 고즈넉한 소산마을의 풍경까지 이 모두가 한눈에 들어온다.

쌍수당의 표정

팔작지붕의 합각 아래는 충량과 천장반자로 마무리했는데, 충량의 선이 자연스러운 보와 만나 마루 천장의 경직된 분위기를 둥글둥글한 부드러운 모습으로 바꿨다. 내부 천장에는 여느 정자와 마찬가지로 다양한 편액들이 걸려 있다.

쌍수당 담장 아래에는 수령이 꽤 되어 보이는 나무 한 그루가 자라고 있는데 그 키가 보통 사람의 키 정도밖에 되지 않는다. 그 이유는 동네 사람의 결혼식이 있을 때마다 사람들이 이 나무의 가지를 꺾어가 결혼식에 사용한다 한다. 그 이유인즉, 신혼부부가 이 가문처럼 충과 효를 다해 살아가기를 바라며 축복하기 위함이라고 한다.

본채는 문간채와 안채에 날개채를 연결한 'ㅁ'자형이다. 뒷산에서 안채를 내려다보면 집 앞에 펼쳐진 넓은 평야와 조화를 이룬다. 경사지를 이용해 자리 잡은 안채는 아래채보다 단을 높여 앞 건물로 인해 채광이 방해받는 것을 막고자 함도 있다.

쌍수당 대청에서 보이는 풍산들

　아래채는 중앙에 대문을 두고 오른쪽으로 세 칸을 반씩 나누어 온돌방과 대청을 두었다. 중문의 왼쪽인 동쪽으로는 마구간과 모방이 있고 옆으로 대문이 나 있다. 이 건물의 기단은 장방형의 석재로 만들었는데 성글게 표면을 처리해 자연스러움을 더했다. 아래채 앞으로는 기단이 2층으로 되어 있는데, 현 후손인 이준교 선생의 말에 따르면 예전에는 사랑채의 처마선과 쌍수당의 처마선이 일자를 이루고 사랑마루와 쌍수당을 직접 연결하는 회랑이 있었다고 한다. 그러한 옛 모습을 머릿속에 그려보면 궁궐이나 불국사 회랑에서나 볼 수 있는 참으로 운치 있고 멋스러운 모습이었으리라.

　사랑방의 공간 분할은 후면 모서리에 안채로 연결되는 출입문을 두고, 대청으로 연결되는 문은 한 칸 전체를 불발기창으로 꾸며 마치 벽체와 같은 느낌이 들게 하였다. 사랑방은 한 칸 반의 크기로 한 칸은 2분합 덧문을 두었는데, 그 중 반 칸은 그 크기에 어울리게 외닫이 세살무늬문으로 꾸미

가문의 지향점을 알 수 있는 백원당 편액

고, 외닫이문은 하인방 위에 두 개의 문지방을 덧대어 출입보다는 눈꼽재기창과 같이 밖의 동정을 살피는 기능을 한다. 외닫이문은 머름판이 없이 문지방을 높여 만들었다.

사랑마루는 난간이 없는 평마루로 꾸며져 있지만 마루에 앉아서 들판을 내려다보면 낮은 담장 너머로 넓은 뜰과 쌍수당 앞의 연지가 한눈에 내려다보일 정도로 높은 대지 위에 자리 잡고 있다. 특히 쌍수당 앞의 연지는 마을길 위에 우뚝 솟은 봉우리처럼 생긴 땅에 연못을 두었음에도 물이 아래로 빠져 나가지 않고 가뭄이 와도 마르지 않는다고 한다.

본채 사랑대청에서 보이는 벽에는 세 개의 문이 있는데, 대청 통로로 연결되는 궁판 아래에 두 구획 안쪽에 붙인 외닫이 세살무늬문, 온돌방의 작은 눈꼽재기창, 계자각난간을 삼면에 두른 마루로 나설 수 있는 외닫이문이 그것이다. 문의 형태나 크기가 쓰임에 따라 각기 다르게 배치되어 눈길을 끈다.

아래채 벽선의 단아한 표정과 벽체가구

장마루가 인상적인 대청에서 바라본 앞마당과 사랑채 후면

❶ 아래채 온돌방

❷ 안채 대청과 안방

❸ 안채 대청과 바라지창

❹ 직선을 강조한 보와 짧은 대청 종보

❺ 미묘한 차이를 나타내는
안방덧문

❻ 안방 툇마루와 연결된 부엌

해와 달을 표현한 솥과 조왕신을 모시던 부엌

안채는 네 칸의 5량집 팔작지붕 형태로, 두 칸은 툇마루를 둔 온돌방으로 꾸미고 두 칸은 대청마루로 꾸몄다. 대청의 두 칸은 장마루를 깔았는데 장마루는 사당과 같은 제례 공간에서 주로 사용하는 마루 형식이다. 사당이 없는 이 집에서는 안채 대청에서 제사를 지내기 때문에 이러한 마루를 택한 것이다.

대청의 자연석 덤벙주춧돌에 원주를 세운 기둥 위에는 소로를 받쳐서 의장적인 멋을 표현했고, 간단한 보아지를 두었다. 특히 마루 끝에 걸린 마루 귀틀을 감싸듯이 파서 둥근 기둥의 양쪽 볼을 맞춘 목수의 솜씨가 대담하다.

마루 뒤편에 붙은 바라지창은 널판을 이어 만든 2분합문으로 가운데 중심 설주가 있었던 것으로 보이나 변형되었다. 그러나 두툼한 창틀과 널판의 짜임새가 엉성한 듯 하면서도 장중함을 느끼게 하는 매력을 갖고 있다. 문의 중심도 약간 한쪽으로 치우쳐 문고리가 걸려 있고, 문짝도 크기

쌍수당 앞 똬리 형태의 측간

가 다르다.

　안방의 창문도 언뜻 보기에는 같아 보이나 자세히 들여다보면 모두 다른 모습을 하고 있다. 창문의 크기가 제각각이며 창호지를 붙인 문틀 아래로는 머름은 없지만 문틀이 두툼하고 간결하면서 장식을 생략한 것 같은 소박함이 돋보인다. 균형 속에 변화스런 세부 표현은 이 가옥만의 특별한 세련미와 멋의 표현으로 새로운 한옥의 장르를 보는 듯하다.

　부엌은 문이 없는 개방형 구조로 좁은 안마당 때문에 답답함을 없애고자 문을 두지 않은 것 같다. 부엌의 기둥은 천원지방天圓地方을 상징하는 팔각주인데, 자연에 순응하고 그에 따른 혜택이 식구들에게 돌아가기를 바라는 마음을 담은 것이다.

　아궁이에는 해와 달을 상징하는 두 개의 쇠솥이 걸려 있는데, 벽 모서리

멋스러운 문양으로 꾸민 부엌 외벽

날개채 찬방과 곳간

에는 반들반들한 청석이 놓여 있다. 이곳은 백자 사발에 정안수를 담아 올려 조왕신께 바치는 장소로, 아침마다 여인들이 이곳에서 오늘도 맛있는 밥을 식구들이 먹고 무탈하기를 조왕신께 기원했다. 단열이 잘 되는 부엌 외벽 아래는 강돌로 꾸미고 상부에는 음양을 나타내듯 암키와를 수직으로 장식했다.

안채에서 밖으로 연결되는 출입 부분을 살펴보면 앞과 좌우에 중문과 가까운 크기의 2분합 판문 형태의 대문이 꾸며져 있는 등, 집의 규모에 비해 출입문이 많다. 안채의 구성은 두 칸의 안방과 대청마루, 건넌방이 일렬로 배치되어 있다. 건넌방은 함실아궁이를 왼쪽 날개채 아래에 두고 상부에는 찬방을 만들어 제사를 비롯해 대청에서 집안 대소사가 있을 때 음식을 진설하거나 보관하는 역할을 했다.

부엌에 음식을 두면 요리 시에 발생하는 열 때문에 음식이 상하기 쉬운 점을 해결하고자 상청마루에 외부로 연결된 판문을 달아 시원한 바람이 들어오게끔 조치했다. 음식 찬방 위에는 문 없는 다락을 두어 상청마루에서 사용하는 그릇들을 올려놓게 한 섬세한 꾸밈을 볼 수 있다.

예전에 있었던 안채측간은 왼쪽 산 아래 있었다 하나 복원하면서 담장이 안으로 둘러지는 바람에 옛 모습을 볼 수 없다. 이밖에도 사랑측간은 달팽이처럼 따리를 틀어 담장을 이어 만들었는데 특이한 점은 지붕이 없다는 것이다. 지금도 이 측간에는 지붕이 없는지 고민하게 된다.

예안이씨 충효당은 규모는 작지만 세련되면서도 지루하지 않은 공간 구성을 갖추고 있어 보물로 지정되기에 부족함이 없다. 겉으로 보았을 때 화려하거나 장식적인 모습을 가능한 배제해 남 앞에 나서기보다는 자신을 낮추고자 하는 주인의 마음이 깃들어 있다.

안동 安東 임청각 臨淸閣

보물 제182호 | 경북 안동시 법흥동 20

6

● ● ●

안동에서 동북 방향으로 길을 잡아 안동댐으로 가다 보면 길가
에 안동 보조댐이 있고, 그 인근에 임청각 고택이 나타난다. 이 고택은 임
시정부 초대 국무령을 지낸 석주石洲 이상룡(李相龍, 1858~1932) 선생의 생
가로, 석주의 가문은 독립운동가 집안으로도 유명하다. 이 고택 옆에는 고
성이씨 소종가도 있는데, 집 앞에 통일신라시대에 전돌로 만들었다는 신
세동 7층 전탑이 있다. 그런데 임청각 고택이나 신세동 7층 전탑 모두 일
제강점기의 피해를 고스란히 안은 채 오늘까지 힘겹게 버티고 있는 문화
재들 가운데 하나이다. 이 두 문화재는 일본인이 만든 철길로 인해 생겨나
는 진동과 소음, 매연을 그대로 뒤집어 쓴 채 지금도 아픈 역사를 증언하
고 있다.

이상한 것은 왜인들이 왜 이곳 안동의 시골구석에 철길을 건설했는가
하는 점이다. 예나 지금이나 도시가 아님은 물론이요 공출할 농수산물이
나 광산물이 풍부한 곳도 아닌데 말이다. 당시 일본인들은 교통을 편리하
게 해주겠다며 주민들을 설득했다지만 그들의 실제 목적은 다른 데 있었
으니, 독립운동가들이 유독 많이 배출되는 안동 지역을 직접 통치하고 관

자연스런 급경사 지형을 이용한 임청각의 건물 배치

리하자는 것이 그들의 일차 목표였다. 이렇게 일제가 철도를 부설하고 그 옆에 다시 도로를 내면서 큰 피해를 당한 곳이 바로 임청각이다.

임청각 입구에 들어서면 도로 중앙에 큰 나무 한 그루가 떡 하니 버티고 서 있는 걸 볼 수 있는데, 도로의 중앙선에 위치한 이 노거수는 사실 임청 각 대문 바로 바깥에 있던 것이다. 아니, 임청각 대문 바로 앞으로 도로가 들어서면서 임청각의 전각들은 그 수가 줄면서 뒤로 물러나게 되었고, 나 무 한 그루만 도로 한 가운데 우두커니 남겨진 것이다. 지금은 많이 축소 된 이 가옥의 본래 규모를 이 나무를 통해 짐작해볼 수 있는 것이다. 하지 만 안타깝게도 이 나무마저 최근 싹둑 잘리어 이제 사진에서 밖에는 그 모 습을 확인할 수 없게 되었다. 물론 사진조차 남아 있지 않은 소중한 것들 도 많았다. 예컨대 현재의 철길은 임청각 행랑채 일부와 문간채, 중층 문 루를 헐어내고 가설된 것이라고 한다. 이 전각들은 기록으로만 전할 뿐 지

바깥 행랑채 벽의 다양한 표정

바깥마당에서 길 가운데로 나앉은
임청각의 노거수

행랑채 맞배지붕 선의 아름다움

별당인 군자정 오르는 길

금은 흔적을 찾기도 어렵게 되었다.

임청각은 전체적으로 급경사를 이루는 산 아래 경사지를 자연 그대로 이용하여 지어졌다. 남서쪽에 정침을 두고, 중앙에 별당인 군자정을 배치하였으며, 북동쪽에 사당을 배치하였는데 사당의 축은 남향을 향하는 형태이다. 전면에서 보면 일자에 가깝게 배열한 형태로 크게 정침과 별당인 군자정, 사당 공간의 세 구역으로 나누어 담장이 둘러져 있다.

도로에서 철길 뒤로 돌아가 보면 철길을 따라 평행으로 길게 선 담장과 긴 바깥 행랑채가 이어져 있고, 행랑채 끝 부분에 건물의 규모와는 어울리지 않는 작은 단칸 맞배지붕의 대문이 하나 나타난다. 물론 처음부터 이렇게 초라한 대문은 아니었다. 본래는 장엄한 중층 누각형 대문이었는데 이

여름날의 고즈넉한 군자정

제는 철길로 사라지고 지금은 이처럼 작은 문이 되어버린 것이다. 이 대문을 통해 안으로 들어서면 정면 언덕 위의 군자정으로 오르는 일각문이 바라다 보이고, 오른쪽으로는 높은 언덕 위로 사당이 보인다. 그리고 왼쪽편이 정침 공간으로, 역시 사랑으로 오르는 돌계단이 보인다.

대문에서 보면 별당인 군자정 담장 끝에 살며시 사랑채 대청이 보이고, 왼쪽으로는 열세 칸의 바깥행랑채가 2단의 축대 위에 반듯이 서 있다. 특히 바깥 행랑채는 행랑방과 여러 개의 창고로 구성되어 있는데, 벽을 지지하는 하인방과 중인방의 높낮이를 다르게 하여 동일한 크기의 넉살무늬 창틀이 주는 단조로움을 배제하려는 지혜가 엿보인다. 그리고 이 창문들은 벽에 고정되어 광창의 기능을 하고 있다. 이 벽은 담과 나란히 하며 더

군자정의 계자난간과 돌계단의 운치있는 어울림

욱더 선을 강조한 모습이어서 이 집에서 느낄 새로운 변화를 기대하게 한다. 임청각으로 오르는 바깥행랑 마당으로 다섯 칸의 창고 널판문이 듬직한 머슴의 호위를 받는 듯하고, 안채 아래의 바깥행랑 마당으로 연결하는 2분합 널문이 또 다른 공간으로의 연결에 대한 기대감을 갖게 한다.

지붕 끝은 맞배지붕으로 간결함을 강조하면서도 균형감이 강조된 아름다운 표현 예술을 느끼게 한다. 하얀 벽에 두툼한 창틀을 두르고 넉살무늬는 촘촘히 구획하여 짜임새를 느끼게 하였다. 이러한 창틀의 느낌은 이곳에서 가까운 앞내마을의 의성김씨종택 행랑채에서도 찾아볼 수 있다.

군자정은 임청각의 별당 건물로, 일각문에 들어서서 보면 정면 기단 위에 누상주와 누하주로 만들어진 웅대한 건물이 귀솟음이 날렵하면서도 당당하게 서 있다. 이 건물은 임청각에서 오를 수도 있고, 대문에서 중문인 일각문을 통해 오를 수도 있다.

애초의 임청각은 세종 때 영의정을 지낸 이원(李原, 1368~1429)의 여섯째아들인 영산현감 이증李增 선생이 이곳 지형의 아름다움에 매료되어 터전을 잡음으로써 시작되었다고 한다. 이증의 셋째아들로 중종 때 형조좌랑을 지낸 이명이 건물을 지었다. '임청각'이라는 당호는 도연명陶淵明의 〈귀거래사歸去來辭〉 구절 중 '동쪽 언덕에 올라 길게 휘파람 불고, 맑은 시냇가에서 시를 짓노라.'라는 싯구에서 '임臨'자와 '청淸'자를 인용한 것이라 한다. 지금은 철길과 방음벽으로 볼품없는 전망이 되었지만, 당시에는 이중환의『택리지』에도 명승의 하나로 기록될 만큼 사대부가의 대표적인 건물이자 강이 내려다보이는 등 주변 경관이 빼어난 곳이었다.

장대석으로 된 군자정의 계단 옆에는 돌로 만든 물확이 있는데, 손을 씻는 곳이다. 실내로 들기 전에 손을 닦으라는 의미로, 청결을 위한 주인의 배려가 묻어 있다. 특히 계단은 기단까지는 계단돌을 사용하고 기단부터

연속된 쪽마루의 계자난간이 멋스러운 군자정의 후면

누마루까지는 소맷돌을 갖춘 돌계단을 만들어 놓았다. 소맷돌의 기능은 높이 올라갈수록 불안정한 사람의 심리를 헤아리듯 안정감을 갖도록 하면서 고급스러운 계단의 의장을 보여주고 있다.

　군자정은 '⺊'자 모양의 평면을 가진 건물로, 정면 세 칸 측면 두 칸에 정침 쪽으로 한 칸씩 온돌방을 더 내어 붙여 놓은 모습이다. 방 사이에 만든 마루는 정침으로 드나드는 출입문과 연결되며 정자형 별당답게 누마루 형식에 사방으로 계자난간을 갖춘 쪽마루를 돌려 바닥에 내려서지 않고도 난간 주위를 돌아다니면서 사방을 관망할 수 있도록 만들어 놓았다. 특히 난간은 계자각에, 돌란대와 연잎의 양각을 생략한 부드러운 하엽 양식을 갖추어 그야말로 난간의 정수를 보여준다. 한편 누마루는 2분합 판장

군자정의 아름다운 창의 질서

문을 삼면에 달아, 문을 개방하면 주변에 꾸며 놓은 화단과 석가산을 만든 연지가 보이고, 경사를 따라 잘 꾸며놓은 모과나무와 단풍나무 정원도 보인다. 전면에서는 안동댐에서 흐르는 강물과 강 너머 계절에 따라 변화하는 시간의 흐름을 감상할 수 있다.

　군자정은 4벌대 자연석 허튼층으로 쌓은 기단 위에 대청 전면에는 원기둥을 사용하고, 나머지는 네모난 방형 기둥을 덤벙주초에 세우고, 내부 천장은 무고주 5량 집으로 공간이 장대하다. 연목과 부연을 갖춘 겹처마 형식으로 주두 위에 익공을 갖춘 재주두가 없이 물익공 형식의 이익공 가구 방법을 사용하였다. 건축 기준이 엄격했던 조선시대에 일반 주택에서는 보기 드문 형식으로 창방과 장혀 사이에는 화반도 설치하였다.

정침 쪽으로 있는 온돌방은 2분합 덧문에 세살무늬 창과 조밀한 넉살무늬 광창을 달아 운치를 더해주고 있다. 이 넉살무늬 광창은 바깥 행랑채 창문의 형태로도 사용하는 형식으로, 이 가옥에서는 정침의 다락이나 군자정, 행랑채의 광창으로 사용하고 있어 창문의 다양화가 보이면서도 엄밀히 관찰하면 용도에 따라 통일성도 나타나고 있는 것이 이 집의 멋스러움으로 볼 수 있다.

대청 상부에는 반듯하고 날렵한 느낌의 대들보를 사용하고 있는데 둥근기둥과 장여를 받친 첨차와 창방 위의 화반은 하얀 회벽과 함께 더욱 고풍스러우면서 우아한 아름다움을 보여준다. 팔작지붕 아래 내부의 가구 구조는 충량과 만나 대들보에 얹혀 지고, 그 위로는 모서리의 연목이 모아지는 종대공과 만나는 곳을 깔끔하게 처리하기 위하여 반자틀을 만들었다. 반자틀의 두 기둥은 종보와 대들보의 가운데로 얹혀 지고 나머지 반자의 두 기둥은 공중에 떠 있는 형태다. 우리 조상들은 이처럼 둥그런 기둥이 천장에 들려 있는 것을 달동자라 불렀으니, 이는 천장 위에 달이 떴다는 말이다. 참으로 자연친화적이요, 상상력과 멋, 풍류가 응축된 건축이자 표현이 아닐 수 없다. 이 집 달동자의 절단면에는 연꽃을 그려 넣고, 부재마다에는 아래쪽으로 가운데 주홍을 긋고 양변에 먹을 그려 넣어 단정하면서도 강한 이미지를 보여준다. 고결하고 강직한 선비 사상을 느낄 수 있는 건축이다. 지금은 단청의 흔적만이 보이나 선명한 단청 색이 보이던 시절에는 화려하지는 않지만 매우 아름답고 단정한 모습이었을 것이다. 특히 대청마루를 열어젖히면 사당 아래 연지에는 예쁜 배롱나무가 붉게 물들어 있고 연꽃이 활짝 피어 한 여름의 뜨거운 열기를 식혀주는 역할을 한다. 연지 가운데 있는 석가산은 맷돌이 대신 올라앉아 있는데, 약간은 어색하지만 조그만 연지 안에 커다란 석가산은 불가능하니 이것으로 가정

군자정 천장의 반자틀과 석가래의
아름다운 질서

임청각 마당 중앙에서 샘솟는
안채 우물의 신비감

군자정에서 보이는 연지

군자정에서 바라본 임청각

해서 대신 만들지 않았을까 생각된다. 또한 전면으로 있는 온돌방의 세살
무늬 덧문을 열어젖히면, 지대가 높은 집의 영향도 있겠지만, 높은 산 위
에서 강을 내려다보는 것처럼 후련하게 느껴져 도연명의 글귀에서 얻은
구절로 '임청각'이라 이름 지은 까닭을 알 듯 하다.

임청각은 사랑채의 당호로, 군자정 별당과 나란히 산의 지형에 따라 펼
쳐져 있다. 이 가옥은 평면 형태가 특이하다. 풍수지리에 따른 주택의 길
지를 잡아 집을 짓는 데 있어 그 평면 형태를 일日, 월月자와 같은 길자 형
태로 하면 좋다 하였다. 대표적인 예로는 경주 안강의 양동 마을 향단香壇
건물이 일日자 형태를 하고 있다.

이 가옥은 일日자, 월月자 또는 그 합자 형태인 용用자형으로 되어 있다.
용用자는 하늘을 나타내는 의미로, 하늘의 일월을 지상으로 불러서, 천지
의 정기를 화합시켜 생기生氣를 받으려는 의미를 가진다.

안채대청의 고즈넉한 풍경

　사랑채 마당에는 우물이 하나 있는데, 마당 바닥으로 기어들어가듯 깊숙이 자리하고 있어 일반적인 땅 위의 우물과는 사뭇 다른 분위기를 느끼게 한다. 게다가 이 우물은 이 가옥의 혈이 있는 장소로, 훌륭한 인재 셋이 나온다는 전설이 깃든 특별한 우물이다. 지금도 항상 맑은 물이 우물 안에 가득하다.

　하지만 외부의 손님들이 많이 드나드는 사랑채 마당의 우물이어서 아녀자들이 빈번히 이용하기에는 불편했을 것이다. 따라서 별당인 군자정의 활용도는 또 그만큼 커질 수밖에 없었으리라 생각한다. 사랑방에 별당 쪽으로 단 한 칸만의 온돌방을 두고 있는 것도 이처럼 아녀자들을 보호하기 위해서였을 터이다.

　이 가옥은 참으로 다양한 면에서 한옥의 예술적인 멋이 풍긴다. 다른 집에서는 볼 수 없는 특별한 부분도 보이는데, 그 중 하나가 사랑과 안채를

소박한 단아미가 풍기는안채 박공벽 무늬

연결하고, 안채행랑과 연결된 건물의 아래에 통로를 만들고 그 위에 넉살
무늬 고정창을 만들어 사용하는 점이다. 그리고 대지의 높낮이를 건물의
높낮이로 표현하여 아래는 창고와 방으로 사용하고 위쪽은 다락으로 연
결하여 장중함을 주면서 안채나 사랑채에 사는 사람들은 대지의 높이 차
이를 느낄 수 없게 하였다. 목수의 기발한 배치 기술과 설계 방법이 돋보
이는 건물이다. 더욱이 공간과 공간 사이를 분리하면서도 회랑 같은 느낌
의 통로를 건물 아래로 처리하고 2층을 받치기 위한 튼튼한 네모형의 방
형 기둥을 두어 집 안의 장중한 분위기를 더한다.

　안채는 가운데에 네 칸 크기의 대청마루를 두고 좌우에 날개채를 이어
온돌방을 두었다. 대청마루는 5량 집에 툇마루를 이어 마루의 공간을 확
대하였다. 안마당이 좁아 안채에서 생활하는 여인들이 생활에 불편함을
느낄까봐 이를 보완해 주기 위해 대청을 확대한 것으로 생각 된다. 장귀틀
을 네 줄 넣고 만든 비교적 긴 널판을 사용하여 만든 넉넉한 크기의 마루

안대청에 시원스럽게 깔린 장마루

널은 널판의 모양에서 좁은 건물 폭의 답답함을 해소시키는 심리적인 멋도 느낄 수 있다. 사랑 대청이 3량 크기와 직각인 보아지를 사용하여 단출한 천장 가구 기법을 사용하고 있는 반면에, 이 안채의 대청마루 가구 구조는 동자주와 툇보를 받치는 보아지에 부드러운 구름무늬 운공을 꾸밈으로써 안채는 아기자기하면서 여성스러움을 더하게 해준다. 특히 대청마루 뒤편을 막은 바라지창은 얼른 보기에도 듬성듬성 얽은 것 같은 작은 판재들을 연결하여 꾸며 놓아서 바람이 술술 세어 나올 것만 같은 느낌이다. 그러나 한나절 햇살이 가득한 시간에 틈새 사이로 들어오는 햇살은 좁고 긴 대청마루에 조명이 비추는 것처럼 빛의 유입이 아름다움을 더해준다. 대청의 천장 가구는 별당인 임청각과 동일한 형태의 세련미를 느끼게 한다. 종마루를 받치는 대공에 첨차를 두었다든지, 대들보를 연결하는 동자주에 구름무늬 장식을 조각하여 꾸미는 등 반듯한 사각 기둥에 곡선의 조각들을 어울리게 함으로써 안채만의 독특한 매력을 느끼게 한다.

임청각은 가운데 안채를 중심으로 왼쪽에는 사랑을, 오른쪽에는 안행랑을 두고 있다. 그리고 전면으로는 바깥행랑이 단을 달리하여 배치되어 있다. 안행랑은 안채 오른편에 이어져 있는데, 가운데 두 칸의 대청마루를 두고 안채와 같이 좌우로 날개채가 이어져 있다. 안행랑 대청마루의 북편으로 있는 바라지창을 보면 하나는 채광과 통풍을 위한 창의 기능을 하며, 다른 하나는 뒤뜰로 나가는 문을 만들어 하인들이나 안주인이 뒤뜰로 나가 화초나 채소를 가꾸는 일을 할 수 있도록 하였다. 특히 안채의 날개채와 안행랑의 날개채는 기단의 높이가 다른 것을 눈여겨볼 필요가 있다. 임청각 서쪽 끝에 해당되는 안행랑의 날개채는 창고와 헛간으로만 구성되어 안채에서 사용하는 음식과 생활도구의 저장 공간으로 사용하고 있으며, 안마님을 보필하는 하인들의 공간이기도 하였다. 대청에서 마당 쪽을 바라보면 확연히 오른쪽으로 기단의 차를 나게 하면서 그곳에 헛간을 두어 바깥행랑과 뒤뜰로 연결하는 문으로 시선이 갈 수밖에 없도록 하였으니, 한옥은 말하지 않고 느낌으로 표현하는 표현 예술임이 분명하다.

하늘을 열어 젖힌 모습의 안행랑마당

바깥행랑채는 일자로 연결된 긴 건물로, 남자 하인들이 기거하는 공간
이다. 안채와는 기단 높이에서 많이 차이가 나는 것을 볼 수 있는데, 안행
랑채와 연결되는 문은 안행랑에서 닫고 열 수 있게 하여 안채에 기거하는
여인들의 사생활을 보호하고 있다. 또 바깥행랑채는 대문 방향으로 연결
되는 문을 두어 하인들이 밖의 일을 하는 것에 전념할 수 있도록 문의 위
치를 정하였다. 바깥마당의 크기는 작으나 전면 세 칸을 벽 없는 헛간으로
꾸며 공간의 활용도를 높이면서 폐쇄적인 느낌을 보완하고 있다.

사당은 조상들의 위폐를 모시는 장소로 대부분의 사대부집에서는 그
집에서 가장 높은 위치에 배치하여 조상에 대한 존경심을 건물의 위치로
표현하였으며, 이 집에서도 이러한 규칙을 따르고 있다. 사당은 별당인 군
자정을 거쳐 왼쪽 언덕 위에 별도의 담장을 꾸미고 정면 한 칸에 측면 세
칸의 맞배지붕 형식으로 지었다. 일각문을 두고 5벌대의 다듬은 자연석을
허튼층쌓기 하고, 잘 다듬은 넙적한 주춧돌 위에 방형 기둥을 세웠다. 사
당문은 궁판을 하부에 꾸민 띠살무늬 분합을 두어 세 칸으로 나누었다. 사

2층 구조가 특이한 남자하인들의 바깥 행랑마당

반듯한 돌계단과 경관이 어울린 사당 입구

당은 또 1/3 크기의 툇마루를 전면에 두고 2/3에 해당하는 넓이를 재실로
꾸며 놓았다. 가구 기법은 사대부가의 절제된 기품을 느끼게 하듯 기둥에
는 보아지가 생략되고, 풍판을 단 옆면의 모서리도 화려하지 않은 맞배지
붕으로 꾸몄다. 특히 사당에서 바라보면 군자정의 지붕 위로 안동댐에서
흐르는 물과 임청각이 발아래 놓여 있어 조상님들이 항상 집안을 돌보아
주실 것 같은 배치 모양을 갖추었다.

　전통 한옥을 답사하거나 감상할 때에는 외형적인 아름다움에 더하여
그 집에 얽힌 수많은 사연들, 그리고 정신의 세계를 이해하는 것이 중요하
다. 다른 집들도 마찬가지겠지만 이 가옥은 지어진 후 여러 인물들이 배
출되고, 생활의 모범이 되어 우리들에게 많은 교훈을 주고 있다. 문화재
는 그 자체뿐만 아니라 주변의 나무, 꽃과 뒷동산, 마을 앞 냇물 등 환경적
인 요소들도 그 집의 아름다움을 더해주는 중요한 요소들이다. 그러나 최

가장 높고 양지바른 장소에
자리한 사당 전경

근 안동시에 따르면 안동시내에서 안동댐으로 가는 길인 군자정 철길 건
너편에 수령 300년이 넘은 회화나무가 사라졌다. 안동시민과 답사객들에
게 이야기거리였던, 사연도 많고 신령스런 나무로 사랑을 받아 온 회화나
무가 누군가에 의해 베어졌다고 한다. 특히 회화나무는 예로부터 나무를
심으면 가문이 번창하고 큰 학자나 인물이 난다 해서 상서로운 나무로 여
겨왔다. 따라서 전국에 있는 많은 고택이나 향교, 서원 앞에서 흔히 볼 수
있는 나무가 회화나무이며, 우리 민족으로부터 사랑을 받아온 나무 중 하
나다. 단순히 한 그루의 나무가 사라져 버렸다는 의미로는 너무나 어이없
는 일이다. 숭례문 방화나 낙산사 화재, 고택으로는 함양의 정여창고택 방
화, 안의의 허삼둘가옥 방화 등 너무나 정신없고 어지러운 세상에 문화재
를 사랑해야하는 우리들의 몸부림이 아름답게 전달되어 자랑스러운 문화
유산을 후손에게 남겨주었으면 한다.

韓屋의 美

3 경주 양동마을

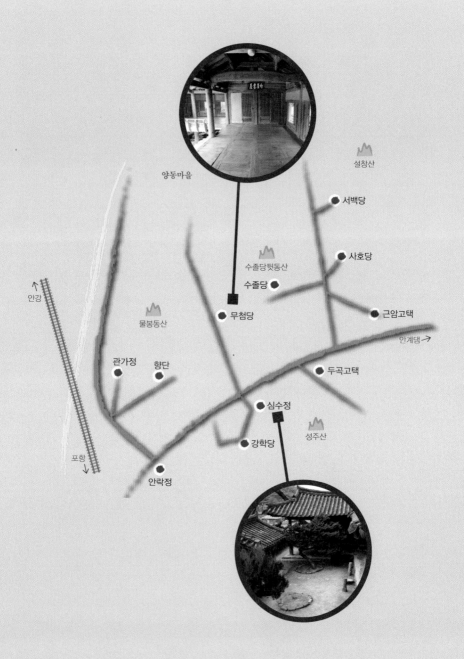

경주 양동마을

설창산

서백당

수졸당뒷동산

사호당

수졸당

양동마을

안강

물봉동산

무첨당

근암고택

안계댐 →

관가정

향단

두곡고택

심수정

성주산

강학당

포항

안락정

양동 良洞 마을

중요민속자료 제189호 | 경북 경주시 강동면 양동리

1

• • •

경주 양동마을은 안강에서 형산강 줄기를 따라 포항 쪽으로 가는 도로에서 약 2키로 정도 들어간 곳에 자리 잡고 있다. 이 마을은 월성손씨月城孫氏와 여강이씨驪江李氏의 양대 문벌로 이어 내려온 동족마을이다. 지리적으로 형산강의 풍부와 물을 바탕으로 넓은 안강평야가 펼쳐져 있다. 풍수지리상 재물 복이 많은 지형 구조를 지니고 있으며, 마을 초입부터 제법 큰 양반 가옥들이 집단을 이루고 있다. 이들 기와집들은 종가일수록 높고 넓은 산등성이 터에 양반들의 법도에 따라 집을 배열하고 있으며 오랜 역사를 지닌 큰 집들을 잘 보존하고 있다.

집들의 기본구조는 대개 경상도 지방에서 흔히 나타나는 'ㅁ'자형이거나 튼 'ㅁ'자형을 이루고 있으며, 간혹 대문 앞에 'ㅡ'자형 행랑채를 둔 예도 있다. 또한, 혼합배치 양식으로 'ㄱ'자형이나 'ㅡ'자형도 있지만, 대체로 집의 배치나 구성은 영남지방 가옥의 일반적인 특색을 따르고 있다. 여기에 산과 계곡을 따라 펼쳐진 경관, 오랜 전통을 간직한 저택들, 양반 계층을 대표하는 많은 자료들을 보유하고 유교사상 및 생활 관습들이 보존되어 이어져 내려오고 있 때문에 중요한 가치를 지닌 마

양동마을의 상춘헌 고택

으로 평가받고 있다.

전통마을 방문에서는 다리품을 팔아야 제멋을 느낄 수 있다. 버스나 자동차를 타고 들어오면 지나쳐버리기 쉬운 광경이나 장면들이 걸어서 들어오면 확연하고 자세히 보이는 경우가 많다. 양동마을의 간이역인 양자역만 해도 그렇다. 지금은 새 도로가 나 있어 양자역이 잘 보이지 않지만 얼마 전만 해도 작은 간이역 주변에는 봄이면 철쭉, 여름이면 무궁화, 가을이면 코스모스가 어우러져 시골역의 정거움을 한껏 느낄 수 있었다.

큰 도로에서 10여분 걸어서 오다 보면 왼쪽으로 안락천이 흐르고 있는데 이곳은 형산강, 안락천, 기계천이 합류되는 지점으로, 풍수에 따르면 합수지역은 부를 상징한다고 하며 이 마을도 이러한 풍수론에서 크게 벗어나지 않고 많은 인재와 부를 지니고 있다.

마을 초입에는 지금 유물전시관 건립이 한창이고, 그 옆에는 1913년에 세워진 양동초등학교가 있는데 일제강점기 때 일본인들이 이 마을의 지형이 '물勿'자 모양의 길지여서 마을 정면에 학교를 세워 '혈血'자 모양으로 만들었다고 전한다. 또한 일본인들은 여기서도 철길을 마을 앞으로 지나가도록 가설해 풍수지리에 입각한 우리의 전통 사상과 우리 강산의 기氣를 흐리게 하고 있다. 지금은 후손들에 의해 마을 건물들의 방향도 남향에서 동향으로 옮겨지는 등 전통적인 형태로 다시 태어나고 있다. 최근에는 전통마을의 이미지를 손상시킨다는 뜨거운 여론에 밀려 마을 앞 중앙에 있던 교회도 이전하여 학교 뒤편으로 자리를 옮겼다.

학교 맞은편의 성주산 끝자락 중턱에는 월성손씨 가문의 서당인 안락정安樂亭이 있는데, 'ㅡ'자형 건물이며 중앙에 대청마루를 두고 좌우로 온돌방을 두었다. 별도의 담장으로 꾸며져 있는데, 길 아래서는 숲에 가려서 잘 보이지 않고 지붕만이 조금 보인다. 안락정으로 오르는 초입까지 오면 마을의 실체가 조금씩 눈에 들어오기 시작한다.

학교를 지나면 구멍가게를 앞에 두고 마을의 전경이 서서히 모습을 나타낸다. 전면으로는 마을 한중간에 가장 크고 멋진 향단香壇 건물과 관가정觀稼亭이 보이는데 이것이 전부라고 생각하면 큰 착각이다. 마을의 모습은 이제 시작에 불과하다. 특히 대부분의 마을이 산자락 아래에 옹기종기 모여 산다는 표현에 걸맞게 마을의 초입을 바라보고 구성되어 있는 것과는 많은 차이를 보인다.

마을 아래 자그마한 여러 동산이 모이고 집들은 이 동산을 배경으로 펼쳐져 있어서 처음에 이 마을을 찾는 일반인들이 보고 가는 것은 실제 양동마을의 1/4 정도에 불과하다. 양동마을은 항아리처럼 입구는 좁고 뒤로 갈수록 넓어지는 모양이다. 마을은 크게 아홉 개의 골짜기로 되어 있고, 그 중 일곱 개 골짜기에 사람이 살고 있다. 따라서 마을 구석구석을 대충 보더라도 반나절의 여유는 있어야 한다. 일반적인 평지 마을은 대개 뒷산을 주산으로 형성되지만, 양동마을은 산지형으로 산 능선을 따라 두 가문의 종가와 후손들의 집들이 줄지어 있다. 그래서 한층 자연과 더 잘 조화를 이루고 있다.

이 마을의 전체적인 모습을 보려면 안산인 성주산에 올라가 보아야 한다. 그러면 한눈에 전체적인 '물勿'자 모양의 마을 모습을 볼 수 있다. 특히 나뭇잎이 다 떨어진 겨울철이 좋다.

이러한 유적들을 지닌 양동마을은 옛날부터 사람이 살기 적합한 곳이라는 걸 증명해 준다. 입향조 이전에도 많은 조상들이 살다가 사라진 흔적이 너무나 또렷이 남아있는 곳이 양동마을이다. 병자호란, 임진왜란, 6.25 전쟁을 겪으면서도 양동마을이 현재처럼 전통 한옥들이 잘 보존되어 있는 것은 참으로 다행이라는 생각이 든다.

마을에는 특히 정자가 많이 있다. 영남 일대에서 제일 크다는 심수정心水亭은 여강이씨 문중의 정자인데, 이곳의 정자들은 단순히 여흥을 즐기는 곳이 아니라 조상을 추모하고 학문을 정진하던 공간이어서 온돌방이 있고 부속 건물도 있는 게 특징이다. 특히 심수정의 함허루涵虛樓는 다른 곳의 정자에서 볼 수 없는 팔각기둥이 마루를 통과하면서 원형으로 바뀌어 있는데, 천원사상을 근본으로 한 성리학과 그 속에서 선비가 수양을 통해 변화되는 모습을 보이고 있다.

양동마을에는 많은 문화재가 있지만 특히 우리의 전통 가옥들이 눈

설천정사에서 보이는 일본인들의 자취인 철길과 도로

길을 끈다. 그래서 최근 유네스코 세계문화유산에 등재하기 위한 작업
이 진행되고 있다. 이 마을에는 국보 1점과 보물 4점, 중요민속자료 13
점, 도지정문화재 5점, 향토지정문화재 9점 등이 있으며, 이 중 건축문
화재로는 보물 3점(무첨당, 관가정, 향단)이 있고, 중요민속자료로는 제23
호인 손동만가옥을 비롯하여 13점이 지정되어 있다. 또 민속자료로는
양동 대성헌과 문화재자료인 손종로 정충비각과 향토문화재인 경산서
당을 비롯하여 9점이 있다. 가히 조상의 숨결이 지금까지 살아 전해져
내려오는 건축박물관이라고 해도 손색이 없다.

양동마을을 답사해보면, 여러 계곡이 모인 곳에 작은 소그룹의 집들이 모여 있고, 그 사이에는 숲이 있어 언뜻 보기에는 몇 개의 마을이 모인 것처럼 구성되어 있다는 점이 특이하다. 한편, 마을을 다니다 보면 작은 오솔길을 많이 만나게 된다. 오솔길을 따라 숨바꼭질 하듯 숲속에 숨어 있는 집들을 찾아다니는 일도 매우 재미있는 경험이다. 대부분의 다른 마을들에서는 집들이 담장과 담장의 연속된 이음 속에서 구성되는 것이 일반적이다. 그러나 양동마을은 집들마다 자신만의 담장이 있고 사대부 집들은 좀 더 멀리 거리를 이격하여 자리 잡고 있는 것이 특징이다. 또 마을에는 오래 된 세월만큼이나 고목이 많이 보인다. 서백당의 향나무와 관가정의 향나무를 비롯하여 회화나무가 정자마다 있다. 향나무는 멋도 아름답지만 사계절 푸르름을 갖추어 선비들의 강직한 사상에도 일치되기에 곳곳의 고택 앞뜰이나 사랑채 앞에는 수 백 년은 됨직한 향나무가 심어져 있다. 또한 선비수, 학자수라고도 불리는 회화나무도 많이 눈에 띄는데, 이 나무는 소나무 다음으로 조선시대 우리 민족이 선호하던 나무의 하나로 정자나 공부하는 장소에는 한두 그루씩 꼭 심어져 있다. 회화나무 세 그루가 심어져 있으면 잡귀를 물리친다고 하는 벽사의 풍습도 전하는 나무로, 마을 앞에서는 느티나무를, 마을 안에서는 회화나무를 쉽게 볼 수 있다.

이 마을에 있는 사대부가들은 대부분 뒷동산으로 나가는 협문을 두고 있는데, 뒷동산으로 연결되는 통로인 일각문을 빠져 나오면 봄에는 싱그러운 새싹과 꽃들이 만발하고, 동산마다 봄기운이 넘쳐 마을 전체에서 생동감이 느껴진다. 여름이면 녹음 짙은 나무들 사이로 걸으면서 뜨거운 태양을 피해 산책을 할 수 있다. 가을이면 상수리나무, 졸참나무에서 떨어진 낙엽이 수북이 쌓인다. 낙엽을 밟으며 걷는 발끝의 감촉이 부드럽다. 단풍이며 집집마다 주렁주렁 열린 홍시를 보면서 결실의 계

'아(亞)' 자형 창살이 아름다운 성주산방 사랑채의 문

절을 느낄 수도 있다. 이와 같이 협문은 자연과 직접 만나는 통로요, 자연으로 향한 문이다.

　마을 뒷동산의 하나인 물봉동산에 오르면, 멀리 안강 뜰과 흥덕왕릉이 있는 어래산이 보인다. 가깝게는 예전에 주막이었다는 초가지붕 세 채가 설창산과 어울려 그림처럼 앉아 있다. 세월의 흐름 속에서도 꿋꿋이 자리하는 한옥의 정취가 풍기는 전통 마을의 분위기에 젖어들기에 그만이다. 그리고 초가 담장 아래에는 이름 모를 다양한 색깔의 꽃들이 담장과 어울려 전형적인 시골마을의 고즈넉한 분위기에 빠져들게 한다. 또 초가집 지붕이나 토담집 담장 위를 보면 다른 마을에서는 좀처럼 보기 어려운 광경을 볼 수도 있다. 생솔가지를 담장 위에 엮어 올려둔 모양인

기와집 사랑채와 초가집의 아름다운 만남

데, 이는 벽사의 의미를 띠고 있다.

　양동마을은 볼거리만큼이나 음식도 풍성한 곳이다. 넉넉한 안강 뜰에서의 가을걷이가 끝날 때쯤이 되면 집집마다 전통 쌀엿, 유과, 떡들을 만들고 제사가 많은 종가집에서는 고유의 청주를 만든다. 양동마을의 며느리가 되기 위해서는 청주는 기본으로 담가야 한다고 할 정도로, 제사를 많이 지내야하는 이 마을에서는 지금도 제사를 지낼 때마다 직접 만든 청주를 사용한다고 한다. 양동마을의 청주라고 다 똑같은 것은 아니다. 집집마다 누룩의 양과 찹쌀, 국화, 솔잎 등 재료의 배합에 따라 향과 맛이 모두 다르다. 나는 청주의 참 맛을 보름달이 휘영영청 뜨던 야심한 밤의 양동마을 성주산에서 경험하였다. 향단 사랑채 대청마루에서 종손

상춘헌 고택의 안채 모습

물봉동산 주막의 정겨운 초가

이 내어준 청주를 마신 적이 있는데, 안주로는 문어와 상어고기와 나물무침 등의 제사음식이 나왔다. 조촐하지만 비할 데 없이 맛있고 정갈한 음식들이었다. 그 날 마신 청주의 맛을 나는 지금도 잊지 못한다.

물봉동산을 비롯한 수졸동산에 올라서서 마을의 풍경을 바라보고, 삶의 뜨거운 박동을 느낄 수 있는 이 마을은 사람의 발길 닿는 곳마다 소중치 않는 곳이 없지만, 지금 이 순간에도 양동마을은 전통을 계승하면서 우리 문화의 창달을 위하여 새로운 역사를 만들어 후손들에게 전해가고 있다.

중요민속자료 제75호인 양동良洞 상춘헌고택賞春軒古宅은 서백당으로 가는 마을길 초입 우측의 근암고택과 담장을 마주하고 있는 가옥이다. 조선 영조 6년(1730)에 동고 이덕록이 지은 집이며, 그의 후손인 이석찬의 호를 따 '상춘헌'이라 이름 하였다. 지금도 걸어서 올라가기 어려운 급경사를 올라서면 담장 끝으로 거대한 느티나무의 가지가 사랑마당을 가득 채우고, 맞은편으로는 향나무가 가파른 언덕을 따라 바닥으로 기어오르는 모양인데, 사람이 오르기 힘들 듯, 향나무도 최선을 다해서 사는 모습처럼 나무둥치에 비하여 잎과 가지가 매우 열악하다. 이 두 나무가 이 집의 바깥대문을 대신하고 있다.

한편, 넓은 사랑마당에는 산 쪽으로 넓게 담장을 둘러쳐서 화단을 만들어 놓았다. 그 위로는 사당이 모셔져 있다. 특별히 만든 것으로 보이는 이 화단은 전면으로 근암고택이 시선을 막으므로 사랑채에서 자연의 아름다움을 인공 화단으로 대신하고자 했던 집 주인의 의도가 있었던 것으로 보인다. 사랑마당 북단, 사당 아래에 만들어 놓은 3단의 화계에는 꽃과 나무를 심어 사랑채 화계와 조화된 아름다움을 표현하고 있다. 사랑채의 기단은 자연석을 한 줄씩 엇걸리게 쌓는 막돌허튼층쌓기

방법으로 2단으로 쌓아서 중간에 화계花階를 두고 여기에 나무와 꽃을 심었다.

건물의 배치는 경상도 지방의 일반적인 평면구조인 튼 'ㅁ'자형으로, 'ㅁ'자의 안채에 'ㅡ'자의 행랑채를 갖고 있으며 행랑채 가운데에 중문을 두었다. 사랑채와 행랑채 사이에 협문을 두어 출입문으로 사용하고 있으며, 안채의 날개채와 행랑채 사이는 담장으로 막고, 아래로 배수구를 만들어 안채에서 나오는 빗물은 이 담장 아래 배수구로 나가게 하였다. 부엌은 후원 쪽으로 출입문을 두어 밖으로 나갈 수 있도록 하였다.

안채의 기단은 커다란 막돌을 3벌대로 허튼층쌓기 하였고, 그 위에 덤벙 주춧돌을 놓은 다음 그 위에 둥근 기둥을 세웠으며, 납도리 3량 구조에 홑처마이며 지붕은 안채는 팔작지붕이고 날개채는 맞배지붕이다. 평면은 두 칸의 대청과 한 칸의 건넌방을 두고, 건넌방 앞에는 난간을 두른 툇마루를 두고, 하부에는 아궁이를 두어 난방을 하도록 꾸몄다. 난간은 띠장을 횡으로 두개 건너지르고 중간 중간에 난간동자 기둥을 세워 꾸민 것이 인상적이다. 그리고 부엌이 있는 날개채는 두 칸의 온돌방과 기단을 한 단 아래에 두고 두 칸의 부엌을 두고 하단부는 판벽에 판문을 달고 상부에는 안방에서 사용하는 다락을 꾸미며 가사에 관계된 여러 물건들과 음식을 보관하는 용도로 사용하고 있다.

한편, 이 마을에서 안강으로 나가던 옛 고갯마루에는 전혀 현대적 기법을 가미하지 않은, 온전한 초가삼간 하나가 있다. 옛날의 주막이며, 최근 들어 마을에 복원된 다른 초가집들과는 모습과 느낌이 사뭇 다르다.

뒷산을 닮은 초가지붕은 그야말로 보기에 여유롭고 편안한다. 어머니의 품 같은 여백도 느껴진다. 마을 초입에 당당히 서 있는 커다란 기와집들을 많이 본 탓인지 이런 느낌은 더욱 소중하게도 생각된다.

이 밖에도 양동마을에는 산도 많고 집도 많다. 집과 집 사이를 지나다 닐 만한 산길과 오솔길이 숨바꼭질 하듯 많은 것도 다른 마을과의 차이점이다. 집과 집 사이에는 나무숲을 통하여 적당한 거리를 유지하고 있다. 더욱이 다양한 나무와 사람들의 발자취에 의해서 자연스럽게 이어진 동산이 연결되어 있는 것과 여러 계곡마다 많은 집들이 모여서 거대한 마을을 조성하고 있는 마을을 걷노라면, 새로운 공간으로의 도입에 신비로움이 더하는 마을의 멋을 느끼게 된다.

양동 良洞 안락정 安樂亭

중요민속자료 제82호 | 경북 경주시 강동면 양동리 58

2

● ● ●

안강역을 출발해 도착하는 양동마을 앞 간이역, 지금은 기차
가 서지 않는 역이 되었지만 얼마 전까지만 해도 양동마을을 찾는 이들
은 이 역에서 내려 철길 옆에 핀 아름다운 들꽃들을 보면서 마을로 향했
었다. 역 앞에는 강둑이 있는데, 그 너머로는 오염되지 않고 자연스럽게
흐르는 형산강 줄기와 넓은 안강 뜰이 펼쳐져 있다. 양동마을에 살던 옛
사람들의 모습과 들판을 내려다보던 양반들, 그리고 들을 가꾸던 하인
들의 부산한 움직임이 지금도 손에 잡힐 듯한 풍경이다.

500년 역사의 양동마을과 안강 뜰은 지금도 예전과 다름이 없다. 이
렇게 양동마을이 우리 전통 마을의 면면을 고스란히 이어올 수 있었던
힘은 무엇일까? 나는 여기 모여 살던 옛 선비와 학자들의 교육열이 중요
한 하나의 이유일 것이라고 짐작한다. 안락정이나 강학당 같은 옛 학교
들이 이를 입증한다. 유난히 많은 학자와 선비와 독립운동가 들이 이 마
을에서 배출된 것이 결코 우연이 아닌 것이다. 이런 교육열에 서민이나
하인들의 자신의 맞은 책임의 부지런함이 결합되어 오늘날의 양동마을
이 생겨나고 유지된 것이라고 나는 믿는다.

안락정에서 본 안강평야

옛 조상들의 교육에 대한 의지를 엿볼 수 있는 장소 가운데 하나가 바로 안락정이며, 마을 입구 성주산 남쪽 자락 한적한 산기슭에 별도의 담장을 두른 '一'자형 건물이 조용한 앉아 있다. 이 건물은 조선 정조 4년(1780년)에 건립된 손씨 문중의 서당書堂으로, 이씨 문중의 서당인 강학당講學堂과 쌍벽을 이루고 마을의 역사를 써 내려 왔다.

이 외에도 양동마을에는 관가정, 수운정, 안락정, 영귀정, 심수정, 설천정사, 양졸정, 동호정, 내곡정, 육위정 등 무려 10여 개의 정자들이 있는데, 모두 사대부들이 모여 학문을 토론하고 호연지기를 기르던 정자들이다. 이들 정자들은 또 조상을 추모하고 자손의 강학을 위해 지은 정자로, 봄에는 설창산에 피어오르는 봄기운을 얻어 마을 담장에는 매화꽃이 흐드러지게 피고, 여름에는 우거진 주변 산과 마을길 사이로 다

소박하고 단아한 품격이 느껴지는 안락정

안락정의 대청

안락정 앞뜰의 향나무

양한 꽃들이 피며, 매미 우는 소리와 어울려 아름다운 전통마을의 숨소리를 느끼게 한다. 더욱이 안산인 성주산에 올라가면 마을 전체와 안강 뜰이 한눈에 들어오고, 기와집과 초가집이 적당히 배치된 마을 골짜기와 능선을 따라 500여 년 전통이 오늘도 살아 숨 쉬고 있음을 한눈에 볼 수 있다.

안락정은 옆에 고직사를 두고 있으며, 한적한 산 중턱에 소나무 숲에 둘러 쌓여있고 앞으로는 넓은 안강뜰과 강물이 유유히 흘러가는 모습이 보이는 학문하기에 좋은 입지 조건을 갖추고 있다. 건물은 별도의 담장을 구성하고, 전면에 일각문을 두고 측면에 고직사로 다니는 문을 두었다. 막돌허튼충쌓기 한 기단 위에 잘 다듬은 넓적한 주춧돌을 기초로 삼았으며, 전면의 기둥은 둥근기둥을 사용하여 품격을 높이고 안쪽은 방형기둥으로 벽을 만들었는데 군더더기가 없도록 하였다. 이 건물은 강학의 공간이기에 공부를 하는 대청마루는 세 칸의 규모로 되어 있고 좌우에 온돌방 한 칸씩을 두었다. 특히 오른쪽 술선당은 온돌에 머름판을 댄 방으로 되어 있고 대청 쪽으로는 맹장지 4분합문을 달아 넓은 공간이 필요할 경우 천장에 메 달린 등자쇠에 문을 걸어 사용하도록 하였다. 사검실 전면은 술선당과 마찬가지로 머름대를 대고 2분합 덧문의 문을 채광창으로 달고 있으며 아궁이는 뒤쪽으로 두었는데 좌우 건물이 대청의 모습을 보이고 있다. 대청마루 후면의 벽은 중인방 아래에 판벽을 대고 바라지창을 달아 추운 겨울에는 뒷문을 닫고, 여름에는 열어서 안강평야에서 산을 타고 올라 온 남풍이 대청마루를 지나도록 하였다.

마당 좌우에는 향나무를 심어 놓았다. 향나무는 제사를 지낼 때 이를 깎아 향으로 쓸 수 있고, 향기가 좋고 붉은색이 나며 윤이 나고 결이 좋아서 고급 가구재로도 이용된다. 또 가지와 잎은 잘라 말렸다가 약으로도 쓴다. 상처와 피부병에 잘 들고, 배가 아플 때 먹기도 한다고 한다. 이 향나무에 바람이 불면 그 향기가 안락정에 가득 찬다. 여름에는 향나무와 나란히 서 있는 커다란 배롱나무에 붉은 꽃이 피는데, 배롱나무는 피부가 깨끗하여 선비사상을 상징하므로 옛사람들은 사당이나 학교 시설에 많이 심었다. 최근에는 도로의 가로수로도 많이 심어져 있는데, 배롱나무처럼 뜨거운 여름에 피는 꽃도 매우 드물다.

안락정은 기둥 위의 결구가 아름다운데, 외부 기둥에는 초각을 꿈틀

조각이 아름다운 안락정의 주두

안락정의 대동

안락정의 등자쇠와 유려한 곡선의 대들보

거리는 것처럼 생동감 있게 조각하여 표현하고, 내부로는 나비의 모습처럼 예쁘게 조각되어 둥근 기둥과 둥근 대들보의 만남을 매우 조형적으로 표현하고 있다. 첨차도 초각으로 작지만 아름답게 조각되어 있고 더욱이 대들보도 둥글고 매끄럽게 잘 다듬은 소나무를 활처럼 휜 쪽을 마루대공에 받치도록 하여 실내공간이 넓게 보이는 시각적인 멋도 부렸다. 하늘을 향해 굽은 대들보에서 생동감과 활력을 느낄 수 있도록 만든 도편수는 이곳이 손씨 가문의 대를 이어 인재 배출을 하는 장소라는 것을 잘 알고 학생들에게 건축이라는 매개체로 기를 불어넣어 주려고 했던 것 같다.

안락정에는 '안락정' 현액을 비롯하여 세 개의 현액이 걸려 있다. 대청마루에 '영산재'란 현액이 바라지창 위의 중앙 상인방에 걸려 있는데, 대청마루에서 제사를 지내는 유교생활의 모습을 보여준다. 특히 안락정은 주변의 환경을 고려한 현액처럼 편안하고 항상 즐거움이 넘치는 장소와 딱 맞는다. 그리고 사검실은 그 곳에 기거하는 학생들이 항상 검소함을 실천하는 사람으로 성장하기를 바라는 깊은 뜻을 담고 있다. 선생님의 방인 '술선당'은 손씨 가문의 명예를 위하여 열심히 가르치라는 내용을 포함하고 있으니, 우리 전통 한옥이야말로 외형적인 모습뿐만 아니라 정신적인 혼이 건물에 녹아 표현된 정신적인 산물이다. 술선당 현액은 아름답게 만들고자 한 의도도 있지만, 그보다 현액 좌우로 봉황을 조각하여 현액을 만들고 그 위미가 봉황이 물고 하늘로 날듯이 표현하여 선조의 뜻을 잇고 실천하고자 하는 의미도 포함하고 있다. 이곳은 손씨 문중에서 많은 인재가 배출되는 산실이었다. 잠시나마 대청에 앉아 안락하게 옛 어른들의 발자취를 생각해보는 것도 전통 건축과 문화를 이해하는 실천의 하나임을 명심하자.

양동良洞 강학당講學堂

중요민속자료 제83호 I 경북 경주시 강동면 양동리 706

3

● ● ● ●

양동마을은 월성손씨와 여강이씨가 모여 살던 마을이다.
두 가문은 각각 독자적인 학교 건물을 지어 후학들을 양성하였는데, 손
씨 가문의 학교가 안락정이요 이씨 가문의 학교가 강학당이다. 두 학
교 모두 안산인 성주산 자락에 위치하고 있는데, 안락정은 성주산 남
쪽자락에, 강학당은 향단을 마주보고 성주산 자락 가장 높은 곳에 위
치해 있다.

　강학당은 정조 2년(1800) 무렵에 여강이씨 문중에서 지은 서당으로
'ㄱ'자형 구조로 되어 있으며, 그 옆에는 서당에서 공부하는 사람들을
보살펴주기 위한 관리 건물인 고직사가 있다. 강학당은 둥근 자연석 허
튼층쌓기로 기단을 만들고, 그 위에 덤벙 주초 위에 방형 기둥을 세운
맞배지붕의 홑처마 3량 집이다. 중심에 한 칸의 온돌방을 두고 좌우로
두 칸과 한 칸의 대청마루를 두었다. 두 칸의 대청마루에는 강학당이라
는 편액이 천장 아래에 걸려 있는데, 글자 그대로 가르치고 배우는 장소
라는 뜻이다. 이곳에서 학생과 선생은 끊임없이 공부에 전념하였을 것
이다. 대청마루는 중인방 아래를 판벽으로 꾸미고 머름대를 단 위에 2

강학당에서 본 마을 풍경

분합 바라지창을 달았다. 대청마루에 앉아서 마을을 내려다보면, 관가정과 형단이 강학당 아래 초가지붕 건너 당당한 모습으로 서 있는 것을 볼 수 있다.

특히 'ㄱ'자로 꺾이는 모서리 부분에는 늘 착하고 바른 것만을 보는 침실이라는 '관선료' 편액이 대들보에 걸려 있다. 이 방은 서재인 장판각 쪽으로는 궁판을 단 띠살무늬 2분합문을 달고, 대청마루 건넌방인 명리재 방향으로는 불발기창의 중간에 격자무늬 맹장지 창을 단 4분합문을 달아 필요에 따라서는 불발기창을 대청마루 천장의 등자쇠에 걸어 공간을 신축성 있게 사용할 수 있도록 하였다. 항상 바른 이치를 찾는다는 명리재는 전면에 툇마루를 두고 툇마루 아래에 아궁이를 꾸며 불을 지피도록 만들어 놓았다. 특히 학생들이 기거하던 이 방은 전면에 2분합 덧문과 측면 및 옆으로도 2분합문을 달아 항상 채광이 잘 되어 밝게

학교 교육의 가장 중요한
도서관인 장판각

강학당의 불발기창

강학당의 대청

명리제 툇마루에서 본 초가지붕 너머의 여유로운 풍경

만들었다. 학업에 지친 학생은 가끔씩 선생님이 보이지 않는 반대편의 방문을 열어 성주산의 변화되는 모습과 자연의 신선한 공기를 호흡하면서 미래의 호연지기와 인생의 꿈을 이루고자 매진하는 촉매제 역할을 하라는 의도로 문을 꾸며 놓은 것 같다.

장판각은 건물 기준 크기의 1/3칸 폭에 측면 한 칸의 크기로, 궁판을 단 띠살무늬 외짝문을 달아 놓았다. 특히 장판각은 마루와 연결되는 툇마루나 쪽마루가 없이 마루에서 내려갔다가 다시 섬돌에 신을 벗고 들어가게 하였는데, 이는 장판각에서 책을 꺼내거나 갖다 놓을 때도 항상 경건한 마음가짐으로 책을 대하라는 무언의 암시다.

강학당 옆에는 초가삼간의 작은 집이 있는데, 이는 강학당에서 공부하는 학생들의 편리를 도와주는 고직사다. 부엌에 안방과 웃방이 붙어 있는 전형적인 초가집의 형태를 보여주고 있다. 그 옆으로는 헛간채로 외양간과 창고가 있다. 이 집은 심수정으로 올라가는 고갯마루, 강학당

강학당에서 공부하는 일을 뒷바라지하던 고직사

앞에 있어 강학당에 다니는 학생들이나 왕래객을 보살필 수가 있다.

강학당 명리재 툇마루에 앉아 있으면 마을 끝자락에 있는 관가정과 향단이 한 눈에 내려다보이고, 멀리는 안강 뜰이 건너다보인다. 그만큼 강학당은 높고 시야가 트인 곳에 자리하고 있다. 또한 강학당 바로 앞의 초가지붕은 짚 자체가 지닌 부드러운 느낌과 보온성 등으로 인하여 부드럽고 포근한 느낌을 준다. 이 지붕 위로 호박 넝쿨이라도 타고 올라가던 예전에는 금상첨화의 풍경을 볼 수 있었을 것이다. 초가지붕 너머로 보이는 물봉동산과 멀리 보이는 설창산雪蒼山의 문장봉도 운치가 있다. 안산에서 마을을 건너 배산인 설창산이 이렇게 건너다보이는 오묘한 자리에서 여강 이씨의 자손들은 가문의 역사를 만들어 가고 있었던 것이다.

관가정 觀稼亭

보물 제442호 | 경북 경주시 강동면 양동리 150

4

● ● ●

마을의 가장 남쪽 끝에 자리한 관가정은 성종과 중종 때의 명
신이자 청백리로 유명한 우재愚齋 손중돈(孫仲暾, 1463~1529)이 이 마을의
경주손씨 입향조인 양민공 손소공으로부터 분가하여 살던 집이다. 이
가옥은 물봉동산 끝자락 언덕 위, 넓은 안강 뜰과 형산강이 한눈에 들어
오는 전망 좋은 자리에 위치하고 있다. 남북 방향으로 흘러내린 뒷동산
언덕 축을 중심으로 동남향의 평면을 하고 있다. 높은 대지에 자리 잡은
관가정은 지형의 특성상 대문채가 별도로 없는데, 이처럼 대문채가 없
거나 있더라도 단칸짜리인 것이 이 마을 대문의 일반적인 특징이다. 대
문인 사주문까지는 여러 개의 돌계단을 오르는데, 계단을 오르면서 중
문과 동일 축 선상에 놓여 있는 안채의 중문이 서서히 보이면서 대문에
다다르면 높은 축대 위에 나지막한 지붕 높이의 행랑채와 사랑채가 중
문을 가운데 두고 좌우로 펼쳐져 시야에 들어온다.

평면 구조는 'ㅁ'자형의 본채에, 좌우 남서 방향으로 뻗은 사랑채에
전면 두 칸 측면 두 칸의 누마루를 꾸미고, 마을 방향으로 한 칸 크기의
온돌방을 두 개 이어붙인 모습이다. 사랑채는 막돌허튼층쌓기로 약 1m

중문에서 바라본 사주문의 절제된 대문

정도 높이 쌓고, 그 위에 자연석을 그대로 이용한 덤벙 주춧돌을 놓고 사랑채 대청마루에는 원기둥을 세우고 온돌방에는 각기둥을 세웠다. 기둥 상부는 초익공으로 기둥머리 위를 꾸미고 건물의 폭은 3량으로 되어 있다. 사랑채 툇마루에는 계자난간을 두르고 행랑채에는 난간이 없다. 이는 건물의 난간으로 위계질서를 의미하도록 한 도편수의 지혜가 반영된 듯하다. 또 기단에 아궁이와 굴뚝을 바로 옆으로 붙인 모습이 매우 흥미롭다. 이는 겨울이 춥지 않은 남부지방에서 쉽게 볼 수 있는 굴뚝과 아궁이의 특징이다.

　맞배지붕 형식의 관가정 사랑채는 경사진 지형을 이용하여 누하주를 세워 사랑마루를 두고, 안채의 안마당과 같은 높이로 조성하였다. 그리고 후면에서는 한 자 정도의 높이를 가진 다듬은 장방형 석재를 이용하

관가정 사랑의 가구 구조

좌우 아궁이가 있는 행랑채 부엌

세월의 흐름이 힘겨운 듯 빛바랜 관가정 편액

사랑마루에서 보이는 아름다운 마을 앞 풍경

여 외벌대 기단으로 처리하였다. 사랑채의 내부 구성은 윗방과 아랫방을 두고 아랫방에는 뒤쪽에 벽장을 꾸며 놓았다. 그리고 안강 뜰이 보이는 사랑마당 쪽으로는 높은 기단을 이용하여 사랑 대청이 꾸며져 있다. 특히 사랑방과 대청마루 전면과및 서측을 툇마루로 처리하고 계자 난간을 돌려 격을 높였다. 사랑 대청에 앉아 있으면 성주산이 눈앞에 보이고 정면에는 안락정이라는 손씨댁 사당이 나무 사이로 살포시 보일 듯하다. 오른쪽으로는 형산강과 넓은 안강 뜰이 펼쳐지는데, 멀리는 포항의 옥녀봉이 보인다.

대청의 대들보는 위쪽으로 휜 부재를 이용하고 마루대공 사이에는 자그맣고 귀여운 화반대공을 받치고 있다. 보머리에는 초익공을 초각

사랑채와 선비의 절제된 표정을 닮은 사랑마당

하고 보아지와 첨차에는 단청이 없으나 나비문양을 묵서한 것이 매우
흥미로운데, 이는 부부간의 화목과 가정의 행복을 추구하던 바깥주인
의 마음이 그려져 있는 것처럼 느껴진다.

사랑대청을 확대하기 위하여 뒤편으로 툇보를 이어 대청 공간을 넓
히고 전면 좌측 벽은 판벽에 2분합 바라지창을 두고, 1/3 넓이의 뒷 칸
은 판벽으로 마감하였으며, 이 폭만큼 사랑대청에서 안채로 다니는 문
은 외닫이 띠살무늬 문을 두어 이 문을 열고 나가면 작은 마루로 나서게
된다. 대청 후면 벽은 판벽으로 바라지창을 두었는데, 오래 된 나무결의
섬세한 선율이 세월의 아름다움으로 표현되고 있다.

사랑 윗방과 아랫방은 2분합 맹장지문인 들어열개 분합문으로 처리

안채 대청마루에서 바라본
안마당

사랑윗방으로 들어오는
채광의 부드러움

관가정 안채의 좌측

관가정 안채의 우측

수석이 담장 아래 장식 된 사당마당

되어 필요시 두 칸의 방과 누마루 공간이 하나의 공간으로 활용되도록 꾸민 지혜가 돋보인다. 한옥 사랑채의 가변적인 공간 구성 응용의 사례를 보여주고 있다. 두 개의 사랑방 문을 열면 대청까지 세 개의 공간이 이어지는 시선의 처리는 가히 한옥에서나 볼 수 있는 매력적인 광경이다. 또한 사랑 윗방은 격자형 창살에 맹장지를 발라 은은한 채광이 되도록 하였으니 한옥의 또 다른 아름다운 공간 연출이다.

태극무늬가 그려진 중문에 들어서면 안마당이 나오는데, 안채는 사랑채와 행랑채가 연결된 폐쇄형 'ㅁ'자형의 평면으로, 안채의 출입은 중문을 통하거나 행랑채 부엌 쪽으로 난 문을 통하도록 되어 있다. 안채는 정

사당 앞

겹처마의 단청으로 위엄을 갖춘 관가정의 사당

면 세 칸 측면 두 칸의 대청과 대청을 중심으로 좌우로 네 칸을 붙여 두 칸의 상방과 안방을 두었다. 안방의 서측 날개채는 판벽으로 만든 두 칸인데, 한 칸은 머름 없는 띠살무늬 창호지문을 달고 한 칸은 머름을 댄 판문을 달아 출입문이 아닌 창문의 역할을 하도록 꾸미고, 사랑으로 드나드는 마루에 문을 달아 출입하도록 하였다.

관가정의 안채 안방은 부엌이 생략되어 있는데, 이는 본래 부엌의 위치가 안방의 전면에 위치했으나 일제강점기에 종가의 임무가 서백당으로 옮겨가면서 월성손씨의 정자 용도로 활용되었을 것으로 보고 있다. 지금은 고방으로 개축하여 사용되고 있으며, 한 칸은 사랑채와 접근성이 좋아 서재로 활용되었을 것으로 보인다.

3량 크기의 안채 대청마루는 우물마루형식으로, 대들보 방향으로 기둥 사이에는 한 개의 긴 부재를 이용하여 장귀틀을 놓고 중앙 어칸에는 네 개의 긴 동귀틀을 장귀틀에 조립하고 있다. 좌우의 측칸에는 세 개의 동귀틀을 두어 중앙의 어칸과 좌우 측칸의 청판 마루널 크기에 변화를 주고 있다. 이 가옥의 안채는 이와 같이 장귀틀과 동귀틀이 매우 조화롭게 되어 넓은 대청마루의 제작까지도 안채에 사는 사람들의 지루한 획일성을 배제하는 한옥 제작 기술의 융통성을 보여주고 있다. 이렇게 대청마루의 청판을 길게 하는 사례는 주로 상청으로 사용하려는 건축적인 의도를 갖고 있는 경우에서 많이 보인다. 더욱이 건넌방에 붙은 작은 대청은 어린이들이 노는 장소이면서, 많은 제사 음식을 만들어 보관하기 어렵기 때문에 마루에 통풍이 잘되는 바라지창을 두어 냉장고가 없던 당시에 음식을 보관하는 냉장고의 역할을 하도록 하였던 것이다.

양동 良洞 심수정 心水亭

중요민속자료 제81호 | 경북 경주시 강동면 양동리 135

5

● ● ●

양동마을에 들어서면 전면에 향단이 보이고, 조금 지나가면 마을회관 옆으로 우아한 곡선의 담장에 기댄 거대한 회화나무가 마을의 역사와 분위기를 고조시키는 장면을 보게 된다. 이 거대한 나무들 사이로, 하늘로 비상할 것 같이 잘 생긴 누마루가 버티고 섰으니 이 건물이 심수정이다. 심수정은 벼슬길을 마다하고 형인 회재晦齋 이언적李彦迪을 대신하여 어머니를 극진히 모신 농재聾齋 이언괄(李彦适, 1494~1553)을 추모하여 지은 정자이다.

　심수정의 규모는 정자와 행랑채로 구분되는데, 두 건물은 'ㄱ'자형 평면으로 되어 있고 정자는 사주문을 세우고 별도의 담장으로 둘러 독립적인 공간으로 구획하였다. 그리고 뒤편은 산을 깎아 생긴 절개지로 봄이면 이 위에 노란 봄꽃들이 만개하고 회화나무의 여린 잎들이 조금씩 돋을 때면 마을 전체에 개나리와 진달래가 지천으로 핀다. 행랑채는 담장을 사이에 두고 톱니바퀴처럼 만나 'ㅁ'자형의 공간이 될 것처럼 이루어져 있다. 특히 어머니 젖가슴처럼 완만한 성주산의 멋진 경사지에 자리 잡은 시원스런 정자는 형 이언적을 대신해서 어머니를 극진히 모신

회화나무 울타리가 운치있는 심수정

농재 이언괄이 살던 향단을 마주하고 서 있다.

정자는 일각문에 별도의 담장을 꾸미고, 일곱 칸 대청으로 된 평면에 동쪽과 서쪽에 각각 온돌방을 둔 이익공의 팔작집이다. 앞쪽으로는 팔작 박공부분에 계자난간을 갖춘 누마루를 두고, 네 칸의 안채에는 두 칸의 대청마루를 두고 두 칸의 온돌방을 갖춘 구조이다. 심수정 담장 너머 강학당으로 가는 길옆에 자리한 행랑채는 방, 마루, 방, 부엌이 연결되고 서북쪽으로 연장하여 광 한 칸을 두어 'ㄱ'자형 평면 구조로 되어 있다.

정자 마당에는 두 그루의 향나무를 심었는데, 누마루 쪽의 향나무는 멋지게 꿈틀거리듯이 휘어져 자라는 형상이고 온돌방 앞의 향나무는

회화나무와 함께하는 심수정의 전경

아무런 장식 없는 장신구처럼 직선으로 자라고 있다. 아름답게 조각 된
계자각 난간과 팔각불발기창을 갖춘 누마루는 멋지게 우람해진 회화나
무, 그리고 역시 멋지게 휘어진 향나무와 더불어 더욱 아름다운 주변 환
경을 조성하고 있다.

　정자의 기단의 조성은 커다란 장방형 강돌을 한 줄 쌓고 그 위에 길고
넓은 장방형 판재를 이용하여 갑석으로 사용하고 있는데, 이러한 공법
은 주택에서는 흔히 볼 수 없는 방법으로 고려시대 이전 사찰의 본전 기
단처럼 만들었다. 기단 앞에는 두 군데의 기단에 오르는 돌계단을 두었
는데, 넙적한 강돌을 놓았을 뿐 조각되거나 잘 다듬어지지 않은 돌을 사
용하여 더욱 정자다운 자유스러움과 여유를 느끼게 하는 것이 흥미롭

긴 판재의 석재를 이용한 기단 위의 심수정

다. 계단 돌을 두 군데에 놓고, 가운데에 있는 돌계단 좌우로는 밤늦게 섬돌 아래의 마당으로 내려가거나 오를 때 조명의 역할을 하는 정료대를 두었다. 기단 위에는 덤벙주초를 놓고 모든 기둥을 원기둥으로 사용하여 품격 있는 건물의 모습을 갖추고 있으며, 기둥 위의 공포도 이익공의 화려한 조각으로 초각되어 아름다움을 더해준다. 이익공의 공포를 구성하면서 생기는 창방과 도리의 틈에는 소로를 넣어 지붕을 올려 세우면서 격이 있는 멋도 표현하고 있다. 특히 건물 전체의 기둥을 네모기둥이 아닌 둥근기둥으로 처리한 것은 이 건물이 얼마나 정성을 들인 건물인가를 느낄 수 있게 해준다.

누마루의 계자난간은 돌란대를 하엽이 1/3정도 감고 있고, 밑으로 난

계자각과 팔각불발기창이 아름다운 누마루방

심수정의 마당 풍경

심수정 앞 계단과 정료대

간두겹대(=돌란대)에 장부맞춤을 하고 있다. 누마루는 팔각불발기창을 들어 천장에 걸면 넓은 공간으로 사용할 수 있고 겨울과 같이 추운 날에는 불발기창이 벽의 역할을 한다.

특히 정료대는 네모난 하부에 팔각석주로 가공되어 있는데, 처마 지붕을 받치는 활주일 경우 천원사상에 관련된 천지인天地人을 나타내는 의미를 갖고 있다.

누마루가 있는 후벽과 대청마루벽은 판벽으로, 나무결을 배려하면서 두 줄의 배목을 중간에 평행하게 두는 넌출문을 연이어 꾸밈으로써 어딘가 섬세하면서도 묵직한 느낌을 준다. 특히 넌출문 아래는 머름틀을 대어 판재의 용도별 조립 방법을 보여주는 전통 한옥의 기술적 표현이다.

이익공의 조각이 아름다운 귀공포

담장 아래에 심어져 있는 아름드리 화화나무는 마을을 향하여 담장 너머로 솟아 있는데, 여름에는 울창한 잎사귀에 누마루 깊숙이 그늘을 만들고, 겨울에는 낙엽이 떨어져 누마루에 따뜻한 햇살이 나무의 방해를 받지 않고 들어와 쾌적한 분위기를 연출한다.

대청의 천장 가구 구조를 보면, 종보가 매우 짧은 5량 집의 가구 구조로 되어 있다. 둥근 보와 기둥이 만나는 기둥머리에 보아지를 대고 이익공의 공포를 꾸미고 있는데, 보아지의 안쪽으로도 구름 모양의 초각을 꾸며 아름답게 보인다. 마루 대공은 호리병 모양을 하고 종도리를 받치는 장혀에는 소로를 받쳐 매우 섬세한 조각 솜씨를 보여주고 있다. 삼관헌의 바라지창들을 전부 열면 전체가 정자가 되고 바라지창을 닫으면 실내 공간이 되는 연출을 할 수 있도록 하였다. 이러한 연출은 한옥에서

심수정 대청마루의 모습

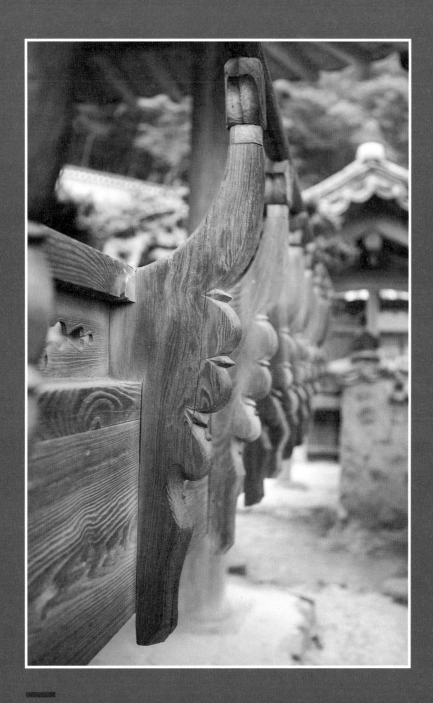

나비 모양의 안상을 꾸민 계자난간

만 맛볼 수 있는 아름다움이다. 최근 들어 한옥의 이러한 공간 연출에 착안하여 아파트에 사는 큰집이나 종가집에서는 불발기창을 설치하여 평소에는 방으로 사용하다가 많은 사람들이 모이는 날에는 벽으로 사용하던 문을 열어젖히면 넓은 공간을 사용할 수 있도록 하기도 한다.

　강당 정면 위에 심수정의 편액이 걸려 있고, 온돌방의 문틀 위에는 이양재의 편액이 걸려 있다. 삼관헌은 대청 모서리 쪽에 걸려 있다. 심수정은 '마음 가운데의 물'이라는 표현으로 생활의 절제와 규범을 잘 지키던 이언괄의 사상이 묻어나는 편액이다. 행서체로 쓴 심수정 편액은 추녀 아래 있고, 예서체로 쓴 심수정은 대청마루 뒤편 바라지창틀 위에 걸려 있다. 그리고 정자형 사랑채에는 함헌루 등 네 편의 글씨가 있다. 건물과 잘 어울리는 활달하면서 부드러운 행서 글씨가 한층 심수정의 분위기를 돋보이게 한다.

　한옥에는 방마다 당호나 편액이 거는 예가 많은데, 이것은 집 주인의 사상이요, 인생을 살아가는 데 중요한 가훈이 될만한 글귀를 인용하여 정신적 수양을 하기 위함이다. 대청에 앉아 그 뜻을 생각하노라면 이곳에 머물던 선비들의 정신세계가 어떠했을지 상념에 젖게 되곤 한다.

양동良洞 서백당書百堂

중요민속자료 제23호 | 경북 경주시 강동면 양동리 223

6

● ● ●

양동마을 안골의 중심에 위치한 서백당은 규모와 격식을
갖춘 대규모 가옥이다. 이 마을에 처음으로 자리잡았다고 전해지는 양
민공 손소孫昭선생이 성종15년(1454)에 지은 집으로, 청송에서 처가가
있는 양좌동에 들어옴으로써 경주손씨慶州孫氏가 되었다. 이 집터에 관
해서는 매우 흥미로운 이야기가 전해지고 있다. 이 집터는 설창산의 지
맥이 응집된 곳으로 여기서 위인 세 사람이 태어날 것이라고 예언했다
고 한다. 실제로 두 사람의 위인이 이 집에서 태어났다. 우선 손소의 둘
째 아들 손중돈으로 조선시대 이조판서와 우찬성 등을 역임하였다. 또
손소의 딸이 친정에 와서 아들을 낳으니 그가 바로 조선시대 좌찬성을
지냈고, 동방오현의 한 분으로 일컬어지는 회재 이언적 선생이다. 서백
당은 이처럼 손중돈과 이언적이 태어난 곳으로도 유명하다. 이런 이유
로 이 가문에서는 마지막 한사람의 위인이 손씨 집안에서 태어나길 바
라는 뜻으로 딸이 시집을 간 후에는 친정에 들어와 출산을 하지 못하게
하였단다. 조선시대와 같이 가문을 중히 여기던 당시로서는 이해가 가
는 일이다.

대문에서 바라본 사랑 누마루

　서백당이 자리한 곳은 언덕의 경사를 이용하여 양편에서 곡선을 그리면서 올라오는 길을 만들고, 두 길이 맞닿는 언덕 위에 대문채가 서 있다. 평대문 구조인 서백당 대문은 좌우에 커다란 소나무 두 그루가 호위하듯 서 있고 대문의 동쪽엔 청지기방이 있으며, 이 방에는 밖으로 열수 있는 문이 하나 꾸며져 있어 집에 오는 방문객을 안내하도록 하였다. 반대편으로는 곳간으로 이루어진 창고가 연이어 있는데, 보관할 물건의 종류에 따라 판벽에 판문을 하는 경우와 회벽 처리한 경우 등이 있다.

　대문에 들어서면 사랑 기단과 누마루가 앞을 막고 있는데, 좌측으로 돌아 들어가면 안채로 향하고, 오른쪽으로 돌아 들어가면 사랑마당과 사당으로 가는 길로 이어지는데, 마당 끝에는 커다란 향나무(경상북도 기념물 제8호)가 집안의 역사와 함께한다. 거대한 향나무는 사랑 마당에 앉

종가의 오랜 역사를 전하는 커다란 향나무가 서 있는 사랑마당

아 보면 그 기품과 거대함에 잠시 넋을 잃고 바라보게 된다.

　서백당 사랑마당 담장 모서리에는 잘 다듬은 돌 수반을 놓아두었다. 사랑으로 들기 전에 청결하게 손을 닦던 이 화강석 수반은 널찍하고 네 모난 돌에 다리까지 갖춘 멋진 모양이어서 양반들의 멋과 생활의 일부를 느낄 수 있는 좋은 자료이다. 이 수반처럼 한옥에서는 생활의 일부 도구들이 전통 기와의 담장이나 담장 아래 조성된 조그마한 화계를 배경으로 놓여 있는 경우가 많다. 또한 관가정과 같이 수석 같은 것을 집 주인의 심성에 맞게 배치하기도 한다. 이처럼 각각의 가옥마다 멋과 분위기가 다르게 표현되고 있는 것도 그 곳에 사는 사람들의 다른 내세관의 일부이며, 이 역시 한옥의 감각적 예술성을 드높이는 요소가 아닐 수 없다.

　사랑채는 'ㅁ'자형 정침의 동남쪽 앞에 배치되어 있다. 이런 평면 구조는 경상도 지방에서 흔히 볼 수 있는 'ㅁ'자형 가옥 구조의 모습이다.

물론 한옥에서 흔한 형태이긴 하지만 막상 실제 개별 가옥에 가보면 완전히 똑같은 구조는 하나도 없다. 이것이 한옥의 매력이고 가옥마다의 개성이다. 한옥의 구조와 멋은 모두 풍수지리 및 주인의 삶과 철학을 반영하는데, 집마다 터가 다르고 주인의 삶과 철학이 다르기 때문에 오늘날의 아파트처럼 똑같은 구조의 집들은 어디에도 없는 것이다. 그렇다면 서백당만의 개성은 무엇일까?

집주인의 말하는 풍수지리적으로 서백당을 살펴보면, 양동마을의 개가 누워 있는 형국에서 서백당은 개의 자궁에 자리를 잡은 형세다. 또 설창산 줄기가 내려오다가 혈을 맺어주려고 지세의 혈이 응집되는 자리인 언덕 앞에 본채가 자리하고 있다고도 한다. 안채로 들어가는 사랑채 덧문 위에는 식와息窩라는 편액의 글자가 보이는데, 여기서 '식'이라는 글자는 세勢를 나타나는 말로 형세론을 표현하고 '와'는 혈을 나타내어 서백당 본채 평면이 입구 자의 모양이 된 것으로 해석한다. 어찌하든 이 모든 해석들은 훌륭한 성현이 태어나고 또한 태어날 것으로 믿고자 하는 해석으로 명당임을 설명하고 있다.

대문에 들어서면, 자연스러운 느낌이 드는 둥글 넙적한 자연석로 기단을 어깨 높이까지 쌓은 위에 사랑과 정침이 자리하고 있다. 사랑채는 사당이 있는 오른편으로 돌아 잘 다듬은 긴 장대석을 이용하여 오르게 되어 있다. 항상 사랑으로 오르는 사람들은 사당을 향하여 바라보도록 하여 조상에 대한 생각을 잠시도 잊지 않게 하려는 동선의 계획을 엿볼 수 있다. 사랑채의 모습은 안채와 연결된 하나의 지붕 아래 한 칸의 대청을 모서리에 두고 난간을 둔 누마루 형식으로 꾸며져 있으며, 큰 사랑방과 작은 사랑방이 직각으로 마루를 향해 있다. 누마루 전면 창방 위에는 '서백당'이라는 편액이 걸려 있고, 성주산 끝자락을 향해 앉은 큰 사

사랑채인 서백당의 모습

서백당의 행랑과 사랑채

랑방의 활처럼 둥글게 굽은 대들보에는 '송첨'이라는 손소당의 아호가 편액으로 걸려 있으며, 온돌방에서 행랑채 쪽으로 난 방문 위에는 '식와'라는 손응구 선생의 호가 편액으로 걸려 있다. 특히, 가옥의 규모에 비해 사랑 대청은 한 칸 규모로 매우 협소한데, 난간을 두고 마루를 기둥 밖으로 내밀어서 마루를 넓히고 온돌방 앞까지 이어 공간의 협소함을 해결한 기법이 독특하다.

이렇게 커다란 규모의 종가댁의 난간은 계자각을 이용하여 화려하게 하는 것이 보통인데 이 집은 난간을 별 치장 없이 간결한 아자난간으로 꾸몄다. 그러나 짜임새에 있어서는 완전한 구성감을 느끼기에 충분하다. 누마루를 향한 양 옆의 온돌방 불발기창은 하얀 한지의 느낌을 살려 대청의 공간이 넓어 보인다. 큰 사랑방과 작은 사랑방의 넉살무늬 맹장지문은 가운데 띠살무늬 창을 두어 채광의 역할도 하도록 꾸며져 있다. 불발기창은 벽으로 사용하고 좌우에 있는 방은 방 앞으로 각각의 대칭이 되게 머름대를 댄 2분합 덧문을 달아 사용한다. 아울러 온돌방과 대청 사이에 꾸며져 있는 들어열개 4분합문은 평소에는 벽으로 사용하고 넓은 공간이 필요할 경우에는 천장에 메달아 둘 수 있게 되어 있다. 아울러 대청마루의 난간과 비좁은 듯한 마루의 면적에서는 이 집 주인이던 손소 선생의 검소함과 선비정신이 느껴진다. 특히 마루의 높이가 행랑채 추녀 높이까지 올라가 누마루 끝에 앉아 있으면 사랑마루 앞의 행랑채 지붕 위에 올라가 앉아 있는 것 같은 착각이 들게 된다. 또 마루 끝, 난간 사이로 보이는 대문 밖 동정을 관찰하는 것도 흥미롭지만 사랑마당 앞 향나무를 보는 멋이야말로 일품이다.

사랑채 마루 끝으로는 특이하게도 쪽담을 두어 안채로 드나드는 협문이 보이지 않도록 꾸며져 있다. 강돌과 황토로 쌓은 쪽담에 올려진 망

신라시대 석탑의 면석을 섬돌로 이용하는 사랑 뜰

와에는 절에서 사용했을 것으로 보이는 범자문이 조각되어 있다. 당시
는 유교가 지배하던 시기였기에 많은 사찰들이 수난을 겪게 된다. 그 결
과로 사찰에 공양을 하던 사대부들이 줄면서 사찰이 쇄락하게 되었고,
서원이나 향교 그리고 커다란 저택을 지어야 하는 사대부들은 사찰에
서 사용할 수 있는 부재들을 들고 와 사용하기도 하였다. 이 가옥 사랑마
당의 축대에 사용한 장대석이나 사랑채로 올라가는 섬돌도 석탑의 면
석을 이용하고 있다. 막새기와도 같은 맥락으로 생각하면 된다.

경사지에 위치한 서백당의 행랑채는 정침과 단 차이를 두고 '一'자의

소박한 누마루 난간 사이로 보이는 대문 앞 풍경

긴 건물로 되어 있다. 행랑채 대문 옆으로 추녀 아래 눈에 쉽게 발견되지 않는 협문이 꾸며져 있다. 이 협문은 사랑채 앞을 거치지 않고 안채의 중간마당으로 이어지는 문을 두면서 담장이 이어지게 하였다. 안채의 폐쇄성에서 벗어나 협문을 통해 사랑채의 눈치를 보지 않고 외부로 출입하는 일이 있을 경우에 사용한다. 대문을 열고 닫는 시간은 곧 하루의 일과의 정리하는 의미로 열고 닫았기 때문에 그 이후에 집안을 출입할 경우는 해가 지면 큰 대문은 잠그고 옆의 협문을 이용하도록 하였다. 대문은 출입의 의미도 있지만, 일찍 대문을 열어야 부자가 되고 해가 지기 전에 대문을 닫아 외부인의 출입을 막음으로써 집안이 평안해진다는 생각이 있기에 모든 생활을 대문을 열고 닫으면서 시작하고 끝내는 풍습이 있었다. 이와 같이 우리 조상들은 대문에 대한 특별한 의미를 갖고 있었다.

자연미가 아름다운
사랑마루 탱주(누하주)

　행랑채는 대문 한쪽에 한 칸의 청지기방을 사랑마당 쪽으로 두고, 커다란 창고가 연이어 있으며, 안채 장독대 아래쪽으로 띠살무늬 2분합문을 꾸민 방이 있다. 행랑채에서 흥미로운 점 가운데 하나는 광의 판문에 거는 열쇠가 없다는 점이다. 대부분의 광은 바탕쇠와 광두정을 갖추거나 두꺼운 널판을 통판으로 사용하여 굳게 지키는 공간임을 암시하고 있는데, 이 가옥의 행랑채 광문은 문 아래 나뭇가지를 적당히 정리한, 손때 묻은 나무 받침이 전부이다. 이 나무 받침은 약간 불안정한 자세로 서 있기에 넘어지면 다시 받쳐 놓기가 어렵다는 생각이 드는 묘한 형태로 답사객들도 쉽게 만지려 하지 않는다. 집 주인은 이러한 인간의 심리를 생각하여 만들었는지도 모른다.

범자 무늬 기와를 얹은 쪽담

안채는 행랑채와 정침 기단 사이의 조금 열린 공간으로 출입하게 되는데 출입 통로가 협소하기에 안채로 들어가는 계단도 돌출시키지 않고 기단으로 넣어 만든 계단을 만들었다. 중문을 들어서기 직전에 정침 기단보다 약간 올라오게 섬돌을 놓아 드나들기 편리하게 꾸미고 있다. 중문은 좁은 통로로 되어 있고 점차 안을 바라보면 넓은 대청이 안채의 전면으로 나타난다. 안채의 기단은 사찰이나 관청 건물에서 사용할 것 같은 잘 다듬은 긴 장대석을 3단으로 쌓고, 날개채는 단을 한 단씩 낮추어 건물의 위계를 세웠다. 기단에는 전돌을 깔아 깔끔하게 정리하였고, 주춧돌은 정방향의 반듯한 돌을 이용하여 배흘림기둥의 전면 기둥을 받치고 있다. 당시부터 이런 디딤판이었는지는 모르겠으나 모양새로 보아서는 집에서 사용하던 떡판이 허름해지면 커다란 통나무를 켜서 만든 판을 사용하고 허름해진 떡판을 디딤판으로 사용한 듯하다. 신발을 놓는 떡판과 같이 넉넉한 크기의 디딤널은 다른 집에서는 보기 드

대문채와 정침인 안채의 배열

대문채 곳간의 문을 받치는 나무의 멋스러움

안마당에서 본 안방과 대청

문데, 양편에 하나씩 놓아 매우 운치 있는 분위기를 준다.

안채의 대청은 커다란 둥근 기둥으로 착시현상을 보정하는 배흘림을 사용하고, 다섯 개의 도리를 걸어 5량 집으로 만들었다. 안채 전면 세 칸에는 통으로 대청을 꾸며 'ㅁ'자형 경상도 주택의 폐쇄적인 안채 공간을 시원하고 개방적인 공간으로 바꾸었다. 대청마루는 뒤편의 바라지창이 있는 상부 중간에 선반을 꾸며 소반을 올려놓았다. 예전에는 겸상을 하지 않고 하나하나의 소반으로 개별적인 상을 차리는 풍습이 있어서 종가에 많은 손님들이 찾아오면 소반이 많이 필요하였고, 자주 사용하였기 때문에 손이 쉽게 닿는 대청에 선반을 두고 보관하였다. 소반이 겹겹이 진열된 선반을 보면 '이 집이 종가댁이구나' 하는 것을 누구나 알 수 있다.

안채의 대청을 중심으로 좌우로 날개채가 이어져 있는데, 사랑채 쪽

서까래선이 아름다운 안채의 대청마루

커다란 판재로 시원스럽게 만든 바라지창

하늘에서 내려앉은 듯한 모습의 안채

으로는 상방인 건넌방이 자리하고, 부엌이 있는 오른편으로는 안방과 부엌, 그리고 부엌문을 밖으로 나서면 디딜방아간과 잘 정돈된 장독대가 놓여 있다. 안채마당에 장독을 두는 것이 경상도 지방 대부분 가옥의 특징이지만, 서백당처럼 규모가 크고 많은 장류를 담가놓아야 하는 종가댁에서는 부엌 바깥쪽으로 별도의 단을 만들고 거기에 장독을 늘어놓았다. 큰 항아리는 뒤로부터 놓고 맨 앞에는 자그마한 종지들을 놓는다.

대청마루의 바라지창은 가운데 중간 문설주를 세워 두 문의 문고리를 문설주에 걸도록 만들었는데, 이러한 창틀의 구성은 조선 중기까지 사용하던 고식의 창틀 가구 기법이다. 바라지 판재도 넓고 두툼한 판재를 이용하여 소나무의 아름다운 결을 살리고 튼튼한 이미지를 주기에 문을 닫고 있으면 아늑한 느낌이 들고, 문을 열면 후원의 경사진 넓은 화단에 핀 아름다운 꽃들과 담장 너머 푸르른 소나무의 솔가지들이 보인다.

서백당은 대청 동편으로 안채 건넌방이 있는데, 이 방은 사방으로 시

회재 선생이 태어났다는 건넌방

집간 딸이나 집안의 며느리들이 묵는 방이다. 이 방은 또 회재 이언적 선생이 태어난 방으로, 받침이 있는 작은 방이다. 지금껏 손씨 문중에서는 시집간 딸들이 시댁에 와서 아이를 낳지 못하게 하는 원인의 장소가 되었으니 조선시대 뿌리 깊은 씨족사회의 한 단면을 보고 있는 것 같아 매우 주목된다.

유교사상이 중심이던 조선시대에는 남녀의 공간 구분도 명확했지만, 정침 안에서도 생활의 중심이 어디냐에 따라 위계질서가 건물로 표현되어 있다. 안채에서 방은 가장 높은 대청 옆에 두고 한쪽은 종부가 한쪽은 며느리가 거주하였으며, 연세 높아 거동에 불편이 느껴진 종부는 건넌방 아래채로 자리를 옮기거나 별당이 있는 경우 별당에서 노년을 지내게 된다. 이 가옥에도 이러한 규칙이 있으며, 부엌과 창고는 항상 온돌방 앞 날개채에 자리하고 있다. 안대청마루와 안방은 여자들의 생활 공간이며, 더불어 장독대와 연자방아간의 초가집이 있는 후원은 한적

깔끔한 종부의 손길이 느껴지는 장독대

하고 평온한 분위기다. 서백당의 장독대는 양동마을에서 가장 잘 관리
되는 장독대로 깔끔하게 정돈된 장독들을 보면 종부의 정성과 집안 살
림에 대한 애정이 느껴진다. 장독대 옆에는 예쁘게 생긴 맷돌들이 여럿
놓여 있는데, 이렇게 많은 맷돌이 필요할 정도로 집안에 큰 행사가 많았
음을 짐작할 수 있다.

　월성 손씨의 종가가 관가정에서 서백당으로 옮겨지면서 불천위를 모
시는 제사나 손씨 집안의 대소사를 관장하는 역할을 하면서 서백당의
위상이 높아지게 된다. 특히 불천위를 모시는 사당을 집안의 울타리 안
에 함께 배치하는데, 조상에 대한 예의를 받드는 의미로 그 집안에서도
가장 높고 양지바르며, 엄숙하고 정적인 공간으로 꾸몄다. 나아가 불천
위를 제사 지내는 날은 일반 제사와는 다르게 모든 친척들이 함께하므

여인의 손길이 느껴지는 귀여운 맷돌

로 많은 맷돌이나 소반과 같은 생활도구가 필요하게 되어 이 댁도 맷돌과 장독이 충분하게 확보되어 있다. 특히 사당은 건축적으로 삼문에 3칸 규모로 지어지게 되는데, 간혹은 단청을 칠하거나 부연을 달아 처마를 화려하게 하는 경우도 있다.

　서백당의 사당은 건물 동쪽 높은 곳에 단을 만들고 앞에는 아름답게 조경을 하고 삼문에는 태극무늬 문양의 문과 단청을 하여 조상에 대한 정신적인 봉양을 표현하고 있다. 특히, 조선시대는 건축에 대한 엄격한 건축법이 있어 단청이나 둥근기둥을 사용하거나 공포가구 형식을 제한하는 조항들 중에서 단청이 민가 주택에서 허용된 곳은 오직 사당뿐이었다. 유교사상을 중심으로 이루어진 조선시대는 충효가 생활의 근본이었기 때문이다.

사당 가는 길

    이 댁에는 3개의 편액이 사랑채에 걸려 있는데, 이 편액은 조상들의
아호를 나타내지만, 서백당에 걸린 3개 현액의 의미는 사람이 살아가면
서 바르고 뜻있게 사는 것이 무엇인지 가르쳐 주는 깊은 내용을 담고 있
다. 서백당의 '서백書百'은 하루에 백번을 참을 인忍 자를 생각하며 살면
행복이 오고 마음이 편안해진다는 의미로 절의를 나타내는 송첨松簷과
배움을 나타내는 식와息窩를 실천하기를 바라는 현액들이다. 우리의 옛
한옥에는 이처럼 정신세계의 아름다움과 삶을 가르치는 교훈이 있어 더
욱 아름다움과 사랑스러움을 느끼는 것이다.

무첨당 無忝堂

보물 제411호 | 경북 경주시 강동면 양동리 181

7

• • •

무첨당은 물봉골에 있는 가옥으로, 회재 이언적의 아버지 이
번이 처음 터를 정하고 살던 집이다. 양동마을 가운데서도 서백당과 함
께 풍수지리학적으로 가장 길지로 여겨지는 터에 지어져 있으며, 여강
이씨 종가댁으로 사용되고 있다. 사랑 역할을 하는 무첨당은 별채의 기
능을 중시하면서, 세련된 가구 기법이 돋보이는 건물이다.

　양동마을의 형국인 '물勿'자의 가운데 줄기 정남향에 무첨당이 있으
며, 무첨당 건넌방 옆을 통해 사당으로 올라가는 계단 길을 사이에 두고
'ㅁ'자형의 남동향 정침이 자리하고 있다. 사당은 별당과 정침 사이의
계단 위에 하늘이 닿은 것 같은 눈높이에 위치하고 있는데, 단청이 아름
답게 채색 된 삼문과 세 칸의 맞배지붕을 갖춘 건물이다. 별도의 네모
난 담장도 갖추고 있다.

　무첨당의 담장은 특이하게도 둥근 모양이며, 이 둥근 담장이 정침과
무첨당을 둥글게 감싸고 있다. 이 담장선은 사당 담장의 전면과 만나 사
당이 있는 곳으로 기운이 감아 올라가는 형국을 취하고 있는데, 참으로
흥미로운 전통 담장의 예가 아닐 수 없다.

무첨당의 사랑마당

　대문은 사주문의 형식으로 자동차 한 대가 다닐 만한 폭에 두 짝의 문으로 되어 있다. 사랑채는 'ㄱ'자형 평면이고 정침인 안채는 'ㅁ'자 형상을 하고 있다. 현재 무첨당은 사랑채로 사용하고 있으며, 제사가 있을 때는 제청으로도 사용한다. 무첨당은 별당으로 지었지만 여강이씨의 종택으로 집안의 대소사를 논의하거나 손님들을 대할 때 사용하는 정자형 건물로, 양반 가옥의 한 전형을 보여주는 건축 양식이다. 바깥주인이 학문을 연마하고 정신을 수양하던 장소로도 주로 사용되었을 것으로 보인다. 대청마루에 앉아서 마을을 내려다보면, 비스듬히 마을로 올라오는 큰길이 보이고 정면에는 물봉동산의 대나무와 참나무 푸르른 숲이 한눈에 들어온다. 누마루의 바라지창을 열면, 담장 너머로 물봉골 안쪽의 여러 가옥들이 한눈에 들어오는 풍경을 접할 수 있다.

　건물의 규모는 정면 다섯 칸에 측면 두 칸이며, 서편으로 안방에 이어서 만든 누마루가 두 칸의 폭에 한 칸의 깊이로 되어 있고, 지형의 높낮

자연스런 지형을 슬기롭게 사용하는 무첨당 협문으로 오르는 길

무첨당의 대청과 누마루

이를 이용하여 잘 꾸며져 있다. 특히 별당 건물이던 이 건물은 요리를 하던 부엌이 없는 대신 누마루 아래에 아궁이를 만들어 사랑 아랫방을 데우고, 건넌방은 기단에 아궁이를 만들어 온돌방에 불을 지피도록 꾸몄다. 이 건물로 오르내리는 곳은 대청 중앙에 하나 놓인 섬돌을 이용하도록 되어 있다. 특이한 것은 건넌방의 끝에 눈썹지붕 형태에 반 칸 규모의 판벽으로 된 도서실을 두었는데, 마치 엄마 등에 매달려 있는 아이 같이 본채에 매달려 있는 모습이 하도 귀여워서 그 구성에 감탄할 수밖에 없다.

무첨당은 막돌허튼층쌓기 한 기단 위에 둥근기둥과 둥글게 휜 대들보와 만나고, 보머리에는 아름다운 조각의 보아지를 받치고 있다. 기단 위에는 네모나게 몰딩을 하고 주좌가 조각된 초석으로 기둥보다 조금

건넌방인 오체서실

넓은 초석의 주좌와 같은 모양의 원기둥이 만나게 해 완벽한 조화를 이루고 있다. 기둥은 배흘림기법을 사용하여 멀리서 보아도 중간이 가늘어 보이는 착시현상을 보정하고 각진 장혀를 받친 굴도리를 사용하여 대청으로는 5량 집을, 누마루 쪽으로는 3량 집을 꾸몄다. 특히 기둥 위에 꾸며진 초익공은 매우 조각적이고 장식적인데 그리 화려하지 않고 부재간의 비율이 매우 균형미를 갖추고 있는 것으로 보아 상당히 오래된 가구 기법임을 알 수 있다. 대들보는 종보를 받치는 동자주의 첨차 장식과 마루대공의 화려한 파련대공의 조각 기법은 매우 인상적인 한옥의 멋을 느끼게 한다.

대청마루 쪽으로 오체서실과 정면에 '청산세거'라는 편액이 걸려 있는 온돌방을 두었으며, 내진주에 좌우로 띠살무늬 외단이 문을 달고, 옆으로 앞과 뒤에 한지로 바른 맹장지문을 두었다. 그 옆으로는 두 칸의

누마루 서측면 벽체 세부의 미적 표현

서실인 도서관을 두 칸으로 나누어 눈썹지붕 아래 광창을 예쁘게 꾸민 공간으로 구성하였다. 당연히 서고의 바닥은 바닥에서 일정 거리를 두고 마루를 두어 책을 보관하기에 적합한 환경을 맞추는 것도 잊지 않았다. 대청마루의 후벽에는 기둥사이에 두 칸의 청판을 꾸민 머름을 두고 판벽에 두 짝짜리 판문을 달고 밖으로 열리도록 하였다. 특히 장혀와 창방 사이에는 소로를 넣고 공간을 띄워 장식적이고 개방적인 분위기를 극대화하고 있다.

한편 왼쪽으로는 지형의 단 차이를 이용하여 두 칸의 날개를 네 칸 규모의 누마루로 꾸미고, 누하주 기둥을 대고 누상주에 마루를 두는 대청을 돌출시켜 놓았다. 누하주에는 물애서옥의 온돌방에 불을 지피는 아궁이를 만들어 놓았으며 나뭇간의 역할도 하고 있다. 누마루는 계자각 난간에 하엽을 돌란대에 받치고 있는 매우 장식적인 조각기법이 사용

서측 안방의 정돈된 창문 상세와 고미 천장

되었으며, 사랑마당 쪽으로는 문이 없이 옆으로 바라지창을 둔 판벽으로 되어 있는데 나뭇결의 부드러운 무늬와 느낌은 웅대하면서도 차분한 분위기를 준다. 누마루의 판장문을 열고 마을을 바라다보면 물봉동산의 푸르른 나무숲과 물봉골의 다양한 나무와 꽃들이 계절을 바꾸어가면서 변하는 모습을 볼 수 있다. 마을 동산의 변화하는 계절을 감상하면서 휴식과 함께 호연지기를 키우기에 적당한 운치가 있다. '물애서옥' 편액이 걸려 있는 온돌방과 연결되는 누마루는 대청 쪽으로는 내진주에 외닫이 띠살무늬 출입문을 두고 뒤쪽으로는 오체서실과는 다르게 격자문의 외닫이 창살문을 고정시켜 장식적인 아름다움을 표현하고 있다. 특히 대청마루와 누마루는 상호 왕래가 쉽도록 한 칸 크기의 마루 널을 깔아 매우 개방적인 공간을 만들고 있다. 오체서실과 물애서옥의 벽은 불발기 분합문 들어열개 식으로 되어 있어 모든 창문을 천장의 등자쇠에 걸면 커다란 대청 공간이 만들어지는데, 이는 무첨당에 이렇게 큰 공간이 필요할 정도로 종가집으로서 손님의 왕래가 잦고, 자손 역시 번창하여 제사 때에는 많은 친척들이 모인다는 의미로 볼 수 있다.

온돌방의 천장은 각진 네모난 천장 반자를 그대로 노출시킨 고미반자 형식으로 되어 있는데, 사이사이에 한지를 발라 천장 모두를 한지로 바른 것보다 안정적인 느낌을 준다.

무첨당은 본래 별당으로 지어진 것인데, 무첨당 사랑채에는 자해금서, 물애서옥, 오체서실, 세일헌, 청옥루, 창산세거와 같이 많은 편액들이 걸려 있다. 그 중 글씨 끝이 시원스러운 '좌해금서' 편액은 대원군이 죽필竹筆로 쓴 글씨로 유명하다. 좌해는 영남을 나타내는 의미로 영남의 대표격인 무첨당의 풍류와 학문을 높이 평가하여 하사한 편액이라고 한다. 또 '오체서실'은 5형제가 우애 있게 살기를 바라는 마음을 표현한 것으로, 집안의 명예와 영광의 근본을 형제간의 우애로 생각한 부모의 따듯한 가훈이면서 기원문이다. 또한, 건넌방의 방문 위에 걸려 있는 청산세거'의 편액은 자손들이 학문을 익히는 공부방으로 학문과 함께 가족과 형제들의 우애를 교육하는 마음을 전하고 있다. 이러한 문귀들은 우리 조상들이 인간의 보람 된 삶에 대한 정의를 외적인 영광보다는 내면적인 정신 수양이 인간 삶의 근본임을 그렇게 가르쳐주고 있는 것이다.

누마루의 투각 댄 계자각과 소나무는 세월이 흘러 많이 낡았지만, 풍화를 적게 받은 딱딱한 부분의 볼륨감이 풍부하게 표현되고 있다. 여기에 색감의 차이까지 더해져 그야말로 새로운 조형미와 고풍스러움이 느껴진다. 마루 귀틀의 이음부분을 마무리하는 개판인 치마널에도 선각 된 안상 무늬와 아래 부분에 조각된 안상 무늬가 있어 무첨당을 지은

누마루 난간의 아름다운 조각

주인의 정성과 도편수의 솜씨를 보여준다.

　무첨당 마당을 지나면 정침인 안채로 연결된다. 특히 안채의 아래채 사이에는 화단을 만들어 아름답게 꾸며 공간과 영역을 구분하고 있다. 안채의 평면 구조는 안채와 사랑채가 결구된 'ㄷ'자형의 본채와, 바로 전면에 'ㅡ'자형의 행랑채가 놓여 있다. 본채와 행랑채 사이로 중문이 있고, 중문을 경계로 전체적으로는 안마당을 중심으로 튼 'ㅁ'자형 평면이 된다. 안채는 크고 작은 막돌을 요령 있게 허튼층쌓기 공법의 기단으로 성곽을 쌓은 것 같은 느낌을 주며, 4벌대의 기단으로 연결된 대청 전면의 계단은 계단의 좌우로 소맷돌을 꾸며 정성스럽게 만들었다. 무첨당 쪽의 사랑채 쪽으로는 고방과 머리방이 꾸며져 있는데, 그 앞의 안마당 기단을 2단으로 만들어 화계를 꾸미고 모란꽃과 같은 부귀영화의 상

궁판과 개판의 조각

징인 꽃과 많은 작은 꽃들을 심어 봄부터는 아름다운 꽃동산이 된다. 여
인들과 어린이들이 거주하는 안채에서는 이와 같은 화단에서 피는 꽃
과 식물들의 성장하는 모습을 보고 세월의 흐름과 계절의 변화를 느끼
며 살았다. 안채는 정면 다섯 칸 측면 두 칸의 크기로, 가운데는 두 칸의
대청마루를 두고, 사랑채가 있는 서쪽으로 한 칸 반의 머리방과 두 칸의
고방을 두고 있다. 동편으로는 두 칸 반의 방을 두었는데 후벽으로 눈썹
지붕(=부섭지붕)을 내밀게 하였다. 안방 옆에 있는 부엌도 집의 규모만
큼이나 크다. 동쪽의 건넌방은 부엌 사이에 대청마루를 두고 4분합 띠
살무늬 문을 달아 여름에는 대청으로 사용한다. 사랑방은 두 칸의 사랑
온돌방과 한 칸의 사랑마루를 꾸미고 있는데 무첨당이 있는 서쪽으로
문이 나 있다. 사랑은 쪽마루를 놓아 사당이나 별당으로 나가기에 편리

정침에 붙은 단아한 느낌의 사랑방

사랑으로 오르는 계단

단청이 아름다운 사당 삼문

하도록 실용성을 높이고 있다. 사랑채는 홑처마 3량 집으로 기둥 사이를 4등분한 크기의 띠살무늬 덧문을 달고 미닫이문을 꾸며 놓았다. 미닫이문은 길상자인 '용用' 무늬 살대를 성글게 엮어 소박한 선비의 이미지를 표현하고 있다. 덧문을 열어젖혀 기둥에 고정하면, 기둥과 벽의 사이에 덧문이 정확이 들어가는 한옥만의 창문 크기 기법을 볼 수 있다. 그로 인해 덧문이 바람에 덜컹거리는 일이 없고 쪽마루를 다니면서 소매에 문이 걸리는 일이 없다. 이와 같이 한옥은 외형상 나무를 적당한 크기로 이어 조립한 구조물처럼 보이지만 자세히 세부적인 기법을 살펴보면 그 기능과 실용성에 놀라지 않을 수 없다. 하나의 창문이라도 두 개 이상의 기능을 하도록 하고, 현대건물처럼 장식적인 외관에 치우치는 대신 생활의 편리를 우선으로 한다.

행랑채는 일자형에 맞배지붕 형식으로 전면 일곱 칸 측면 한 칸의 크기다. 행랑채의 가운데는 안채 마당으로, 벽이 없는 헛간을 두어 안마당에서 가사생활을 하는 사람들이 비가 오거나 날씨가 좋지 않을 때 마당에서 할 수 없는 일들을 할 수 있도록 하였다. 헛간에는 두 짝짜리 판문을 두어 바깥으로 나갈 수 있는 문을 두었다. 이 길은 사랑마당 끝에 있는 물봉골에서 올라오는 협문과 이어지는 문으로, 이 가옥에서는 비밀스런 문이다. 그리고 동쪽으로는 마룻바닥으로 꾸며진 곳간을 두어 안채에서 사용하는 생활도구나 음식물들을 저장하는 장소로 이용한다. 서쪽 끝에는 아랫방을 두고 마루를 만들어 두었다. 마루에서는 마을 어귀 쪽을 바라보게 되어 있는데 성주산이 정면으로 보이는 장소로 무첨당과 함께 안산의 기운을 받는 장소이기도 하다.

불천위를 모신 사당은 별당의 오른편으로 수십 개의 계단을 올라 물봉동산의 정상 가까운 곳에 별도의 담장을 구획하여 따로 만들었다.

이 마을에서 가장 높은 지형으로 사당 앞에 서면 향단 뒷산 옆으로 마을 입구까지 보이고, 성주산이 눈앞에 펼쳐진다. 양지바르고 사방이 훤하게 트인 자리다. 일반적인 종가집에서의 제사는 대부분 사랑채 대청마루에서 지낸다. 무첨당에서도 규모가 매우 큰 누마루 대청이 사용되며, 사람이 많을 경우에는 마당에까지 서서 제사를 지내는 일도 있다고 한다.

사당은 둥근기둥에 3문으로 되어 있으며 문은 중앙에 달아 안과 밖으로 추녀 공간을 두었다. 삼문에는 사찰에서나 봄직한 매우 화려한 단청이 되어 있다. 기둥 위에는 기둥머리초를 꾸미고 연목이나 도리에도 연화머리초를 내려 화려하고, 보의 절단면에는 태평화를 넣었다. 사당은 정면 세 칸에 측면 한 칸 반의 크기로 맞배지붕의 형식을 하고 있다. 전면에 개방형 툇칸을 두고 내부에는 불천위를 모시고 있다. 막돌허튼층으로 쌓은 기단 위에 둥글려 깎은 초석을 두고 그 위에 둥근 기둥을 세웠으며, 벽은 화방벽으로 만들고 치마모양의 방풍판을 달았다. 기둥 위는 창방과 초익공을 결구하고, 기둥 사이는 화반으로 화려하게 꾸몄다. 겹처마에 암수막새를 사용하고 단청을 칠하였다. 이렇게 화려하게 사당을 꾸미는 것은 가족의 삶과 죽음의 영속성에 대한 믿음, 조상에 대한 효심이 크게 작용한 때문일 것이다.

양동 良洞 두곡고택 杜谷古宅

중요민속자료 제77호 | 경북 경주시 강동면 양동리 35

8

• • •

이 집은 성주산 아래쪽에 평평한 대지를 넉넉히 조성하여
자리하고 있다. 물봉골 언덕에서 내려다보면 하늘에서 내려다보는 것
처럼 보이는데, 여름이면 집 주위에 녹음이 짙어지면서 둥글게 쳐진 담
장의 형태에 따라 새 둥지처럼 보인다. 이 집은 조선 영조 9년(1733) 경에
이언적 선생의 6대손 이제중 선생이 지었다고 전해지며, 그 후 두곡 이
조원이 이 집을 사들이면서 그의 호를 따 두곡고택杜谷古宅이라고도 한
다. 상당히 규모가 큰 집으로 무첨당이나 서백당처럼 안채가 종가집의
권위와 위엄이 보이는 둥근기둥에 높은 천장 등의 형태는 아니나 안채,
사랑채, 아래채 외에 대문채, 행랑채, 마구간, 방앗간 등으로 구분되어
있다. 특히 기와 담장 아래 초가지붕의 건물이 하나 있는데, 서백당에서
도 한 채의 디딜방아채는 초가집으로 되어 있듯이, 재력과 권력이 있어
건물을 크고 당당하게 짓는 가운데에서도 하인들이 사용하는 측간이나
하인들이 주로 일을 하는 디딜방아 건물 등은 초가집으로 만들어 위계
질서와 함께 건물의 용도와 실용성에 초점을 두는 경우가 많다. 이는 한
옥을 지을 때 건물에 대한 사치보다는 인간이 편하게 살 수 있는 공간을

평대문의 두곡고택 대문채

만드는 것에 중점을 두었기에 가능한 것이었다.

　이 집은 마을에서 산 쪽으로 둥글게 돌아 성주산으로 올라가는 길을 걷다 보면, 좌측 텃밭 사이 길는 행랑채 사이에 협문을 두고 바깥 담장이 이어져 있다. 여기서 좀 더 올라가면 성주산을 바라보고 대문이 있는데, 이것은 풍수지리학적으로 안산을 향해 집들이 배치되고 안산을 중심축으로 하는 것이 바람직하기 때문이다. 그러므로 성주산이 대문 앞을 가로막아 시야가 넓게 펼쳐지지 못하는 것이 이 집 대문칸 앞의 모습이다. 평대문인 대문채는 네 칸 크기로 오른쪽 두 칸은 광이고, 왼쪽 한 칸은 문간방이다. 그 옆으로는 사랑측간을 추녀 아래에 두었다. 대문에 들어서면 왼쪽(서쪽)으로 마구간이 있는데, 대부분의 집은 대문채에 마구간을 두고 있는 데 비해 이 가옥은 이처럼 별도의 건물을 대문채 옆에 둔 것이 특징이다. 그 이유에 대해서는 서쪽의 약한 풍수를 보완하고,

사랑채 앞의 쌍 굴뚝

사랑채 바라지창과 안채

경사져서 좁은 서쪽의 지형을 건물로 보완하여 널찍한 사랑마당을 만들기 위한 것이라 생각된다.

대문채에는 청지기방 옆에 눈썹지붕을 대고 판벽으로 만든 측간을 꾸며 놓았다. 행랑채에는 마구간과 곳간을 두고 사랑마당 북쪽에는 상춘헌 고택처럼 산의 일부를 담장 안에 포함시켜 단을 만들고 화계를 만들어 사랑마당의 풍경을 아름답게 연출하고 있다. 자연의 일부를 함께 하려한 주인의 마음을 읽을 수 있는 부분이다.

사랑채는 잡석 허튼층쌓기 한 기단 위에 정면 다섯 칸 측면 한 칸 크기로 대청 두 칸, 방 두 칸 등을 꾸민 맞배지붕의 집이다. 두 칸의 대청마루와 온돌방은 쪽마루를 내밀어 통로로 사용하도록 배려하였다. 사랑채에서는 전면으로 돌출된 쌍으로 된 굴뚝이 흥미롭다. 돌과 흙으로 쌓은 두 굴뚝은 사랑채 안쪽의 아궁이에서 땐 연기를 사랑마당 쪽으로 나오게 한 것이다. 아궁이에 불을 때는 날 저녁시간에 연기가 대기압의 변화로 사랑마당에 깔리면 동산에 핀 꽃의 봉오리만 하얀 연기 위에 피어나고, 나무 사이로 흐르는 연기는 운무가 가득한 높은 산의 골짜기 모습과 흡사해 마치 아름다운 무릉도원에 온 것 같은 착각을 불러일으킨다. 주인과 도편수는 이를 예상하고 이처럼 사랑 온돌방 앞에 조형미가 있는 낮은 굴뚝을 만들었을 것이다.

두곡고택 사랑채의 건축적인 특징은 공간과 사용 방법이 엄격히 구분되는 다른 사랑채들과는 다소 차이가 있다는 것이다. 사랑대청이 작고, 대청은 정면의 가운데 기둥만 둥근기둥으로 처리하고 나머지는 네모난 방형기둥을 사용한 것도 흥미롭다. 기둥 위의 가구 기법은 외부로는 사절되고 안쪽으로는 구름모양의 초각이 약간 되어 있다. 대청마루의 대들보는 둥글고 약간 배가 튀어 나온 형태의 소나무를 사용하였고,

두곡고택 대청마루의 대공

호리병 모양의 판대공에 상부는 초각을 두고, 장여 아래는 첨차를 넣어 장식적으로 만들었다. 그러나 방 상부에는 반듯한 보를 두고 동자주형 대공에 첨차를 넣은 형태로 마루도리를 받치고 있다. 사랑대청마루에서 안채 쪽으로는 중인방 아래는 판벽에 바라지창을 두어 사랑채에서 바라지창을 열면 안채의 모습이 한 눈에 들어온다. 남녀의 구별이 확실했던 당시의 사회 분위기를 고려할 때 이는 매우 특이한 모습이다. 더욱이 이곳에 '두곡서제'라는 편액이 있는 걸로 보아 이 대청은 공부도 하고 제사도 지내는 공간이었음을 표현하고 있다.

　기둥 사이의 판벽과 바라지창은 1/4크기로 구분하여 가운데 두 칸은 판장문의 바라지창을 두어 문을 열면 두 문이 기둥 사이로 정확히 맞추

사랑 앞 굴뚝과 화계

어지는 형태를 보이고 있다. 그리고 대청마루와 연결된 온돌방 문을 살펴보면, 대들보 아래까지 전체적으로 간단한 창틀을 두고 4분합으로 나눈 들어열개 불발기창을 두었고, 안쪽 중간의 한 칸에는 궁창을 아래에 댄 띠살무늬 외닫이문을 달았으며, 나머지는 격자무늬의 창살을 댄 위에 앞과 뒤를 한지로 바른 맹장지를 두었다. 사랑채에서 큰 행사가 있을 경우 이 문을 열어 천장 서까래에 매달린 등자쇠에 문을 걸도록 하였다. 그리고 평소에는 외닫이 띠살문이 출입문의 역할을 하게 된다. 온돌방의 전면에는 쪽마루를 두고, 쪽마루 끝에 외닫이 띠살무늬 출입문을 달아 직접 윗방으로 다닐 수 있게 하였다. 성주산 자락에서 흘러내린 경사지에 만든 화단에 봄꽃이 피거나 나무의 녹음이 절정에 달하면,

둥근 화단을 가운데 둔 안채의 모습

뒷마루에 나와 앉아 자연의 변화를 즐기는 주인의 한가로운 오후 모습이 그려지곤 한다.

안채는 사랑채 옆의 협문이나 아래채에 난 중문을 통해 들어가는데, 안채의 규모를 살펴보면, 아래채는 3벌대의 기단 위에 중문의 오른편, 즉 사랑채 쪽으로 끝에 대청마루를 두고, 이어서 온돌방 두 칸을 꾸며놓은 맞배지붕이다. 아래채는 정면 일곱 칸 측면 한 칸 크기로 중문 옆에서부터 마루 한 칸, 방 두 칸, 부엌, 광, 온돌, 마루방을 각각 한 칸씩 만들었다. 아래채는 3량 집으로 규모가 작기 때문에 전면으로 돌출하여 쪽마루를 달고, 머름대를 댄 온돌방은 띠살무늬 2분합 덧문으로 꾸몄다. 그 앞에는 작은 텃밭을 만들어 나무와 꽃을 심어 놓음으로써 자연의 변화를 체험하는 장소로 사용되고 있다. 이 방은 장성한 아들이 기거하는 방으로 사용되었을 것으로 보이며, 대청마루에서 사랑마당이 있는 문

쪽마루를 꾸민 두곡고택의 아랫채

간채와 화단이 보이도록 바라지창문을 달았다. 규모는 작지만 건물의
배치나 공간 간의 연결방법 등은 작은 사랑으로서의 역할을 담당하기
에 충분한 구성을 갖추고 있다.

안채는 크지 않은 3량 집으로, 튼 'ㅁ'자형의 평면 구조로 성주산의 날
개채 부분의 사랑채와는 구분된다. 안채에는 전면에 두 칸의 대청과 한
칸의 건넌방을 두고, 'ㄱ'자형으로 꺾이는 부분에 안방을 두었으며, 부
엌은 안방과 연결된 날개채에 두었다. 대청마루는 네모난 주춧돌을 높
게 두어 그 위에 네모난 기둥을 세우고, 조각 없는 보아지를 보에 대어
네모난 나무에 모접기를 한 대들보를 걸었다. 마루도리와는 꽃 모양을
형상화한 화반대공을 대어 작지만 친근감 있는 멋을 준다. 기둥머리는
보아지를 직절한 부재를 대는 정도로 간결하게 처리하였다. 대청마루
후면으로는 중인방을 중심으로 아래에는 판벽에 바라지창을 달고 상부

는 회벽으로 처리하였는데, 중인방에는 선반을 걸어 소반이라든지 광주리와 같이 가벼우면서도 생활에 가끔 사용하는 생활도구이면서 청결을 유지해야 하는 물건들을 올려놓을 수 있도록 했다. 대청마루 건너의 건넌방에는 대청과 띠살무늬 외닫이문으로 출입문을 만들고, 전면에는 대청마루보다 한 자 정도 높은 쪽마루를 꾸미고 난간을 설치하여 어린 아이들이 높은 곳에서 떨어지지 않도록 배려했다. 여기에 띠살무늬 2분합 덧문과 미닫이문을 두어 채광과 통풍을 위한 역할도 하도록 꾸며 놓았다. 특히 이 문의 벽면은 중인방 아래는 문으로, 상인방과 중인방 사이는 회벽으로 처리하고 있는데 문의 폭만큼 상부에도 네 칸으로 구획을 나눈 나무를 세워 여덟 칸으로 벽을 구획하고 하부 두 칸에만 문을 달았다. 이는 구획을 나누어 매우 계획적인 공간 구성을 한 것처럼 보이는 동시에 완벽한 설계를 고집하는 선비들의 정형화된 사상을 표현하고 있는 것으로 보인다.

아궁이를 만들 때에도 경사지 지형을 최대한 이용하였다. 안채 부분이 높고 날개채는 낮은 공간을 이용하여 하부에 부엌을 둠으로써 아궁이의 불이 잘 들도록 하고, 부엌 상부에는 안방에서 사용하는 다락을 두어 생활도구나 음식들을 보관하는 장소로 활용케 했다. 부엌문은 판자문이고 판벽은 넓은 널판자를 수직으로 큼직하게 걸고 중앙에 두툼한 중대를 대 투박하지만 튼튼한 느낌이 들도록 하였다. 상부에는 격자문 광창을 두어 조명이 없던 당시에 다락에 빛을 공급할 수 있게 하였다. 특히, 안채 뒤편에 있는 디딜방아는 초가집으로 되어 있는데 양동마을에 몇 개 안되는 방아로 보존상태가 양호하여 당시의 뒷마당에서 쿵덕쿵덕하는 분주한 모습과 소리가 느껴지는 듯하다.

양동良洞 사호당고택沙湖堂古宅

중요민속자료 제74호 | 경북 경주시 강동면 양동리 217

9

● ● ●

양동마을 사호당 고택은 수졸당을 지나 오른쪽 언덕 위에 자
리한 고택이다. 대문 없이 언덕 위에 담장으로만 구분되어 있다. 담장
끝을 돌아 들어가면 먼저 안채의 중문이 나오고 오른쪽으로 빠끔히 보
이는 팔작지붕의 사랑채가 보인다. 다른 고택들은 대부분 사랑채 앞을
지나 안채로 가도록 되어 있으나 사호당고택은 이처럼 바로 안채로 들
어갈 수 있도록 되어 있는 것이 특징이다. 씨족의 결속이 강한 마을이어
서 대문도 없고 최대한 편리하게 접근할 수 있도록 구조를 짠 것이라고
생각된다. 이 사호당고택 외에도 양동마을의 고택 대부분은 권위적인
솟을대문 대신 평대문을 만들거나 대문이 아예 없다는 것이 특징이다.

이 가옥은 이 마을에서도 가장 표준이 되는 경상도 주택의 'ㅁ'자형
기본 평면을 갖춘 일반적 반가형이다. 사랑채는 4벌대의 막돌허튼층쌓
기 공법으로 기단을 세우고 그 위에 우진각지붕에 부섭지붕(=눈썹지붕)
을 이어 댄 모습의 기와지붕이다. 눈썹지붕이라는 이름은 본채를 얼굴
에 비유하여 눈에 눈썹을 댄 것처럼 붙여놓았다는 뜻으로, 눈썹은 사람
에게 바람과 먼지, 그리고 빗물 등이 눈에 직접 닿지 않도록 하는 기능

대문이 없어 개방감이 느껴지는 사호당 입구

을 한다. 눈썹지붕 역시 마찬가지 기능을 하며, 이런 이유로 우리 신체의 일부를 한옥의 명칭에 빗대어 표현한 것이다. 없어도 큰 지장은 없지만, 있음으로 해서 더욱 편리한 생활을 할 수 있도록 돕는 부분이 우리의 눈썹과 같은 눈썹지붕이다.

사호당의 사랑채는 'ㄱ'자형 평면 구조의 가옥이다. 남쪽으로부터 비바람이 치는 것을 막기 위하여 긴 나무판을 이어 붙인 방풍판을 지붕 아래 붙이고, 누하주는 벽을 토석담으로 막아 중문으로 드나들 때 보이는 아궁이의 나무나 지저분한 물건들을 보이지 않게 하였다. 그리고, 그 안에 사랑 안방에 불을 때는 아궁이를 두어 실용성 있게 만든 지혜가 돋보인다.

사호당 편액이 있는 사랑대청은 정면 두 칸 측면 두 칸의 크기로, 우물마루에 연등천장으로 되어 있다. 전면의 계단은 현재 철제로 되어 있

사랑채인 사호당 전경

는데, 건립 당시에는 나무다리나 아니면 사호당 오른편 건넌방 쪽으로 오르내리도록 하였을 것으로 보인다. 사호당의 대청과 누마루 쪽은 둥근 기둥을 쓰고 건넌방 앞에는 네모난 방형 기둥을 썼다. 모든 전면 기둥을 둥근 기둥으로 쓰면 네모기둥보다 품격도 있고 아름다운 나무결도 잘 살아날 텐데 왜 이처럼 다른 기둥을 쓴 것일까? 이는 특별한 여타의 장식 없이 기둥만으로 건물 내에서의 위계질서를 표현하기 위함이다. 말하자면 장유유서와 부자유친을 적절하게 건물로 표현했다고 생각하면 이해가 쉬울 것이다.

누마루 사랑은 세 칸의 들어열개 분합문으로 꾸미고, 분합문은 다시 3단으로 구획하여 상부에는 격자문에 한지를 바르고, 중간과 하단은 판재로 만든 청판을 붙여 나무 목재의 중후한 느낌을 살렸다. 이는 사당의 문

사호당의 대청마루

집의 건립자인 이능승의 호가 걸린 유취헌

대청 후벽에 걸린 사호당 편액

누마루에 걸린 유취헌 편액

에서 많이 사용하는 형태다. 문 위에는 '유취헌'이라는 건립 당시 이능승의 호가 편액으로 걸려 있다. 그 앞으로는 툇마루를 두고 계자각 난간으로 예쁘고 앙증맞게 꾸며 짧은 계자난간에서도 품위를 느끼게 함으로써 한옥의 새로운 멋을 발견하는 예를 보여주고 있다. 또한 누마루에 붙은 사랑 온돌방의 문은 기둥 사이에 두 짝의 문을 달고 하나는 평소 출입문으로 사용하는 띠살무늬 외닫이문으로 하고, 그 옆으로 가운데 격자무늬 창살을 꾸미고 상단과 하단은 맹장지로 구성한 문을 두었다. 둥근기둥의 내주를 중심으로 상호 대칭이 되는 문이다. 이 문들은 대청마루를 크게 사용할 때에는 천장에 매달아 사용하도록 만든 가변 벽이다.

　건넌방은 툇마루를 앞에다 두고 대청과의 사이에는 맹장지 들어열개 4분합문을 만들었다. 한 짝의 문은 맹장지로만 되어 있는데 이것이 평소에 사용하는 문이다. 나머지 세 짝은 격자무늬 창살을 꾸미고 상단과

사랑채 사호당 건넌방 마루 문들의 다양한 표정

하단은 맹장지로 꾸몄다. 방의 마당 쪽으로는 전면 기단 아래에 함실아궁이를 꾸미며 불을 땔 수 있도록 만들었다. 아궁이 앞에는 다시 화단을 만들어 거기 핀 꽃들과 나무들에 의해 함실아궁이이가 고래처럼 떡 하니 입을 벌리고 있는 모습을 가릴 수 있도록 했다.

툇마루에는 머름대를 댄 창틀을 만들어 띠살무늬 2분합문을 달았다. 사호당에서 특이하고 흥미로운 건축적 표현은 여럿 발견되는데, 특히 건넌방에 대청마루의 반대 방향으로 조그마한 마루를 두고, 마루 후벽을 3단으로 구획하여 상부에는 격자문에 한지를 바르고, 중간과 하단은 판재로 만든 청판을 붙여 한 칸짜리 재청방을 꾸민 것이 특이하다. 이를 가로지르는 충량의 멋들어진 곡선은 반듯반듯 정형화된 가구 부재 중에 특별한 변화와 흥미를 제공한다. 이와 같이 한옥은 마음으로 짓는

월방의 모습을 한 안채중문과 판벽의 모습

중문 옆에 판벽처럼 보이는 마구간 문

중문에 돌과 흙으로 쌓은 얼굴 표정의 해학적인 화방벽

건축물로, 보는 사람도 집 주인의 의도를 생각하게 하는 규범 속에 변화의 미를 보여준다.

사호당 편액은 검정 바탕에 하얀 글씨로 색을 선명하게 대비시켜 명확히 보이게 하고, 틀에는 청색 바탕에 흰색 단청 안료로 꽃을 그려 넣었다. 편액의 틀 문양은 전통적으로 칠보문이라는 문양을 그려 넣는데, 칠보문 중에 종교 건물은 종교에 관계되는 칠보문을, 그리고 정사나 사당의 강학루 편액에는 문방사우를 나타내는 칠보문을 그려 사용하는 것이 전통 기법이다. '사호당' 편액의 의미는 산속 같이 우거진 산 위에서 왜 모래가 있는 백사장의 호수를 생각하게 했는지 의미에 사색에 빠지게 만드는 편액이다. 산중에 칩거하면서 자신의 일에 몰두한다는 '유취

꽃으로 가득한 화단과 안채

헌'의 편액 역시 그 안에 이 집안의 모든 사상과 미래에 대한 생각이 함축되어 있는 단어이다.

언덕 위로 올라서면 문 없는 담장으로 들어서면 왼편으로 제일 먼저 보이는 행랑채는 '一'자형 맞배지붕 형태로, 안채와는 협문과 담장으로 구분된다. 안채와 단을 달리하고 한 단 아래에 배치되어 있다. 안채와 사랑채는 비교적 높은 기단 위에 있고, 상대적으로 부엌이 있는 날개채와 행랑채는 위계질서에 맞게 용마루의 지붕 높이가 낮추어져 있다. 행랑채는 전면 일곱 칸 측면 한 칸의 크기이며, 평면 구성은 대문간에 이어 두 칸이 헛간이고, 한가운데가 디딜방아 방앗간이다. 이어서 부엌 쪽으로는 세 칸의 광채로, 가운데 칸에만 출입문을 두어 칸막이 없는 통칸으로 된 광을 두고 있다. 행랑채 오른쪽 끝에 자리 잡은 대문은 사람들이 통행에 불편하지 않도록 하인방인 문지방을 휘어내려 꾸몄다. 그 옆 중인방 아래 판벽으로 만든 마구간이 있고 밖으로 문을 만들어 드나들 수 있게 했는데, 조랑말 정도의 작은 말이 다닐 수 있는 폭으로 되어 있다. 마구간 상부에는 나무를 걸쳐 놓고 농기구나 이와 관련된 마구류를 올려놓는 선반으로 사용한다.

중문에 들어서면 먼저 사랑채 누하주의 토석담이 시야에 들어온다. 토석 담장인 부엌벽 옆으로 돌아 들어가면 아름다운 꽃들이 안채 마당을 가득 채우고 있다. 화단의 꽃을 보는 순간 일단 이 집은 아름답다고 느끼게 된다. 누구든 잠시 꽃에 정신을 팔리지 않을 수 없는 것이다. 안 주인은 첫인상의 중요성을 잘 아는 분으로, 마음의 정서적인 분위기가 인간이 살아가는 방법에 도움이 된다는 것을 확신한 듯하다.

화단 너머 보이는 안채의 규모는 전면에 두 칸의 대청마루와 안방이 자리하고 그 앞으로 부엌이 연결되는 형태이다. 전통 한옥의 아름다움과 신비로운 표현에는 여러 가지가 있지만, 사호당 중문에서 사랑마당을 볼 수 있게 벽에 수키와 두 장을 엎어 관瞥을 만들어 둔 것은 일품이다. 수키와 두 장을 엎어 벽에 꽃아 밖의 동정을 살필 수 있게 만든 것인데, 조형적인 의미도 있으려니와 실용적인 기능도 갖추었다. 중문에서 사랑채로 드나드는 손님들을 관찰할 수 있도록 한 기능이다.

안채는 납도리에 3량 가구 구조이며 홑처마의 간소한 구조로 되어 있다. 대청마루 가운데 기둥의 외주만 두리기둥으로 되어 있는데, 두리기둥 머리에는 첨차와 소로 받침을 끼워서 보머리와 장혀를 받고 있다. 섬돌은 장방형으로 다듬은 잘 생긴 돌을 마루의 높이에 알맞게 맞추어 양쪽으로 놓아 신을 벗고 마루로 올라서기 편하게 만들었고, 기둥도 네모

판재로 만든 난간이 흥미로운 안채의 안방

난 큰 돌을 이용하여 기둥을 세웠다. 대청마루 후면은 판벽에 바라지창을 둔 형태이다. 이 가옥의 안채에서 눈에 띠는 특징으로는 안방과 건넌방 앞에 난간을 둔 쪽마루를 꾸민 것이다. 대부분의 가옥에서는 안방과 건넌방은 태양이 많이 들어오는 전면에 놓이므로 여름엔 태양 고도에 맞추어 일사 에너지를 적게 받도록 방을 조금 뒤로 물려 앉히는 형식인 툇마루를 꾸며 놓는데, 이 가옥은 특이하게도 쪽마루를 사용하고 있다. 이는 도편수가 잘못 만든 것이 아니고 약간 서쪽으로 치우친 집 안의 방위와 관계가 있는 것으로, 방위에 따라 고려된 태양의 흐름을 잘 파악한 과학적 설계에 따른 것이다. 또 안방 앞에는 청판을 댄 띠장만을 갖춘 간단한 난간에 안상을 뚫지 않아 튼튼한 느낌을 주도록 만들었으며 사람이 오르내리는 방문 앞 섬돌이 있는 곳에는 난간을 만들지 않아 편리함을 추구했다. 건넌방도 안방과 같은 모양으로 난간에 치마널을 달고 청판으로 마무리하고 있다. 그 아래에는 아궁이를 만들어 불을 때도록 만들어 놓았다. 방문은 2분합 덧문으로 꾸며져 있으며 미닫이문의 창살은 '용用'자 모양으로 가느다란 창살을 사용하고 있다.

양동 良洞 근암고택 謹庵古宅

중요민속자료 제76호 | 경북 경주시 강동면 양동리 214-1

10

● ● ●

양동良洞 근암고택謹庵古宅은 정조 4년(1780)에 태로 이정수가 지었다 한다. 그의 4대손인 홍릉 참봉 이희구의 호를 따 근암고택이라 불리는 가옥이다. 이 가옥은 이 마을의 다른 사대부가의 집과 마찬가지로 계곡에서 올라간 높은 산 중턱에 시야가 탁 트인 지점에 자리하고 있는데, 담장 끝으로 커다란 느티나무가 대문의 역할을 하며, 집안의 역사를 말해 주듯 당당히 자리하고 있다. 이렇게 다다른 가옥의 사랑마당에서 보면 안강 뜰과 성주산이 한눈에 들어온다.

이 가옥의 평면 배치는 경상도 지방에서 사용하는 일반적인 'ㅁ'자 또는 튼 'ㅁ'자형 구조를 따르지 않고, 안채를 'ㄱ'자형 평면으로 하고 행랑채를 '一'자형으로 지어 남쪽에 놓고, 사랑채를 안채의 담장 밖에 측면으로 연결하여 분리시킨 점이 특징이다. 이것은 지금까지 양동마을에서 보았던 사랑채 위치와는 차이가 있는 예로, 남녀 공간에 대한 분리를 엄격히 보여준 예에 속한다. 낙선당藥善堂과도 비슷한 모습이지만, 동선이 안채와 분리되는 점에서 차이가 있다.

사랑채는 막돌로 3벌대를 허튼층쌓기 한 기단 위에 전후퇴를 가진 정

깊은 산중으로 들어가는 느낌의 근암고택 진입로

면 세 칸 측면 두 칸의 양통집이며 팔작지붕의 민도리집이다. 기둥머리의 가구 기법은 반듯하고 네모난 나무를 대들보 아래 내주에 끼우고 외주의 기둥머리 외부는 툇보와 같은 길이로 직절하고 내부는 짧게 사절한 형태로 꾸며 매우 소박하고 간소한 형식으로 되어 있다. 안채 방향으로 툇마루를 둔 전면 두 칸의 온돌방과, 툇마루 끝에 유리창이 달린 문을 달아 간소화된 모습의 대청을 꾸미고 있다. 그리고 작은 사랑방도 없는 특징을 갖고 있는데, 이 가옥은 전체적으로 최소한의 공간만을 이용하여 주거 생활을 유지한 것으로 보인다. 그리고 사랑마당이 비교적 큰 편이며, 사랑채 전면에는 별도의 화계를 두지 않고 안채 담장 아래에 나무와 꽃을 심어 아름답게 꾸미고 있다. 사랑 뒤편으로는 뒷산을 넓게 담장

근암고택 사랑채 기둥구조의 단아함

정침 담장 아래 정성스럽게 꾸며진 화단

안채 담장 아래 꾸며진 화계와 사랑끝에 살짝 붙은 협문

안에 포함시켜 만든 뒷동산이 공간 여백의 표현이 인상적이다.

담장 끝에는 건립기에 사용했던 것으로 보이는 망와가 올려져 있어 옛 모습을 조금이나마 느껴볼 수 있다. 우리의 전통 기와인 망와는 눈이 오거나 비가 오면 일부의 물기는 흡수하고 일부는 서서히 날씨의 변화에 따라 조절하는 기능을 갖추고 있었다. 질감이 뛰어날 뿐만 아니라 기능성에서도 오늘날의 기와가 흉내 낼 수 없을 정도로 뛰어났다. 하지만 오늘날의 기와는 방수액을 발라 기와가 숨을 쉬지 못하고, 수분을 조

근암고택 사랑 담장 너머로 보이는 마을 앞 풍경

절하지도 못한다. 이 때문에 오히려 기와 자체의 수명도 매우 짧아졌다. 전통 가옥을 수리하면서 이런 기와를 사용할 수밖에 없는 현실은 참으로 안타까운 것이 아닐 수 없다.

대문채는 세 칸의 규모로, 대문의 양편에 문간방과 고방을 두었다. 아랫방 뒤편에는 폭 네 칸의 칸막이 없는 헛간이 있어 마구간과 곳간으로 사용했을 것으로 보인다. 안채에서 대문을 열면 전면에 마을 동산과 성주산이 보인다. 근암고택 안채는 3벌대의 기단 위에 잘 다듬은 방형 주

담장 마구리에 올라앉은 망와

춧돌을 기초로 놓고, 그 위에 기둥을 세운 5량 집의 홑처마 민도리집이다. 건물 평면은 두 칸의 대청을 가운데에 놓고 안방과 건넌방이 배치되어 있으며, 서쪽의 날개채에는 세 칸 크기의 부엌과 한 칸의 아랫방으로 되어 있다. 특히 건넌방의 한 칸이 대청을 가까이 두고 마루방으로 꾸며진 것이 특이하다. 건넌방 전면 아래에 함실아궁이를 두는 가옥이 많은데, 이 경우 건넌방 전면 툇마루는 대청마루보다 높게 설계하거나 난간을 둘 정도로 높아지는 것이 일반적인 방식이나 이 가옥에서는 건넌방 툇마루 아래에 함실아궁이를 두고 툇마루 높이를 대청마루와 같게 한 것이 특징이다.

양동良洞 수졸당守拙堂

중요민속자료 제78호 | 경북 경주시 강동면 양동리 212

11

• • •

수졸당守拙堂은 물봉골을 따라 조금 들어가다 왼쪽의 산길
로 가파르게 올라가 거의 동산 정상에 다다르는 지점에 위치하고 있다.
이언적 선생의 넷째손자 수졸당守拙堂 이의잠李宜潛 선생이 세운 고택
이다. 이 가옥의 건립에 대해서는 조선 광해군 8년(1616)에 처음 지었으
며, 영조 20년(1744)경 6대손 대사헌 양문당 이정규 선생이 사랑채를 늘
려 지었다고 전한다. 사랑 대청마루의 '수졸당'의 편액의 의미는 아무리
하찮은 일이라도 최선을 다하고 소중히 하라는 의미가 내포되어 있는
데, 현대를 살아가는 모든 이들에게 매우 귀중한 메세지이다. 사랑 온돌
방 상부에 걸려 있는 '양한당養閒堂'이라는 편액은, 사람은 항상 덕을 기
르는 일에 최선을 다하라는 의미다. 사람이 살아가는 방법으로 사물에
대한 중요성을 인식하고 항상 남을 배려할 줄 아는 사람이 되기를 기원
하는 이 집안의 가훈이기도 하다.

수졸당으로 가기 위해 가파른 언덕을 올라서면 조그만 기와집의 측
간이 먼저 보이고 왼쪽으로 사랑마당이 나온다. 남향의 '一'자형 사랑
채는 얼핏 하나의 건물처럼 보이지만 실은 사랑채와 대문채로 구성된

수졸당 사랑마당과 자연을 그대로 보존하려는 주인의 생각이 느껴지는 반원형 후원의 모습

두 개의 건물이다. 사랑채와 대문채가 약간의 지붕 높이 차이로 위계를 정하고, 사랑채 추녀에 이어서 대문채의 맞배지붕을 연접하고 있는 모습이다. 이는 경상도 지방에서 흔히 보이는 'ㅁ'자형 평면구조의 앞면을 가로지르는 형태에 해당된다.

건물의 배치는 'ㄱ'자형의 안채와 'ㅡ'자형의 아래채, 두 칸의 작은 'ㅡ'자형 대문채와 'ㅡ'자형 사랑채가 안채를 막고 서 있는 모습으로, 튼 'ㅁ'자형으로 되어 있다. 사랑마당에서 마을길을 내려다보면 서백당書百堂과 낙선당樂善堂이 건너편 언덕에 같은 눈높이로 보이고, 물봉동산의 잘 생긴 몇 그루 소나무들이 시야에 들어온다.

수졸당의 후원으로 가는 길은 사랑마당 앞에서 곡선의 담장을 따라 반원형으로 돌아 오르게 되어 있다. 안채 뒤편으로 텃밭과 넓은 후원이 동산을 이루고 있는 형태로, 산세를 따라 자연스럽게 담장을 두르

널찍한 후원의 풍경

고, 정원에 필요한 몇 그루의 나무만을 심어 그야말로 자연미가 물씬 풍긴다.

사랑채는 커다랗고 깨끗한 밝은 색 계통의 강돌을 외벌대로 쌓고, 대문채 기단은 막돌허튼층쌓기 공법으로 2벌대를 쌓았다. 돌의 크기로 단차이를 둠으로써 위계의 질서를 표현하고 있다.

사랑채의 온돌방은 단칸방으로, 전면에 머름대를 대고 그 위에는 2분합 띠살무늬 덧문으로 꾸며져 있다. 집의 가구는 민도리 소로수장집으로 되어 있다.

사랑채는 기단 아래 온돌방 앞쪽으로 커다랗고 둥글 넙적한 디딤돌을 하나 놓아 오르게 되어 있는 구조이며, 기단에 오르면서 바로 마루 앞에 조그마한 섬돌을 놓아 신을 벗고 툇마루 쪽으로 오르게 동선을 유도하고 있다. 여기서 눈여겨볼 물건이 하나 있는데, 기단을 오르는 둥글

넓적한 디딤돌이다. 아무리 보아도 거북이 형상임에 틀림없는데, 거북이 등을 밝고 사랑에 오르게 한 것은 무병장수를 기원하는 주인의 애틋한 소원일 것이다. 특히 비오는 날 사랑마루에 앉아 있으면 사랑마당에 물이 고여 거북이가 연못을 거니는 것 같으니, 조상들의 멋과 생활을 엿보게 하며, 작은 것에도 세심하게 배려 된 정성을 느끼게 한다.

사랑채의 규모는 네 칸으로, 전면의 다섯 개 기둥은 원주를 세워 고급스럽게 표현하고 있다. 공간 구성은 전면 두 칸과 측면 한 칸 반의 규모로, 종보의 동자주 아래에서 온돌방 앞으로는 툇마루를 두었다. 따라서 대청은 약 세 칸 규모이고 방도 세 칸 규모의 면적으로 되어 있다. 그리고 툇마루 끝에 판문을 달고, 그 옆으로는 대문채와 사랑채의 지붕선을 모아 붙이고 그 아래 협문을 두었는데, 얼른 봐서는 찾기 어려운 비밀스런 통로의 역할을 하고 있다.

사랑채의 가구 기법을 보면, 전면에 둥근 기둥을 세우고 보와 만나는 기둥머리에는 소로를 받친 첨차로 장여를 받치고, 보는 외부와 내부 등 글게 굴린 보아지를 대어 부드럽고 세련된 구조이다. 보는 둥근 목재로 자연스럽게 굽은 통나무를 약간만 모를 죽여서 5량 집의 종도리와 중도리를 받치고 있다. 마루도리인 종도리는 판재로 화반을 간략하게 조각하여 받치고 중도리도 판재로 넓게 받쳐 안정감 있게 표현하고 있다. 또한 온돌방이 대청과 만나는 방벽은 사방으로 창틀을 두르고 불발기 4분 합문을 두었다. 가운데 두 장의 문은 장석을 달아 놓았는데 이 문에는 출입문이 없이 3단으로 나눈 창틀에 상하는 맹장지를 바르고 가운데는 격자무늬를 촘촘하게 짠 창틀을 만들어 조형미를 주었다. 이 문도 사랑 대청에서 제사나 행사가 있을 때 천장에 들어열개식으로 열 수 있도록 만든 한옥의 가변 벽체이다. 등자쇠는 말굽 모양으로 도리와 연목에 걸

수졸당 사랑채 전경

동그란 세 개의 화반이 들어간 수졸당의 대문

대문채와 사랑채 이음부의 쪽문

'양한당' 편액이 걸린 사랑채 온돌방

자연의 아름다움을 느낄 수 있는 사랑대청에서 바라다 보이는 풍경

수졸당의 서정적인 불발기창과 툇마루

어 놓았다. 사랑대청 마루 후면은 머름판을 하단에 두고 바라지창을 두
칸에 2분합문으로 만들었다. 대청 옆으로도 같은 형식의 판벽에 판문을
두어 여름에는 두 방향의 판문을 열어젖히면 물봉골을 타고 올라온 시
원한 바람이 대청마루로 바로 닿게 하였다. 그 위 벽에는 수졸당이라는
편액이, 온돌방 상부에는 양한당이라는 편액이 걸려 있다.

　사랑채 옆으로 난 대문채는 건축적으로 매우 흥미로운 건물이다. 대
문의 전면 기둥 한 쪽은 방형기둥으로 보와 같은 크기의 보아지를 대고
첨차를 꾸몄으며, 한쪽은 원기둥에 이익공의 초각을 내고 주두와 첨차

생동감이 느껴지는 대들보의 곡선미

를 갖춘 매우 특이한 모습이다. 그 옆으로는 쪽마루 크기만큼 작은 폭을 가지고 있지만 쪽마루가 아닌 툇마루 구조로 되어 있으며, 대문 옆으로는 판문을 달아 통로로 사용하고 있다. 또 대문은 다섯 장의 넓고 긴 판재를 이어 붙여 만든 2분합문이며, 대문 상부에는 동그란 화반을 세 개 넣어 만들었는데, 도교의 삼원사상을 표현한 것이거나, 혹은 달이나 해가 대문으로 떠서 들어오는 형상으로 집안의 복을 기원하는 표현으로 만든 것으로 보인다.

대문을 들어서면 안마당을 거쳐 안채의 대청과 마주하게 된다. 안방과 안대청의 전면에는 퇴주退柱와 툇마루가 없으나 대청大廳의 후면에는 퇴주와 툇마루가 있고, 안방 후면의 퇴는 골방으로 꾸며져 있다. 안채의 기둥은 자연석을 주춧돌로 사용한 초석 위에 네모난 모양의 방주方柱로 되어 있다. 부엌은 두 칸이고 그 밑에 부엌방과 찬광(마루방), 한 칸의 광, 반 칸의 안측간이 'ㅡ'자로 연이어 있다. 이 부엌방과 찬광 바로 전면 안마당에는 장독대와 화단이 마련되어 있다. 아래채는 'ㅡ'자 다섯 칸 중 어간御間이 안대문이고, 북쪽 두 칸은 칸막이 없는 광이며, 남쪽 두 칸은 외양간과 방앗간이다. 방앗간에는 디딜방아 1기가 설치되어 있다. 안채 뒤편으로 넓게 펼쳐진 후원은 텃밭과 함께 뒷산을 집안에 그대로 이어 놓은 듯한 착각이 들게 한다.

향단 香壇

보물 제412호 | 경북 경주시 강동면 양동리 135

12

● ● ●

양동마을 초입에 들어서면 물봉동산을 배경으로 경사진 대
지에 지어진 커다란 기와집이 나타난다. 마을에서 가장 먼저 눈에 들어
오는 집이다. 이 고택이 향단香壇으로, 회재 이언적 선생이 경상도 관찰
사로 재직 중 어머니를 모시던 동생 이언괄에게 지어준 살림집이다. 양
동마을에는 보물과 문화재로 지정된 한옥이 많이 있지만, 향단은 그 가
운데에서도 가장 대표적인 고택이다.

마을의 지형으로 살펴보면 향단은 '물勿'자 형국에서 가장 앞쪽의 남
향한 줄기를 타고 자리한 모습이다. 안채는 길상자인 '일日'자의 평면 배
치로, 이 집만의 독특한 모습을 갖고 있는 것으로 유명하다. 옛 사람들
은 집안의 길흉화복은 풍수와 관련된다는 믿음을 갖고 있었는데, 건물
의 배치나 평면의 형태도 이런 풍수에 따르는 경우가 많았다. 예를 들어
일 만드는 '공工'자 형은 집안이 시끄러워서 안 되고, 주검 '시尸'자와 같
은 형태의 가옥 구조는 피하였다. 그리고 향단과 같이 해 '일日'자나 입
'구口'자는 길상자라 여겨왔다.

건물의 배치는 '일日'자의 형태로 보는 건축가가 있지만, 좀 더 자세히

계단이 없는 행랑채 대문간의 모습

보면 경상도 지방에서 일반적으로 나타나는 튼 'ㅁ'자형의 평면에 'ㄴ'
자 안채를 내부에 배치한 형태다. 배치만으로 보자면 사랑채와 부속채
가 안채를 포근히 감싸 안은 형태이고, 동선으로 보자면 달팽이처럼 안
쪽으로 깊숙이 안채를 보호하기 위해 말아 들어가는 모습이다. 그 만큼
안채를 중요하게 여기고 중심으로 삼은 구조다.

대문채는 안산인 성주산을 정면으로 마주보고 있다. 대문은 여러 판
자를 이어 붙인 2분합 대문으로 맞배지붕의 형태를 하고 있으며, 바로
옆에 사랑채로 오르는 문을 연결해 놓았다. 맞배지붕 형식의 사주문이
며, 가운데에 문을 단, 솟을대문 형식을 응용한 모습이다.

경사지를 이용한 행랑채는 4벌대로 자연석 허튼층쌓기로 만든 위에

정방형의 자연석 주춧돌을 세우고, 그 위에 네모진 방형 기둥을 세운 전면 아홉 칸 측면 한 칸 규모의 맞배지붕 형식이다. 중문 한 칸과 그 옆에 마루를 두고, 서쪽 맨 끝의 칸은 마구간으로 사용하고 있다. 특히 중문은 전면에 문으로 올라갈 수 있는 계단이 없고, 칸의 중앙에 두툼하고 넓은 판재를 이용한 2분합문을 기둥에 맞추지 않고 옆에 판벽으로 만들어 4분합문 형식의 간격으로 문과 벽의 폭을 유지하고 있다. 이 문은 상징적인 문이고 실제로 안채나 행랑채로 들어가는 문은 대문 옆에 붙어 있는 협문이다. 가운데 문의 문설주와 문지방을 고정하는 문골을 잡고 있는 직각부재는 둥근 모양으로 장식하고 꽃 모양의 장식으로 조형미를 보여준다. 이와 같이 장식된 문골인 직각 받침 부재는 궁궐 건축에서나 볼 수 있는 고급 가구 구조 방법이다. 그리고 문의 안쪽에는 화마로부터 건물을 보호하고자하는 염원으로 물 수水자를 대문 판자에 써 놓은 것이 매우 인상적이다. 화재에 열악한 전통 목조 건축물을 보호하고자하는 주

인의 간절한 소망인 셈이다. 한편, 중문 앞에는 나무 계단이 있었을 것
으로 짐작된다.

　중대문이 있는 행랑채의 외부 벽은 전부 판재를 이용하였다. 하인방
과 상인방 사이를 판재로 마감하고, 마구간과 같이 통풍이 요구되는 곳
은 상인방 바로 아래에 격자무늬 광창을 두어 조명과 통풍 역할을 하
게 했다. 또한 마구간 문으로 직접 출입이 불가능할 정도로 높은 기단
으로 인해, 말을 끌고 다닐 수 있도록 마구간 전면에 곡선으로 돌아가
는 경사진 길을 만들었다. 이는 다른 반가에서는 볼 수 없는 이 집만의
특징이다.

　행랑채 뒤편으로는 막돌 허튼층쌓기의 6벌대로 매우 높게 만든 정침
의 기단과 행랑채 추녀 사이로 중문 옆에 문을 달아 안채로 들어가는 길
이 있다. 이 길은 매우 협소한데, 중문 앞에 계단이 없거나 안채의 출입
문이 좁은 것은 안채를 보호하려는 의도이자 외부인이 쉽게 드나들지

향단 행랑채 판벽의 부드러운 멋

못하도록 하기 위함이다. 또한 복이 쉽게 빠져나가지 못하도록 하였을
가능성도 생각해 볼 수 있다.

정침은 행랑채의 중인방 높이까지 올라오는 기단 위에 자리하고 있
으며, 대문 옆의 협문을 통하여 높은 기단으로 올라가는 잘 다듬은 장대
석으로 7단을 놓고 사랑마당이 펼쳐진다. 마당은 마을 앞을 지나는 사
람들의 동정을 한 눈에 볼 수 있는, 그야말로 전망대와도 같은 위치에
있어서 가슴이 탁 트이는 느낌이 든다. 사랑마당 앞쪽의 올라오는 계단
옆에는 작은 텃밭이 꾸며져 있고 그 옆에는 석탑의 몸돌이 하나 있는데,
가옥의 일부 부재들은 사찰에서 사용하던 잘 생긴 장대석 등을 가져다
사용한 것으로 보인다.

정침의 북쪽 끝자락에는 일자형 별당을 꾸몄다. 마루 앞에 앉으면 조

행랑채 협문을 통해 사랑채로 연결되는 계단

그마하게 꾸며 놓은 아름다운 화단과 안강 뜰이 한눈에 들어온다. 전망이 일품이다.

사랑채는 동쪽을 향하여 마을을 내려다보고 있는 형국으로, 마을 논 건너 심수정의 정자와 성주산을 마주하고 내려다보는 지형에 자리하고 있다. 사랑채의 규모는 정면 네 칸에 측면 두 칸의 초익공 5량 구조로, 정방형으로 다듬은 주춧돌 위에 원기둥을 세우고 기둥머리는 주두를 두고 초익공의 가구에 보를 받치는 보아지를 받치고 있다. 보아지는 안쪽으로는 몰익공의 초각으로 부드러운 분위기를 주고 있으며, 안채 쪽으로 반쯤 들여 판벽을 만들고 툇마루를 두었다. 안쪽 벽 상부 중도리의 동자주 옆으로는 첨차를 받쳐 매우 정성들여 가구한 것을 볼 수 있다. 지붕은 팔작지붕으로 정면 좌우로 동쪽인 마당 쪽으로 박공면이 보이도록

사랑채 대청마루 가구 모습

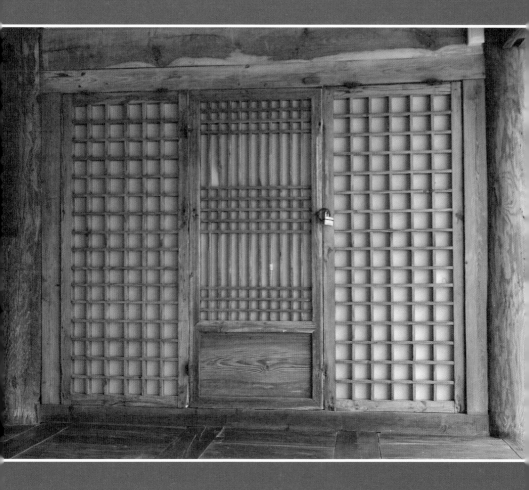

큰사랑채의 띠살과 넉살무늬 분합문

아침햇살을 받은 사랑채 대청마루

되어 있다. 특히 사랑채는 중보와 대들보를 받치는 화반 동자주와 마루대공을 받치는 파련대공이 매우 장식적이며, 파련대공은 판재를 여러 장 촉을 끼워 이어 만든 형식으로 첨차와 함께 매우 장중하게 장식되어 있다. 큰사랑채는 두 칸의 온돌방에 뒤쪽으로 받침을 두고 마당 쪽으로는 쪽마루를 꾸몄으며 그 아래 아궁이를 두었다. 큰사랑채의 방문은 들어열개 3분합문으로, 평소에 사용하는 문은 띠살을 3단으로 꾸민 외단이문이며, 그 좌우에 격자무늬 문을 달아 매우 조형적이고 부드러운 분위기를 연출하고 있다. 이 문은 사랑에서 큰 행사가 있을 때 천장의 등자쇠에 메달아 공간을 넓게 사용할 수 있도록 꾸며 놓았다. 그리고 대청마루 건너에는 한 칸 반 크기의 방을 두어 아버지가 거주하는 방으로 되어 있다. 방 아래는 머름판과 살창처럼 간략화한 난간이 있고, 파련대공은 둥근 기둥과 함께 매우 아름다운 한옥의 분위기를 느끼게 한다. 큰

모란꽃을 형상화한 사랑채 화반대공

사랑채의 마루는 아침의 부드러운 햇살이 성주산 꼭대기를 넘어서면서 제일 먼저 닿는 곳이다. 밤에는 달이 성주산 허리를 휘감아 사랑마루와 마당이 대낮처럼 밝게 빛나는데, 그런 날의 장엄한 분위기를 보는 것은 아름다움을 넘어 감격스럽기까지 하다.

사랑 대청의 후벽에 붙은 바라지창을 열어젖히면 안채의 개방감을 확보할 수 있도록 되어 있다. 바라지창이나 사랑채는 안채 쪽으로 대청의 반 칸을 들여 툇마루를 두었다든지, 큰사랑 옆으로 작은 대청을 두는 등 안채와 무단히 가깝게 하려는 의도가 곳곳에서 보인다. 남녀유별을 유난히 강조하던 당시로서는 거의 불가능한 모습 같이 보이나, 이언괄 선생이 부모님을 모시기 위해 지은 집이라는 건립 당시의 상황을 생각하면 이해가 간다. 안채에 계신 어머니와 어떻게든 조금이라도 가까이 갈 수 있기를, 조금이라도 더 가까이서 모실 수 있기를 소망하는 간절한

사랑 대청마루에 비치는 부드러운 아침햇살

효심이 건물로 표현된 것이다.

안채는 사랑채 건넌방 옆의 추녀 아래로, 약간 벌어진 공간을 통해 들어갈 수 있도록 되어 있다. 그리고 사랑 뒤편의 안채 중문을 통하여 안마당으로 내려서도록 동선을 만들어 놓았다. 안마당에 들어서면 매우 협소한 느낌이 드는 면적이지만, 사랑채 툇마루와 큰사랑 옆으로 난 대청으로 인해 비교적 넉넉한 공간감을 갖도록 구성되었다. 특히 행랑채의 지붕이 안채 마루에서 생활하는 아녀자들의 보호를 위해 막아지는 배려도 잊지 않았다. 안방은 앞에 쪽마루를 달고 남쪽으로는 난간을 갖춘 넓은 대청을 만들어 비교적 아늑하고 한가로운 여가를 즐길 수 있도록 했다. 안방에 반침이 없는 대신 대문 옆으로 반침을 두어 가사에 필요한

안채 중문으로 가는 추녀 아래 통로

도구들을 저장하도록 하였다. 안방의 규모는 정면 두 칸에 측면 한 칸 반의 크기이고, 뒤편으로 부엌의 아궁이를 꾸며 놓았다. 이 아궁이는 안대청 서편에 있는 상방에도 불을 지피는 아궁이를 겸하고 있다. 대청 앞으로는 행랑채의 지붕선이 앞을 가리고 있는데, 비가 오는 날에 지붕을 타고 내리는 하얀 빗줄기와 기와를 타고 내려오는 빗물이 흐르는 모습은 매우 서정적인 풍경을 보여준다. 그러나 행랑채는 복원하면서 너무 정침에 붙어 있어 폐쇄적인 공간으로 변해 버린 안타까움이 있다.

고방 쪽의 첫 번째 칸은 다락으로 오르는 계단이 있는 기둥 사이에 디딜방아를 놓아 곡식을 정미하고, 두 번째 칸은 바깥쪽으로 벽에 문을 달아 대문에서 사랑채를 거쳐 들어오는 통로로 사용하고, 담장 아래 위치한 측간으로 다니는 문을 꾸며 놓았다.

안방은 '아표'자형 미닫이문으로, 하단부에 청판을 단 외닫이 띠살무늬 문이다. 더운 날 이 미닫이문을 활짝 열어 놓으면 넓은 대청과 함께 개방감을 느낄 수 있도록 꾸며져 있다. 그리고 중문과 큰사랑채 옆의 마루에 붙은 바라지창이 일직선상에 놓여 있어 문을 열면 중문으로 들어온 시원한 바람이 안마당을 거쳐 후원의 언덕으로 넘어가게 되는데, 실내의 데워진 공기가 상승 기류를 타고 빠르게 빠져 나가면서 안마당으로는 들판의 시원한 바람이 유입되도록 꾸며져 있다. 그리고 겨울에는 뒷산과 높은 후원이 낮게 스미는 찬 공기를 막아 냉기를 줄여주는 효과도 있다. 자연의 원리를 건축에 잘 활용한 사례가 아닐 수 없다.

안채와, 이를 감싸고 있는 날개채의 추녀 아래에 있는 통로를 지나면 부엌이 있는 중정이 나온다. 서편에 있는 날개채는 하부가 개방된 중층 구조로, 네모나고 큼지막한 막돌을 이용하여 그랭이질한 둥근 기둥으

큰사랑에서 본 안방

로 누상주를 받치는 구조로 되어 있다. 둥근 기둥의 선이 회랑과 같은 기능을 하고 있으며 북쪽 끝으로는 두 칸의 고방을 두고 음식을 하거나 저장하는 항아리들이 있으며, 상부에는 다락을 두어 부엌 살림살이를 수장하도록 되어 있다. 이 고방의 벽은 판재를 이용하여 판재 사이로 환기 통풍이 되는 가구법을 쓰고 있다. 회랑과 같은 날개채의 아래 부분은 단을 낮추어 행랑채의 마구간과 개방적인 공간으로 되어 있다. 그리고 서쪽 벽은 판벽으로 벽에 판재를 이용하고 듬성듬성 맞추어진 나무 틈 사이로 햇살이 들어 조명 없이도 밝은 공간을 유지하게 하였다. 특히 회랑의 상부는 음식을 보관하거나 제사 등의 큰 행사가 있을 때 부엌에서 만든 음식을 임시로 보관하는 장소이기에 중정 쪽으로는 통풍이 잘 되도록 살대를 꽂아 난간의 역할을 하도록 마무리하고, 여기 올라가는 계단으로는 단널을 대고 널판으로 고정한 계단을 경사지게 놓았다. 여기에 두 짝의 판문을 달아 안전하게 음식을 보관할 수 있도록 조치했다.

수장고 아래 디딜방아간과 통로

음식을 보관하는 수장고로 사용하는 누마루방

　안채의 후원 쪽으로는 건넌방과 같은 개념의 건물이 이어져 있다. 평면 구조를 살펴보면, 큰사랑채와의 사이에 한 칸 크기의 마루와 두 칸의 방이 있고, 이어서 한 칸의 마루와 한 칸의 방이 연속적으로 이어진다. 그 끝인 서편에는 아궁이가 있는 고방이 자리하고 있다. 건넌방의 큰방과 큰사랑채에 딸린 대청은 우물마루로 되어 있으며 연등천장의 천장가구를 보면 3량 집의 대들보 끝에 모접기 한 동자주형 대공을 세우고 소로를 받쳐 마루도리와 장혀를 받치고 있다. 이와 같은 형태의 공포는 조선 전기 건물에서나 볼 수 있는 양식으로, 민가에서는 아산의 맹사성 고택 동자주와 같은 모양이다. 매우 단아하면서도 세련미를 주는 기법으로 고부재와 신부재의 색깔 차이에 의해 더욱 선명하게 나타난다. 건넌방 안채까지도 둥근기둥을 사용하여 일반 반가에서는 볼 수 없는 매우 고급 건축 재료의 양식을 사용하고 있다.

　부엌 쪽으로 난 작은 방 창문의 모습이 매우 특이한데, 중인방과 하인방 사이에 창틀을 만들었다. 방바닥과의 높낮이를 조절하여 방 안쪽의

물 '수'자를 넣어 화마를 막으려는 중문

모습은 밖에서 잘 보이지 않게 하고, 시선 높이에서 채광이 되게 함으로써 조명이 없던 당시에 책상 높이 정도에 많은 빛을 받도록 하였다. 창문은 기둥과 기둥 사이에 딱 맞게 맞추어져야 작은 골목 같은 안채 통로를 다니면서 옷이 걸리는 불편이 없게 되는데, 여기서도 창틀 크기를 맞추기 위하여 하인방에 인방 두께의 네모난 부재를 받치고 띠살무늬 2분합문을 달았다. 이렇게 만들어진 창문은 텔레비전을 보는 것처럼 재미있는 인상을 주며, 가운데 수직 중설주를 세워 이곳에 문고리가 걸리도록 하고 있다. 이런 기법은 조선 중기까지 사용되던 방법으로 오래된 전통 창문 가구 기법이다.

이 가옥의 안채는 기둥이나 창틀 부재의 모서리를 깎아 모양을 내거나, 좁은 면이나 둥근면을 대패로 치는 모접기와 모서리나 면을 모양지게 깎아서 장식하는 쇠시리 공법이 사용되어 매우 고급스러운 분위기를 표현하고 있다. 특히 부재에는 부재의 중심부에 대패로 홈 줄을 파서 장식하는 쌍사면 깎기를 하여 장식적인 모습을 하고 있다. 그러나 안타

건넌방 큰방의 덧문과
미닫이문

귀엽고 앙증맞은
작은 방의 창문

깝게도 최근에 보수된 부재들에서는 이러한 기법을 사용하지 않았다. 우리 전통 한옥은 현대 건축처럼 외부로 장식적인 모습을 과감하게 노출시키는 것이 아니라, 은은한 멋으로 자신을 표현하는 아름다움을 갖추고 있다는 사실을 알았더라면 좀더 신중하지 않았을까 싶다.

안채의 마루대공도 매우 인상적인데, 이언적 선생이 사셨던 옥산 독락당의 마루대공과 똑같이 솟을대공이 큰사랑과 연결되는 대청의 대들

실루엣이 아름다운 큰사랑채의 문

보 위에 있다. 이는 이언적 선생에 의해서 지어진 향단과 독락당이 같은 기술자, 혹은 같은 기술을 습득한 도편수에 의해 지어진 것임을 짐작케 한다.

향단의 후원은 매우 크고 넓은 공간으로, 예전에는 물봉동산으로 가는 담장 아래 만들어진 협문이 있었다고 한다. 향단은 외부의 모습이 매우 개방적일 수밖에 없는 지형에 위치해 있기 때문에 내부 공간을 폐쇄적으로 만들어 아늑한 분위기를 얻으려는 노력이 돋보이는 건축물이다. 독특한 평면 구성을 보여주는, 그래서 자료적 가치가 매우 높은 건축물이기도 하다.

아쉬운 것은 넓은 뒷산의 담장 영역에 있던 사당 자리가 주춧돌만 덩그러니 있는데, 이곳에 사당이 있으면 금상첨화 일 것이 분명하다.

韓屋의 美

---

4 경주 다른 고택들

경주 교동최씨고택 | 독락당

경주 다른 고택들

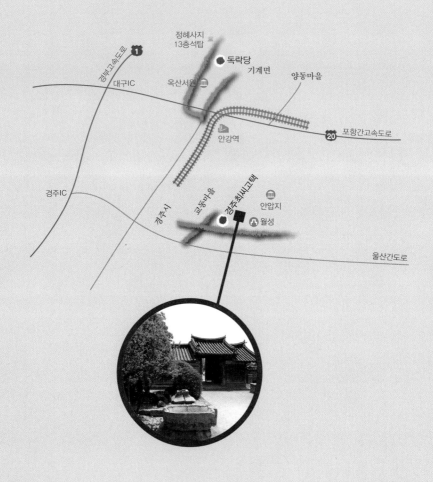

정혜사지
13층석탑

독락당

기계면

양동마을

경부고속도로

대구IC

옥산서원

안강역

포항간고속도로

경주IC

경주시

교동마을

경주최씨고택

안압지

월성

울산간도로

경주 교동최씨고택 慶州崔富子屋

중요민속자료 제27호 | 경북 경주시 교동 69

1

• • •

경주의 월성 서편에는 교동校洞이라는 마을이 있다. 신라 때 국학이라는 학교시설이 있었던 마을이며, 지금의 경주향교가 그 터라고 알려진 유서 깊은 마을이다. 또 마을 끝자락에는 월정교라는 신라시대의 석교石橋 터가 전하는데, 학교 교육에서는 효불효교로 더욱 유명한 다리이며, 최근 신라시대의 모습으로 복원하는 공사가 한창 진행 중이다. 과연 신라시대의 원형을 복원할 수 있을지 의문은 되지만, 역사 유적을 복원하여 후손들에게 전해줄 수 있다는 것만으로도 커다란 의미를 갖기에 충분하다.

　이 유서 깊은 마을에는 '경주 최부자집'으로 널리 알려진 최씨의 종가도 있는데, 신라시대 요석궁이 있던 자리라고 전하는 곳에 위치하고 있다. 교동은 이 최부자집을 비롯한 몇 채의 한옥들이 마을의 유구한 역사를 이야기해 주는 곳이자 흙담에 기와를 얹은 담장들이 아름답고 인상적인 동네다. 나는 이 마을에 다니면서 담장을 바라보는 버릇이 생겼다. 담장에는 흙과 함께 신라시대의 기와조각, 토기조각, 그리고 조선시대 도자기조각 등 많은 역사 유물이 함께 담장 흙에 쌓여 있

경주 최부자집 솟을대문

다. 담장에만 유물이 있는 것은 아니다. 최씨고택 안마당에는 신라시
대 절터나 건물터에서 사용했을 법한 주춧돌과 장대석 등 많은 석조물
이 조경석으로 사용되고 있어서 이 또한 즐거운 감상거리가 아닐 수 없
다. 그래서 박물관 다음으로 즐겨 찾는 장소가 되어버렸다.

마을 안쪽 넓은 골목길 안쪽에 경주최씨 종가댁과 소종가의 대문이 시
선을 가로막는다. 종가댁은 현재 9대째 대대로 살고 있으며, 1700년경 이
가옥을 지었다고 하지만 확실한 시기는 알 수 없다. 지금 집을 지키는 이
는 종손이 아닌 관리인이며, 옆집인 소종가는 교동법주라는 전통주를 대
代 이어 생산하고 있다.

교동에는 여러 채의 기와 고택이 있는데, 경주최씨들의 터전이다.
고택과 고택 사이의 골목길에 현대식 건물들이 난립하여 정신이 없던

문간채의 역사를 알리는
망와

사랑마당에서 본 문간채

우직한 머슴 어깨의 당당함이 느껴지는 곳간문

나무결의 단아한 느낌이 느껴지는 문간채

사랑채 풍경

사랑채 기단 옹기 굴뚝의 자연미

사랑마당과 솟을대문

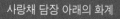

사랑채 담장 아래의 화계

이 집에서 가장 높고 커다란 건물인 고방채

시선을 차단하는 판벽을 꾸민 안채 중문

것을 최근에 정비하였다. 이제는 기와집과 향교 등의 고택들만 남아 경주의 새로운 답사 명소로 거듭나고 있다.

　이 마을에서 역시 으뜸인 것은 경주향교의 건축물이고, 살림집으로는 경주최씨 종가댁과 소종가의 고풍스러 기와집이다. 경주최씨 종가댁은 사랑채, 안채, 대문채 등으로 이루어져 있는데, 그 중 대문채(문간채)는 중요민속자료 제27-1호로 지정되었으며, 작은 방과 큰 곳간이 있다. 문간채에는 솟을대문을 두고 청지기방을 비롯한 네 칸의 곳간이 딸려 있다. 곳간마다 문의 모양과 크기가 다른데, 이는 모양에 따라 넣는 물건도 달랐음을 짐작케 한다. 외형적으로도 모두 단순하고 똑같은 크기와 모양이 아니어서 변화에 따르는 다양한 아름다움을 느낄 수 있다.

　외벌대의 기단 위에 자연석 주춧돌을 세우고 둥근 기둥을 이용하여

중문에서 바라본 트인 'ㅁ'자형의 안채 풍경

민도리집의 맞배지붕 가구 구조를 하고 있다. 특히 창고채나 문간채의
둥근기둥이 주목을 끄는데, 이러한 사례는 좀처럼 보기 드문 것이다.
곳간의 벽은 판벽으로 되어 있는데, 2분합 곳간문은 얼마나 자주 열고
사용하려 했는지 문지도리가 힘쓰는 머슴 같은 모습으로 튼튼한 어깨
를 자랑하고 있다. 문짝은 두툼한 소나무 판재를 이용하여 단순하면서
도 기품이 느껴지는 멋을 자랑한다.

대문에 들어서면 바로 정면에 작은 정원과 사랑채가 있고, 좌측인
서편으로는 잘 생긴 장대석 기단과 주춧돌이 있는 정원이 자리하고 있
다. 본래는 별당이 있던 자리다. 문간채와 사랑채 사이의 마당에는 아
름다운 꽃과 잘 생긴 나무, 옛날 신라시대 어느 사찰에서 사용했을 탑
재와 주춧돌이 오밀조밀 아름다움을 뽐내고 있다. 반면에 맞배지붕의

중문채 사이로 난 뒤뜰로 가는 협문

앙증맞은 화계가 있는 안마당 풍경

커다란 곳간 앞에는 넓은 마당을 그대로 두어 시원한 공간을 표현하고 있다. 예부터 농업을 주로 하던 우리 조상들이 살던 한옥의 마당은 단순한 공간이라기보다 집안의 대소사를 치루는 지붕 없는 실내 공간으로 집안의 번성함과 비례하여 그 크기가 정해졌다. 그런 면에서 경주 최씨 종가의 넓은 마당과 커다란 고방채는 이 집안의 번성을 상징하는 것이다.

중요민속자료 제27-2호인 최씨 종가의 창고(=곳간) 벽은 햇빛이 잘 들고 통풍이 잘 되도록 판벽으로 되어 있으며, 박공 부분인 지붕 양쪽 옆면에 바람막이판인 풍판을 달아 고풍스러움을 더해 준다. 전면 다섯 칸에 측면 두 칸의 크기로 하단은 판벽으로 되어 있고 상단은 통풍창과 회벽으로 되어 있다. 이 곳간은 최씨 부자댁의 생활 법도와도 관계되는 건물로 곳간 건물로의 건축학적 의미도 우리나라의 대표적인 건물이다.

사랑채는 문간채의 맞은편에 있었으나 별당과 함께 1970년 11월 화재로 전소되었다가 최근에 복원하여 원래의 모습을 되찾았다. 복원한 건물의 나무 재료들이 세월의 표현이 없어서 인지 현대식 느낌이 강하다. 본래의 모습이 지금의 모습이었는지 알 수 없으나, 사랑에 사용했던 오래된 주춧돌과 사랑 앞 정원에 놓여 있는 많은 석재들이 옛 풍경을 자아내고 있다. 특히 연화蓮花 모양의 돌로 된 수반에 물이라도 모아지는 날 사랑채에 앉아 서라벌 달빛이 연꽃에 휘영청 뜨면, 연꽃에 감싸 안긴 모습의 경주 달밤이 참으로 아름답다.

사랑채는 잘 다듬은 장대석을 이용하여 기단을 쌓고 그 위에 덤벙주초에 네모기둥을 세워 팔작지붕으로 꾸며 놓았다. 사랑채 네 칸의 반은 대청이요, 반은 온돌방이다. 띠살무늬 덧문과 격자형 미세기가 함

안채 날개채 미닫이문의 아름다운 창살

께 딸린 사랑방의 창문은 홍송의 나무결이 예쁘게 표현된 머름판 위에 가지런히 꾸며져 있다. 미세기문에 창살을 하나씩 더 대어 꾸밈으로써 튼튼한 느낌을 준다. 툇마루가 딸린 사랑마루에 걸터앉아 눈으로는 예쁜 꽃밭과 하늘에 떠가는 구름을 감상하고, 코로는 법주를 만들기 위해 누룩 띄우는 냄새를 맡고 있노라면 생활의 여유를 갖게 되고, 거기서 한옥의 참 멋도 느낄 수 있게 된다.

　사랑의 마루 끝에 앉아 마당을 바라보면, 연화형 수반 너머로 반듯한 솟을대문이 보이고, 우측으로 작은집과의 경계를 이루는 기와 담장 아래 정원이 눈에 들어온다. 별당이 있던 터에 잘 꾸며진 화계와 기와 토석담이실 어울려 차분한 분위기를 느끼게 한다. 이 담장에는 수키와 두 장을 겹쳐 만든 작은 구멍을 두어, 두 집안 간의 소통 수단으로 이용

건넌방으로 연결되는
개성적인 판문

둥근기둥과 조화를
이루는 안채의 대청마루

하던 삶의 지혜를 느끼게 하는 멋도 표현되어 있다. 사랑채와 사랑채
사이에 있는 이 담장 구멍은 형님 동생 간의 비밀스러운 대화의 창구이
자, 형제간에 맛있는 먹거리나 반가운 손님이 오면 서로 연락하여 공유
하는 마음을 전하는 창구였을 것이다.

'ㄱ'자형 사랑채 누마루 아래를 왼편으로 돌아들면 긴 행랑채의 한쪽
곁에 중요민속자료 제27-3호인 안채로 드나드는 문이 나타난다. 안채
는 논산 윤증고택이나 예산 대술 수당고택들과 같이 사랑마당에서 직

사당의 단아하고 엄숙한 분위기

교동법주로 유명한 최씨 소종가의 사랑마당

1 따스한 봄날의 평화로운
  안채 후원
2 안채 안방 뒤편 툇마루와 협문
3 사당으로 가는 인상적인 길

잘 다듬은 장대석 기단을 갖춘 사랑채

접 안채가 보이지 않도록 전면에 나무 판벽을 두어 오른쪽으로 돌아 들어가게끔 만들어 놓았다. 그러나 이 판벽으로 인해 안채가 전혀 안 보이는 것은 아니다. 빼꼼이 보이도록 하여 다음 장면에 기대를 모으고, 장차 나타날 모습에 대한 기대감과 신비감을 드높이려는 기법이 돋보인다. 저고리 아래로 보이는 여인내의 겨드랑이로 가슴 설레는 장면을 표현하는 모습과 같다. 이것이 한복과 한옥이 공유하는 우리만의 멋과 아름다움이다.

　안채의 전체적인 평면 구성은 트인 'ㅁ'자형이나 실제로는 몸채가 'ㄷ'자형 평면을 가지고 있고, 'ㄱ'자형 사랑채와 'ㅡ'자형 중문채가 어

사랑 기단 아래로 연결된
허튼 굴뚝

울려 현재의 평면구성을 보이고 있다. 안채로 들어가는 중문에 한걸음
씩 다가서면서 점차적으로 보이는 아래채의 모습에 이어 건넌방이 나
타나고 전면의 모습이 다 보일라치면 장독대가 안마당 가운데를 가로
막아 조금은 수줍은 듯 안채의 모습을 한꺼번에 다 보여주려 하지 않는
다. 장독대 너머 비스듬히 보이는 시야로 잘 다듬은 장대석을 기단으
로 삼고, 그 위에 초석과 둥근기둥을 세워 큰 대청을 중심으로 오른쪽
에 안방 세 3칸이 나타난다. 이것은 보통 안방을 서쪽에, 대청을 오른
쪽에 배치하는 형식에서 약간 변형된 형태로, 안방을 중심으로 아래채
쪽으로도 마루를 꾸민 것이 특징이다. 아래채로 연결되는 마루의 바라
지창을 열면 별도로 독립된 후원이 나오고 이곳에 연결된 협문의 하나
는 사랑채 뒤편과 직접 연결된다. 바깥주인이 하인들에게 보이지 않고
뒤뜰 협문을 통해 출입할 수 있도록 배려한 것이다. 또 이 문은 사당으
로도 연결되어 사당에 불천위 제사를 지낼 때 사랑채 대청으로 안채 부
엌에서 만든 음식을 손쉽게 들고 나를 수 있도록 했다. 편리성이 돋보이
는 공간 구성이다. 따라서 부엌이 평면의 가장 오른쪽에 자리 잡고 있으

사랑으로 드는 손님의 시선을 차단하는 쪽담의 예술적 감각

며 부엌 아래쪽으로는 방과 광을 두었다. 대청 왼쪽에는 건넌방 두 칸, 대청, 방 두 칸을 배치하였고, 각 방과 대청에는 툇마루가 딸려있어 뜰에 내려가지 않아도 방과 대청 사이를 직접 연결하게 구성하였다.

중대문에 들어서면 안채 기단이 신라의 왕경 유적에서나 볼 수 있는 잘 생기고 긴 장대석을 2벌대로 쌓고, 그 기단 위에 다시 군더더기 없이 처리한 섬돌의 장대석이 보인다. 잘 다듬은 기둥들의 직선은 조선시대 선비의 삶을 느끼기에 충분한 표현이다. 반듯한 생활신조를 가훈으로 내려 전해오는 이 집안의 가풍과 직선적인 기둥, 보, 마루 등 어디 하나 거칠 것 없는 가옥 구조의 선율이 무관치 않다. 덧문을 열면 기둥과 기둥 안에 반듯이 일치하여 문고리에 걸리지 않고 쪽마루를 걸어 다니기에 불편하지 않도록 배려된 한옥의 세련미도 일품이다. 또 '아랫'

자 무늬의 미세기가 함께 달려 겨울과 여름에 사용하는 두 기능의 문은 그 역할을 성실히 수행하고 있으며, 날개채는 머름 없이 문지방으로 처리된 것이 인상적이다. 안채의 대청마루는 건넌방으로 연결되는 문과 바라지창이 흥미롭다. 특히 안채는 앞 퇴에 반듯한 주춧돌과 둥근 기둥을 세워 지붕을 높이고 기둥 위에 보아지를 꾸며 화려하지 않지만 장중한 분위기를 자아내고 있다. 대청의 북쪽 벽은 나무로 만든 판벽에 머름을 드린 궁판과 널판에 중대를 보강하여 국화정을 장식한 커다란 바라지창을 두고 있다. 남부지방의 주택에서나 있음직한 여름을 위한 대비로 볼 수 있는 판벽과 바라지창의 구성이다. 동쪽에 있는 상방으로 연결되는 문도 넉살무늬창에 창호지를 바르는 방식의 일반적인 창호 처리가 아닌 바라지창과 같은 모양의 넌출문을 달아 특이한 모습을 하고 있다. 특히 대청마루의 둥글고 날렵하여 용이 움직이는 것 같은 대들보는 툇마루까지 연결되어 둥근 기둥과 잘 어울리는 모습이다. 이 대들보는 기둥이나 도리 등 다른 목재 부재와는 다르게 약간 밤색에 가깝고, 방금 누군가 들기름이라도 발라 닦아 놓은 듯한 느낌이어서 직선적인 이 집의 전체적 느낌과 더욱 어울리는 아름다움을 나타내고 있다.

국화정이 달려 아름답게 꾸며진 안방 마루의 넌출문을 열면 대청마루 뒤편으로 후원을 두고 뒷동산으로 다닐 수 있는 일각의 협문이 있다. 한옥에서는 이와 같이 집 뒤로 협문을 달아 안채에 사는 여인과 아이들이 뒷동산으로 나가 자연을 느끼며 산보할 수 있는 기능을 마련하고 있다. 그러나 한편으로는 사회적으로 혼란한 시기에 집안에 우환이 생겨 급히 몸을 피신해야 하는 상황이 발생하면 비밀 통로로 활용하기도 하였다고 한다.

후원 동쪽으로는 조그마한 채마밭을 두어 집 안에서 간단한 채소들을 심어 먹을 수 있도록 하였고, 북쪽에는 2단으로 정원을 꾸미고 사계절 감상할 수 있는 다양한 꽃과 나무들을 심었다. 장대석으로 2단의 화계를 만든 것은 민가 주택에서는 보기 드문 경우로, 궁궐의 주택이었던 연경당이나, 경복궁의 후원인 아미산이 대표적인 화계의 예이다. 이러한 화계는 가옥의 가장 깊숙이 살고 있는 여인과 아이들의 정서 생활에 중요한 부분으로, 바깥주인의 특별한 노력으로 넓고 화려한 정원을 만들었을 것으로 생각된다.

이 가옥의 안채는 문 위의 상인방 사이를 높이고 하얀 회벽으로 마감한 면을 넓게 확보함으로써 어두운 나무의 색과 하얀 회벽의 비율이 잘 어울려 깨끗한 느낌을 주고 있다. 더욱이 방 위에 다락을 두어 여기에 창문을 두는 예가 많이 있으나 이 가옥은 벽으로 마감을 함으로써 더욱 그러한 느낌을 들게 한다.

안방과 부엌이 연결되는 서쪽의 날개채에도 한 칸 크기의 별도 대청마루를 두어 안방을 중심으로 마루로 둘러쳐진 구조를 이루고 있으며, 여름에 바라지창을 열어 놓으면 안방은 별도의 정자처럼 느껴지는 특별한 공간 연출을 하게 된다. 이 날개채의 뒤쪽으로 툇마루나 대청을 열면 기와 담장이 앞을 막고 별도의 작은 공간이 나타나는데, 담장의 높이는 서면 사당 앞 정원의 아름다운 나무들과 꽃들을 감상할 수 있으며, 앉으면 멋진 소나무의 모습을 감상할 수 있다. 이곳은 안주인만의 독립적인 마당으로 사랑채와 뒤뜰로 연결되는 비밀통로이면서 이 집에서 가장 깊숙한 공간이다.

이 마당의 협문을 통하거나 사랑채 뒤편으로 돌아가면 사랑채와 약간 비켜선 축으로 가묘家廟로 향하는 길이 나온다. 안채 서북쪽에 별도

사랑마당의 아름다운 꽃과 문간채 기왓골의 어울림

로 마련한 이 맞배지붕의 사당 건물도 인상적이다. 사당은 일반적으로 불천위를 모시는 장소로 삼문에 세 칸의 공간을 가지며 맞배지붕으로 구성된다는 법도를 지키고 있다. 특히 위치에 대해서는 집에서 가장 높은 위치에, 가능한 동쪽 방향에 지어 놓는 것이 일반적이다. 그러나 이 집은 대지가 평지이기에 가장 뒤쪽으로 방향을 하고 있다. 주좌를 갖춘 주춧돌을 이용하고 그 위에 원기둥을 배흘림으로 깎아 세우고 소로를 수장하는 방법으로 되어 있다. 대부분의 사당은 간단한 가칠 정도나 혹은 화려한 단청으로 채색하는 경우도 있으나 이 집은 나무결을 그대로 살리고 소로를 받치는 정도로 장식을 하여 장엄함과 엄숙함을 차분하게 표현하고 있다. 규모는 정면 세 칸 측면 한 칸의 크기로 반 칸을 뒤로 물려 앉히고 가운데 어칸은 기둥 간격을 넓혀 2분합 넉살무늬 창이 달린 넌출문을 달고 좌우로는 한 칸의 넌출문을 달았다. 규모는 작지만 사찰의 대웅전과 같이 커다란 건축물에서 표현되는 건물의 중심 기둥 사이인 어칸의 폭을 넓히고 좌우 칸을 좁게 하여 위계성을 표현하는 기법을 쓰고 있다.

한편 경주 최씨고택 옆에 자리 잡은 중요무형문화재 제86-다호인 교동법주를 만드는 최씨 댁은 교동마을에서 법주를 생산하는 집으로 꼭 보아야 한다. 최부자댁 옆에 자리하는 이 집은 '一'자형 대문채와 'ㅁ'자형 안채로 구성되어 있는데, 한옥을 이렇게 예쁘게 꾸밀 수 있구나하는 감탄이 절로 나온다. 거기에 심어진 꽃들이 토종이냐 아니냐는 차후의 문제이다.

대문채는 한 켠에 대문을 달고 사랑마당과의 높이 차이에 의해 부분적으로 지붕의 높이를 높이지 않고 지붕의 일부를 줄여 표현하고 있다. 이는 지붕을 높이자니 옆 건물과 조화를 이루지 못하기에 지붕을 평대문으로 하고, 사랑마당과 높이 차이를 이용하여 지붕의 일부분을 생략함으로써 대문의 위치가 쉽게 표현되고, 대문의 높이 차이로 인하여 사랑채의 안 부분이 쉽게 눈에 띄지 않아 사생활을 보호 받을 수 있다는 도편수의 묘안에 의해 만들어진 것으로 보인다.

독락당 獨樂堂

보물 제413호 | 경북 경주시 안강읍 옥산리 | 1600-1

2

• • •

영천에서 포항으로 가는 국도를 따라가다 보면 안강읍에 가까이 다다르기 직전, 북쪽으로 옥산서원玉山書院을 안내하는 커다란 표지판이 보인다. 이 표지판을 따라 좁은 길로 들어서면 좌우의 송림 사이로 멀리 마을 하나가 나타난다. 지금은 도예공방과 전통 찻집이 마을로 들어오는 길목에 있어 수많은 사람들이 이곳을 찾고 있음을 짐작하게 한다. 이곳은 회재 이언적 선생의 제사를 받드는 서원으로, 자계천의 물이 독락당을 거쳐 옥산서원에 와서는 크고 작은 폭포를 만들어 독락당의 계정에서 보던 평화로운 물길은 이 곳 앞에서는 에너지를 발산하는 트림을 하고, 다시 마을 앞에서는 조용히 흘러내려가는 형상이다. 독락당을 답사하기 전에 옥산서원을 답사하는 것도 바람직하다. 옥산리는 정혜사지 13층탑과 절터가 있는 마을로, 자연 경관이 뛰어나고 오랜 역사를 간직한 마을이다. 또 옥산서원은 우리나라에서 몇 안되는 비교적 큰 규모의 서원으로, 동방오현이신 이언적 선생을 기리기 위한 서원이자 후학들을 위한 교육의 장이다. 빼어난 풍광과 잘 갖추어진 한옥의 묘미를 느끼기에도 충분하다.

옥산서원 앞의 자계천

옥산서원 옆을 흐르는 자계천은 그 풍광이 그지없이 아름답기로 유명하다. 1531년(중종 26)에 이언적 선생은 옥산정사 독락당 주변 경승 10곳을 명명하여 사산오대四山五臺와 용추라 하고, 경승지마다 글을 남기니 그때 쓴 글들은 보물 제526-2호로 지정되어 있다.

옥산서원 관람을 마친 뒤에는 바로 독락당으로 갈 것이 아니라 사산오대를 감상하면서 계곡을 따라 천천히 올라가는 길이 좋다. 그 끝에 독락당이 있다.

독락당은 이언적 선생이 정치를 접고 낙향하여 지은 집의 당호로, 사랑채로 사용하던 곳은 옥산정사로 명명하고 있다. 독락당은 무엇보다 한옥과 자연의 만남, 그 합일의 궁극을 보여주는 건축물이다. 어떻게 건물을 지어야 자연과 가장 잘 어울리는가를 실증적으로 보여주는 건물이다. 특히 옥산정사 뒤편의 계정을 중심으로 한 영역과 자계천의

옥산서원 강학당

어울림은 압권이다. 또 살창으로 된 옥산정사 옆 담의 일부는 계류와
바람을 직접 느끼고, 그것과 하나가 되고자 했던 선생의 마음을 잘 표
현하고 있다.

　독락당은 우선 마을 뒤로부터 흐르는, 한 발로 뛰어 넘을 만한 작은
계류를 집 앞으로 흐르게 하여 깨끗한 물로 그릇된 일들을 씻고자하는
벽사의 의미를 부여하고 있다. 대문채가 없는 세 칸의 솟을대문은 측
간과 마구간을 한 칸씩 두고 가운데에는 두 짝의 대문을 달고 인방으로
는 달 모양의 화반으로 단순하게 표현하는 기법을 사용하고 있다. 대
문 약 10보 앞에는 하마비를 두어 말에서 내려 들어오도록 하였다. 대
문에 들어서면 넓은 채소밭이 함께 있는 마당이 보이고, 전면에 긴 행

행랑채와 마당 공간의 여백

랑채와 기와를 떡처럼 차곡차곡 쌓은 공수각의 담장 옆으로 옥산정사
로 가는 중문이 문을 열고 기다린다. 행랑채 지붕 용마루는 뒷산을 닮
아 둥근 모양의 완만한 선을 보이고 있다.

　행랑채는 약 2벌대의 자연석 기단 위에 전면 일곱 칸 규모이며, 우측
으로 옥산서원으로 가는 중문과 두 칸의 온돌방, 부엌, 그리고 안채로
가는 대문이 자리하고 있다. 그러나 실제적으로 기단에 꾸며진 계단은
행랑부엌으로 들어가는 문에만 놓여 있고, 대부분의 출입은 행랑 끝의
행랑마당으로 연결되는 좌우 협문을 통하도록 되어 있다. 특히 안채로
드나드는 대문은 판벽에 장식 없이 꾸며진 모양으로 얼른 문인지 벽인
지 구분하기 어렵게 되어 있다. 문을 찾는 것도 어려워 외지인이 이 집

담장에 걸친 향나무와
담장 길의 묘미

자계천에서 본 독락당

자계천과 함께 하기 위한
독락당 담장 아래의 살창

에 찾아오면 안내 없이는 안으로 들기 어렵게 꾸며져 있는 의도가 있었을 법하다.

잠시 숨을 고르고 머리부터 대문 안으로 들이밀면 호기심을 자극하기에 충분한 작은 공간에 협문 두 개가 있고 우측으로 숨바꼭질 하면 좋을 것 같은 골목길이 보인다. 이와 같이 정침으로 들어가는 방법이 복잡하게 되어 있는 이유는 독락당의 당호를 통해 짐작해볼 수 있다. 즉 외부로부터 최대한 은둔하려는 주인의 의도가 건축으로 표현된 것이다. 한옥은 거기 사는 이의 마음을 헤아릴 수 있는 표현 방법을 이해하고 있는 조형물이면서 우리 삶의 보금자리인 것이다.

행랑으로 들어서면 좁고 긴 행랑마당이 있고 아래채 중앙에 안마당으로 드나드는 중문이 다른 사대부집과 같이 두개의 판문을 이용하여 당당하게 꾸며져 있다. 행랑채 대문 오른편의 협문은 옥산정사로 가는 문이요, 그 옆으로 난 골목길은 자계천으로 연결된다. 이 골목에는 커다란 향나무가 드나드는 사람들을 호위하듯 서 있는데, 우리 전통 한옥에서 담장은 자연의 장애물을 제거하고 인위적으로 만들어진 것이 아님을 새삼 깨우치게 된다. 나무면 나무, 바위면 바위를 그대로 두고, 내가 가고자하는 크기의 면적만큼 울타리만 치기에 더욱더 자연스러운 멋을 풍기는 것이 우리의 담장이다. 그리고 이것이 한옥에서 맛보는 아름다움의 하나가 되는 것이다.

향나무가 호위하듯 서 있는 골목을 지나면 맑은 물에 기암이 어우러지고 커다랗게 물이 고인 소沼를 만들며 흐르는 자계천의 시원한 물소리가 답사객을 반긴다. 시원하고 맑은 물이 항상 흐르는 이곳은 여름철이면 지금도 휴식을 즐기려는 사람들로 붐빈다. 그러나 당시 이언적 선생은 조용하고 은밀하며 자연이 아름다운 곳에서 독락을 하면서 인

계정의 툇마루를 받친 기둥 위에 올려진 한옥 정자의 멋스러움

자계천에 비친 계정의 정취

독락당과 앞마당

생을 살아보고자 하는 장소로 이곳에 살림집을 짓고 어머니를 모시면서 살았을 것이다. 특히 골목을 만든다든지 사당 앞에 이중 담장을 만들어 놓은 것을 보면, 외부인들에게 본인의 조용함을 빼앗기지 않으려한 흔적이 역력하다. 후학을 육성하는 것보다 자신의 삶을 더욱 완벽하게 하려는 성현다운 모습도 건축물에서 묻어난다. 은닉 속에서 이상향을 꿈꾸던 선조들의 보금자리, 그것이 바로 독락당이다.

독락당의 계정 건물은 자연 암반 위에 가느다란 기둥을 세워 하늘을 날 듯한 모습으로 꾸몄다. 한옥의 중후하고 무거워 보이는 느낌을 잘처리한 묘미를 느낄 수 있다. 서재를 좌우로 두고 '양진암養眞菴'이라는당호를 걸어 놓은 방들은 책과 늘 가까이 하던 학자의 생활을 엿보기에 충분하다. 또한 계정은 솟을 합장에 복화반 형식의 고식 가구 기법

독락당 연목과 마루 직선의 멋스러움

독락당 편액(아계 이산해 선생의 글씨)

옥산정사 편액(퇴계 이황 선생의 글씨)

살창을 담에 표현한 어서각의 전면

을 사용하여 더욱 중후한 느낌을 주고 있으며, 전면 세 칸 크기에 한 칸
은 온돌을 두고 3분합문을 달아 여름에는 이 문을 천장에 걸면 자계천
의 계곡물이 흐르는 방향으로 공간이 수평으로 열려 개방됨으로써 최
대한 자연과 함께 할 수 있는 공간을 연출하고 있다.

옥산정사에는 독락당이라는 현판이 함께 걸려 있는데, 독락당은 정
침과 그 가옥 전체를 말하는 것이며 별당은 따로 옥산정사로 부르고 있
다. 옥산정사는 나지막한 외벌대의 기단 위에 정면 세 칸 측면 두 칸의
대청과, 전면 한 칸 측면 두 칸의 온돌방을 두고 있다. 그리고 안채로
연결되는 뒤쪽에 반 칸짜리 서고를 만들어 놓음으로써 건축물이 안채
와 연결되도록 하였다. 그래서 옥산정사 지붕의 모습을 보면 대청 방
향으로는 팔작지붕 형식이고 안채 방향으로는 우진각 지붕이다. 서고

노거수와 사랑측간

라는 공간을 중간에 놓음으로써 자연스럽게 지붕을 처리하고 안채와의 연결도 보다 자연스럽게 되도록 만들었다.

　독락당은 전면에 원기둥과 장혀 받친 굴도리를 사용하고, 안쪽으로는 두리기둥을 사용하여 상부 가구를 꾸미고 있다. 주두를 세우고 초익공으로 장식하고 있는데, 단청의 뇌록 가칠로 부재를 단청하고, 먹선이 백선과 구분되어 안정된 분위기를 연출하고 있다. 대들보를 받치고 있는 복화반, 동자대공, 판대공과 화반대공들에는 다양한 부재의 받침을 두어 다양한 양식의 특징을 보이고 있다. 민가 건축에서 숫을합장을 구성한 경우도 보기 드문 예로, 독락당의 역사를 보여주는 좋은 사례이다. 특히 대청마루를 보면, 우물마루를 꾸미는 장귀틀과 동귀틀의 방향이 측면 한 칸에서 다르고, 천장에서도 대들보까지 막혀 있는 것을

대들보와 종보의 공간 표현

보면 분명 별도의 공간이 있다가 나중에 하나로 합쳐진 것임을 알 수 있다. 이에 대한 기록으로는 회재의 동생인 농제공이 죽은(1555년 경) 후 전면 벽체를 없애고 마루를 꾸며 지금의 모습으로 변했다고 한다. 이러한 커다란 변화에도 한옥은 어색함이 없이 자연스럽고 태연한 모습을 보인다. 그러나 현대 주택은 벽을 없애고 창문을 없앤다면 원래의 모습도 변하지만 모양은 초라하게 변하고 균형감을 잃게 된다.

옥산정사 뒤뜰은 후원이다. 이언적 선생이 어머니에게 끓여 드렸다는 쑥을 심었던 곳이기도 하다. 지금도 푸르른 쑥은 변함없이 자라서 세월의 변화를 느끼게 한다. 후원과 더불어 담 너머 계정을 중심으로 한 어서각과 사당이 만나는 마당이 펼쳐진다. 어서각은 한 사람이 어렵게 지날만한 출입문에, 좌우 담장에 나무 살창을 두어 기와 담장의

집 안과 밖을 공간으로 연결하는 묘미가 뛰어난 계정

새로운 이미지를 보여준다. 이 어서각에는 1618년(광해군 10) 임진왜란 때 회재 선생의 수묵水墨들 관리에 대해 설명한 글과, 관찰사 박경신이 '서책불출문외'라 명한 글이 보관되어 있다. 난간 용두의 조각과 단청이 화려하고, 2분합문의 조각도 수려하여 뛰어난 단청과 조각 기술을 보여주고 있다.

계정은 마당에서는 거의 수평으로, 외벌대의 기단 위에 놓여 있다. 'ㄱ'자로 된 평면에 계정이라는 두 칸 규모의 대청마루와 한 칸의 온돌방인 인지헌, 서고인 양진각, 창고가 이어져 있다. 이 건물에 맞대어 벽선의 두 끝을 잇고 사당의 2중벽에 마당 공간을 만들어 놓았는데, 수평적인 선의 강조와 공간의 연결 기법이 다른 가옥에서는 볼 수 없는 특징을 갖고 있다.

서까래의 직선과 마루선의 만남이 이루는 풍광

　계정의 첫째 아름다움은 마당에서 계정을 거쳐 자계천과 산이 담장이나 다른 건물에 막힘없이 하나의 공간처럼 연결도록 만든 처리 기법이다. 둘째는 계자난간과 청판에 조각된 박쥐모양의 투창 사이로 집 안과 집 밖의 경계를 자연스럽게 표현하면서 정자의 격을 갖추고 있다. 또 하나는 계정의 대청마루로, 산과 계곡의 시원한 공기 흐름이 어서각의 나무 살창 사이를 거쳐 이곳에 있는 이언적 선생의 중요한 수묵들을 보존할 수 있도록 최적의 환경을 갖추고 있다는 점이다. 해인사의 장판각과 비교될 수 있는, 자연 환경을 이용하여 문화재를 보존하는 방법이 구현된 것이라고 할 수도 있겠다.

　독락당의 정침인 안채는 경상도 지방에서 나타나는 대표적인 'ㅁ'자형 배치에, 행랑채가 한줄 남쪽으로 이어 붙은 형태를 하고 있다. 안채

계정의 계자 난간과 아름다운 개울

독락당과 연결되는 고풍스런 판벽의 문간

이중담으로 보호되는 사당

단아한 사당의 내부 모습

중문에 들어서면 펼쳐지는 안채의 아름다움

로 들어서면 안마당이 펼쳐지고 두 군데로 나뉜 자그맣고 귀여운 화단
과 장독대가 나타난다. 안채에는 오른쪽으로 안사랑인 역락재가 있고,
사랑대청 옆으로 옥산정사 가는 문간과 도장방이 있다. 역락재 편액은
석봉 한호 선생의 글씨로 유명하다. 안채 지붕 위로 커다랗게 솟아 오
른 노거수가 정침의 중심을 나타내기라도 하듯 용마루 지붕선을 현수
선으로 당기는 듯하다.

　안채에 들어서면 왠지 건물이 낮다는 생각이 들게 된다. 2벌대의 기
단 자연석 위에 덤벙주초를 놓고 두리기둥과 납도리를 사용한 4량 집
의 민도리집에 단아한 가구 방식으로 만들어 졌기 때문이다. 주변의
사대부집은 정침 대청을 5량 가구 형식으로 지붕선이 높게 구성하는
반면, 이 가옥은 3량으로 규모도 작고 대청도 판벽에 궁판을 붙인 2분

독락당의 안채와 마당

합 띠살무늬 세살창으로 구성하였다. 작은 툇마루의 모양에서 더더욱 그러한 느낌을 받게 된다. 안방은 이 가옥의 중심이 되는 곳으로 후손들이 태어나고 자라는 장소이다.

날개채는 외벌대의 자연석 기단을 두어 안채와 위계를 구분하고 있는 것을 볼 수 있다. 부엌이 비교적 큰 규모로, 안방과 아랫방의 한 칸에 비교하여 두 배의 규모를 갖추었다. 안방은 뒤로 반 칸을 물려 깊이가 한 칸 반의 규모이며 상방에는 도장방을 하나 뒤편으로 두고 있다. 검소하게 보이는 외관 때문인지 비교적 조용하게 은닉하고, 남에게 화려한 모습으로 보이는 것을 배제하려는 주인의 생각이 있었을 것으로 보인다. 지금도 장독대에는 많은 장독들이 투박한 질감과 함께 자연의 모습을 닮은 모양으로 남아 있다. 집안의 역사 속으로 시간여행에 빠

서정미와 사랑의 손길이 느껴지는 장독대를 배경으로
모란꽃이 활짝 핀 초여름날의 앞마당 풍경

져들 것 같은, 깊이 있는 분위기를 간직한 가옥이다.

건물의 북쪽에는 비보림의 역할을 하는 소나무 숲을 만들어 겨울의 찬바람도 막고, 십장생인 소나무를 통하여 무병장수하는 환경을 조성하고자 하였다. 소나무 숲 뒤로 오르면 통일신라시대 이형탑의 대표적인 모습인 정혜사지 13층 석탑이 있어서 옥산마을이 오랜 역사와 지리적인 경관이 빼어남을 보여주고 있다.

韓屋의 美

5 영덕 고택들

영덕 고택들

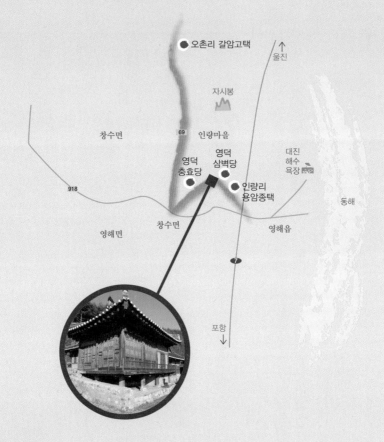

오촌리 갈암고택

울진

자시봉

창수면

69 인량마을

대진
해수
욕장

영덕
충효당

영덕
삼벽당

인량리
용암종택

918

동해

창수면

영해읍

영해면

포항

인 량 仁良 마을

삼벽당에서 바라본 인랑뜰

1

● ● ●

영덕에서 영양으로 가는 918번 지방도로를 따라 약 10리 정도
가면 창수면에 있는 여러 전통마을 중 대표적인 마을인 인량리가 나온
다. 지방도로를 사이에 두고 좌측에는 원구마을이 있고 우측에 인량마
을이 있다. 이 시골 마을에 기와 고택들이 여럿 자리하고 있다.

이곳 인량리는 뒷산의 형국이 마치 학이 나래를 펼친 것과 같다 하
여 비개동飛盖洞, 나래골, 익동翼洞 등으로 불리던 마을이다. 후에 여기
서 인자한 사람들이 많이 배출되었다 하여 지금의 마을 이름인 인량리
가 되었다.

넓은 들판 너머, 산이 만나는 곳에 오래된 옛날 고택들이 펼쳐져 있
는 모습이 예사롭지 않은 이 마을은 삼면이 산으로 둘러싸여 있고, 마
을 앞으로는 넓은 들과 송천이라는 개천이 흐르고 있다. 이 마을의 입
지는 산자수명한 길지로 영남의 명당 중 하나로 전한다. 마을은 집과
집 사이에 사과나무 과수원이 들어서 있어 봄에는 사과꽃이 예쁘고 가
을이면 붉게 익은 사과들이 마을의 풍요함을 보여주는 역할을 한다.

이 마을에는 종실들이 많은데, 『영해부지寧海府誌』에 의하면 인량리

마을의 안녕을 기원하는 마을 앞 삼신당과 느티나무 노거수의 용트림

는 팔성종실八姓宗室이 거주하고 있는 곳이었다고 한다. 지족당과 오봉 종택 등의 안동권씨, 충효당과 우계종택 등의 재령이씨 등 8개 성씨의 종실이 있는 마을이 인량리이며, 마을 인심이 좋고 겸양과 예의가 있어 많은 선비가 배출된 마을이다. 이 마을은 또 목화씨를 들여온 문익점 과 이색, 나옹화상이 태어난 마을이라고도 한다.

마을의 종택들은 대부분 전망이 좋고 산을 접하여 경관이 아름다운 인 량산 아래에 있고, 그 아래 평지에는 소작인들의 집들이 있는 형국이다. 전통 마을이 흔히 그러하듯 인량마을 동리 입구에는 커다란 느티나무 아 래 당집이 있다. 당집 앞에는 마을의 안녕을 기원하는 제사를 지내고 당 제나 두레와 같은 전통 관습을 행하는 집결 장소이기도 한 노거수는 마 을의 역사를 안은 채 당당한 모습으로 서 있다.

인량리仁良里 용암종택龍岩宗宅

경상북도 민속자료 제61호 | 경북 영덕군 창수면 인량리 133-1

2

● ● ●

인량리 마을 중앙에 다다르면 영조 4년(1728)에 지었다는

용암龍巖 김익중의 집이 나온다. 통정대부 병조참의를 지낸 인물이다. 이 가옥은 담장의 모습이 특이한데 삼벽당으로 가는 길과 마을 가운데 길의 갈림길에 놓여 있고, 긴 담장의 모서리에 문 없이 서 있는 사당이 있다. 산지의 경사지를 이용한 가옥들에서 사당은 대부분 가장 높은 곳에 위치하거나 안채 옆 동편에 놓는다. 그러나 이 가옥은 평지를 대지로 사용하기 때문에 집 주인은 위계를 지키고 조상에 대한 존경심을 상기시키기 위하여 사당을 대문 옆 동편에 위치시켰다. 그리고 정침으로는 협문을 달아 다니도록 꾸며 놓았다. 또한 대문도 골목길에서 뒤로 물러 앉혀 고샅 같은 막다른 골목길에 대문이 자리하고 있다. 이는 골목길의 어수선한 분위기에서 멀리 하려는 의도도 있지만 '요凹' 자 모양으로 만들어 복이 안으로 들어오게 하려는 상징적인 믿음도 투영된 결과다.

대문채는 세 칸의 평대문으로, 대문 끝에서 앞쪽으로 담장이 연결되고 담장은 대문채의 중인방 높이 정도만 쌓아서 압도적인 분위기보다

대문에서 본 사랑채와, 안채의 시선을 보호하기 위한 쪽담의 어울림

는 편안한 느낌을 준다. 한쪽으로는 한 칸의 온돌방을 두었다. 대문채 위로는 나지막한 둥근 뒷산이 배경으로 보여 한적한 분위기를 느끼게 한다.

대문채 옆으로는 높은 지붕의 맞배지붕 사당이 배치되어 있으며, 별도로 담장을 두고 있다. 사당의 위치는 대문채보다 남쪽에 있으며, 마을의 입구 쪽을 바라보고 전면이 개방된 위치에 자리하고 있다.

건물은 담장을 두르고 대지의 가운데에서 약간 뒤쪽으로 자리 잡도록 하고, 주변으로는 텃밭을 널찍하게 확보하고 있는 형국이다. 지붕의 형태를 보면 사랑채의 위계를 지키려는 듯 중문채의 지붕 높이보다 높게 하여 연결하고, 모서리 쪽으로는 팔작지붕을, 중문채에는 맞배지

사당에서 정침으로 다니는 일각문

용암종택 대문채

판벽과 창살의 고즈넉한 분위기가 어우러진 사랑채

붕의 형태로 만든 것이 이채롭다. 규모는 정면 다섯 칸 측면 여섯 칸의
'ㅁ'형으로 지붕은 팔작지붕과 맞배지붕을 적절히 활용하고 있다. 민도
리집인 사랑채의 2벌대 기단은 막돌허튼층쌓기로 하고, 그 위에 덤벙
주춧돌을 사용하고 그 위에 네모난 기둥을 세워 대들보를 보아지가 받
치고 있다. 서편으로 사랑채를 모서리에 꾸민 형태로, 전면 세 칸 가운
데 한 칸에는 분합문을 달고 서편으로 바라지창을 꾸민 대청마루를 두
었으며, 두 칸은 온돌방으로 꾸몄다. 사랑 온돌방은 전면에 툇마루를
꾸미며 중문 옆으로 섬돌을 밟고 올라갈 수 있도록 하였다. 흥미로운 것
은 온돌방 한 칸은 중문간의 지붕으로 덮여 있고, 다른 한 칸은 사랑채
의 지붕으로 연결되어 있다는 점이다. 사랑채 방과 방의 연결은 미닫

기와와 흙을 이용한 예쁜 중문 앞 쪽담

이문으로 하였고, 후면 벽에는 격자무늬 맹장지를 붙인 미닫이문의 반
침을 두고, 상부는 네 장짜리 미닫이문을 달아 벽감을 꾸미고 위패를
모시고 있다. 조상을 모시는 일에 최선을 다하는 주인의 모습은 건물
에서도 볼 수 있다. 또 사당을 전면 동남쪽, 집으로 들어오는 초입에 놓
은 점도 그러하다. 그리고 벽감에도 한지를 바른 네 장의 미닫이문을
달고, 그 안에 다시 넉살무늬가 선명한 골격을 방 쪽으로 보이도록 하
여 별도의 공간으로 들어가는 느낌으로 조형적인 기술과 정성을 들이
고 있다. 이로써 효를 근본으로 가문을 이어가려는 이 집안의 가풍을
느낄 수가 있다.

　사랑채 온돌방의 창문은 하인방에 머름대를 대고 창틀을 꾸몄으며,

사랑채 미닫이문의 아름다운 선율

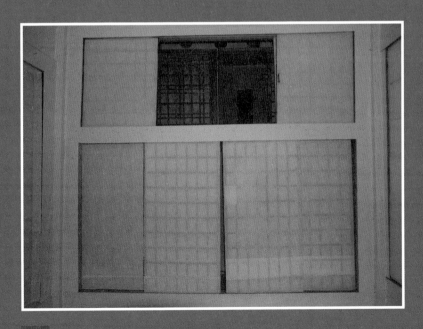

사랑 벽감과 반침

세월의 손때가 묻은 중문 빗장둔테

사랑채 서편의 늦가을 풍경

용암종택 안채 대청과
건넌방

나무의 구조가 아름다운
대청마루

두 방의 창문이 가운데 방으로 출입하는 기능을 하게 하였다. 띠살무
늬 2분합 덧문에 미닫이문은 '용用'자 형의 가는 창살로 간략하게 표현
하였다. 창문을 열면 평지이면서도 멀리 인량 들판과 마을 어귀 산가
지도 대문과 사당 협문 사이로 보여 그 경관이 너무나 시원스럽다.

　대청마루는 양면을 판벽으로 하고 전면에는 넉살무늬 2분합문을 달
고 서쪽으로는 두 칸에 걸쳐 바라지창을 만들어 놓았다. 천장에 꾸며
진 선반에는 제사에 쓰는 커다란 제사상이 올려져 있어 대청마루는 제

보아지의 초각이 인상적인 기둥머리

사를 위한 공간으로 사용하는 곳임을 알 수 있다. 방과 방 사이의 미닫이문은 창살을 다르게 꾸며 놓았는데, 햇살이나 조명에 의해 개방적인 느낌을 줄 뿐만 아니라 우리 전통 한옥 맹장지 창살의 아름다움이 어떤 것인지 그 진수를 감상할 수 있다. 한편, 일반적으로 사랑 대청은 개방적인 공간을 만들어 주변 풍경이 시야에 잘 들어오도록 하지만 이 가옥에서는 사당 문처럼 넓은 청판을 하단에 꾸미고 상부는 넉살무늬 창살을 만들고 있다.

중문은 쪽담에 의해서 대문으로부터 시선이 가려지고, 기둥 사이에 문지방인 하인방과 중인방을 걸어 문을 구성하고 있다. 문은 상방 위에 살창이나 화반 등 다양한 방식을 하는 예를 볼 수 있는데, 이 가옥은 회벽으로 마감하고 문고리를 두지 않고 안으로 밀어 열도록 함으로써 간결한 모습을 보이고 있다. 중문은 빈지널 세 장을 이어 붙여 문짝을

대청마루 고방 판문의 멋

만들고 안쪽에 빗장둔테를 만들어 놓았는데, 오랜 세월 동안 열고 닫은 흔적이 고스란히 남아 매우 운치가 있다. 중문 칸에는 아궁이가 있는데, 사랑방에 불을 때는 아궁이로 중문간 옆에 달린 외양간의 소에게 여물을 쑤어 주는 솥이 걸려 있다. 가마솥 옆으로는 사랑으로 다니는 띠살무늬 외닫이문을 두고 있다.

봄에는 쪽담과 정침의 동쪽에 있는 우물 옆으로 꽃들이 아름답게 피고 여름에는 백일홍이 붉게 물들면서 텃밭에도 다양한 채소가 가득해진다. 가을이면 이곳에서 거둔 곡식인 수수, 마늘 등을 추녀 밑에 걸어 놓는데, 한옥의 포근한 분위기와 어울려 한 해 결실의 풍족함을 느끼는 멋이 있는 가옥이다.

바라지창의 잠금이 특이한 빗장둔테

　안채는 막돌로 전면에 선을 맞추어 자연석을 이용하여 허튼층으로 2벌대를 쌓고, 날개채로는 점차 단을 낮추는 형식으로 안채의 위계질서를 표현하면서 대청마루를 높여 채광을 들이기 좋은 방식으로 설계했다. 안마당에는 장독대가 사랑채 쪽에 가깝게 있는데, 예전에 가족이 함께 살던 시절 많은 장독대가 줄 맞추어 양식의 보고 역할을 하던 항아리는 지금 대청의 고방이나 도장방으로 옮겨져 있다. 그리고 대청마루에는 생활의 변화에 의해서 커다란 냉장고가 장독대를 대신하고 있다. 언젠가 이 항아리들이 장독대에 다시 나와 앉는 시절이 올 수 있다면 더욱 운치 있는 한옥의 모습을 엿볼 수 있을 터이다.

　한편, 안대청은 전면 세 칸에 측면 두 칸의 대청마루를 꾸미고, 방형

벽체의 판벽과 판문의 아름다운 조화

기둥으로 조립된 천장은 5량 집의 가구를 하고 있다. 중앙의 대들보는 방형으로 되어 한 번에 앞과 뒤 기둥 위에서 조립되고 기둥머리는 외부로는 직절하고 내부로는 구름모양으로 초각된 보아지를 두어 장식적인 조형미를 보여준다. 벽선이 만나는 곳에서는 반 칸 뒤로 물러 안방을 만들기 위하여 내주를 세우고 두 개의 보가 합보되는 방법으로 가구되어 있다. 도리를 받치는 동자주는 아무 장식 없이 기둥이나 보의 모양처럼 방형 각재를 잘라 꾸며 날렵하거나 섬세한 느낌은 다소 없다. 하지만 이 가옥의 부재들에는 이를 네모 난 방형으로 만들기 위해 사용된 자귀날 자국이 선명하다. 예전에 일일이 손으로 수백 번씩 자귀를 찍어 깎았던 흔적이 세월의 때와 함께 운치 있고 고즈넉한 분위기를 더해

대청마루 앞, 기단 끝에 걸린 안채 건넌방의 굴뚝

준다.

　안채에서 가장 특이한 곳은 대청마루다. 우선 대청 끝 서쪽 모서리
에 방을 두고, 그 앞으로는 툇마루를 대청부터 연결해 후원이 있는 서
편에 두 장의 두툼한 판문을 달아 출입문으로 사용하고 있다. 사랑채
와 연결되는 통로인 것이다. 또 하나는 대청의 동편 구석에 한 칸의 고
방과 상부에는 건넌방에서 사용하는 다락을 두어 가사 살림을 보관하
는 장소로 사용하고 있다. 이 두 공간의 문은 판문으로, 채광보다는 문
의 보관과 기능에 초점을 두고 있다. 이러한 사례는 다른 지역에서 흔
히 볼 수 있는 모습이 아닌, 영덕을 중심으로 울진 같은 지방에서 보이
는 지역적인 특징을 나타내는 건축 기법으로 민가 유형 연구에 중요한
자료가 된다. 또 대청마루의 후벽은 판벽에 두툼한 문틀을 만들었고,

손때 묻은 건넌방 반침과 다락 계단의 신비로움

머름대 위에 판문을 단 바라지창은 문고리를 인방에 걸도록 되어 있는
데 이 집은 빗장둔테로 만들어 매우 투박하면서도 조형적인 양감이 두
드러진 멋을 보여준다. 방 안은 고미반자의 천장으로 만들어 고급스러
운 기법으로 마무리하였다. 특히 벽의 위쪽에 띠살무늬 외닫이문을 좌
우 대칭으로 달고 그 아래에는 통나무 수직계단을 만들어 별도의 계단
에 따른 실내 공간의 축소를 줄이는 기법을 사용하였다. 이 다락은 도
편수의 특별한 기술이 발휘된 모습으로, 중요한 물건을 올려놓는 수장
고의 역할을 하고 있다.

　대청 옆으로는 건넌방이 있는데, 궁판이 달린 외닫이 띠살무늬 문이
있고 날개채로는 디딤돌을 놓은 섬돌 위에 앙증맞은 외닫이 띠살무늬
문을 두어 출입문으로 사용하고 있다. 건넌방 날개채 끝의 외양간 옆

에 부엌을 두고, 부엌에는 건넌방과 만나는 문을 달았다. 밖으로도 문을 달아 디딜방아간과 우물가로 나가는 문을 만들어 놓았다. 따라서 이 집의 중심 부엌은 건넌방 아래의 부엌이며, 이것이 음식을 만드는 부엌으로 되어 있고 여기에 그릇을 얹어 놓았던 선반이 꾸며져 있다. 또 이 가옥은 방이나 대청 등 곳곳에 선반을 달아 가사도구를 올려놓는 용도로 사용하고 있는 것도 눈여겨볼 특징이다. 지금 선반 위는 텅 비어 있지만, 그곳에 소반과 광주리 등이 가득히 차곡차곡 크기별로 올려져 있던 시절의 모습이 그리워진다.

건넌방 추녀 끝에는 굴뚝에 옹기가 올려져 있는데, 이 마을에는 이와 같이 건물 뒤가 아닌 안마당을 향하여 만들어진 굴뚝이 매우 특이한 형태로 놓여 있다. 영덕 부근에서 나타나는 특별한 지역적인 특징의 모습이다. 그 앞으로는 안채로 드나드는 통로로 사용하는 추녀 공간의 기단이 만들어져 있다. 또한 이 집은 광서光緒 7년에 만들어진 기와들이 최근의 번와 공사에서 나와 우물가에 쌓여 있는데, 그 당시 크게 중창한 사실을 뒷받침한다.

영덕盈德 삼벽당三碧堂

경상북도 문화재자료 제458호 | 경북 영덕군 창수면 인량리 118

3

● ● ●

이 건물은 용암고택을 지나 마을 뒷산 아래에 널찍한 주변의 밭 가운데 한적하게 자리 잡고 있다. 'ㅁ'자형 평면에 사랑채를 정침의 서쪽 모서리에 누마루 형식의 팔작지붕으로 두고, 그 옆으로 별도의 담장을 만들어 사당을 두고 있다. 인량마을에서는 이 삼벽당이나 충효당 같은 반가들은 마을 뒤 산 아래쪽에 주로 위치하는데, 특히 삼벽당과 충효당은 마을 좌측과 우측의 중심축 위치로 산 아래에 자리하고 있다는 공통점과, 다른 집과의 연계 없이 별도의 한적한 위치에 있으면서 주변은 밭으로 되어 있다는 공통점을 갖고 있다. 아울러 인량마을의 너른 들판이 한눈에 들어오는 경치 좋은 자리다.

삼벽당은 조선 중기의 문신인 하연공파賀淵公派 이중량(李仲樑, 1504~1582)이 건립한 것으로 전하는 주택으로, 주요 구조부의 치목수법이 정교하여 건축학적 자료로 매우 중요하게 여겨지고 있다. 집을 지은 이중량은 농암聾巖 이현보(李賢輔, 1467~1555)의 넷째 아들로, 중종 23년(1528)에 진사시에 합격하였고 중종 29년(1534) 식년시에서 병과丙科에 급제하여 여러 관직을 거쳐 선조 3년(1570)에 강원도관찰사에 임명

1 송림 아래 양지바른 곳에
 위치한 삼벽당 원경
2 삼벽당 사랑채
3 산촌의 풍경이 느껴지는
 사랑채 통나무 굴뚝

삼벽당 사랑 내부와 들창을 매단 모습의 벽감

된 인물이다.

이 가옥은 동쪽으로 진입하는 동선을 갖고 있으며 누마루의 사랑채 옆으로 중문이 있고 아래채는 정침에서 동쪽으로 길게 돌출된 형태다. 전체적인 건물의 평면은 'ㅁ'자형으로 구성되어 있으며, 서쪽에 별도의 담장을 꾸며 사당을 모시고 있다. 산 아래 위치한 이 가옥은 뒤편으로 선비들이 좋아하는 나무인 대나무 숲이 있고 그 뒤로는 소나무 숲이 있어 항상 4계절이 푸르고 기운이 넘치는 분위기이다.

사랑측간이 집의 초입에 한적하니 자리 잡고, 그 뒤로 외벌대 축대를 만들고 화단을 꾸며 놓았으며, 다시 장대석을 장방형으로 비교적 잘 다듬은 납작돌 수평줄눈쌓기 공법으로 만든 4겹쌓기의 4벌대 기단 위에 정침이 놓여 있다. 사랑 누마루 앞으로는 2단의 장대석 쌓기에 누하주를 둔 누마루 사랑채가 팔작지붕으로 꾸며져 있다. 특히 이 집은 아래채를 안채보다 동쪽으로 돌출시키고, 한쪽으로는 사랑채를 누마루 형식으로 놓고 이어서 서쪽으로 사당을 배치하여 마을 초입에서 보면 매우 웅장하고 큰 규모의 가옥 형태를 취하고 있다.

중문 좌측 사랑채는 정면 세 칸 측면 두 칸의 규모로 정면 한 칸의 온돌방과 정면 두칸 측면 두 칸의 사랑마루가 설치되어 있다. 사랑누마루 전면과 온돌방 앞으로는 추녀 아래로 쪽마루를 달고 마루널과 간단하고 낮은 청판 위에 조각 없이 동자주와 머름대만을 장식한 난간을 설치하여 매우 소박한 느낌으로 장식되어 있다. 특히 중문 옆으로 나무 계단을 만들어 마루로 올라가도록 만들고 전면에는 누마루로 올라가는 계단을 생략한 것이 흥미롭다. 더욱이 사랑마루 아래 토벽으로 만들어진 굴뚝 위에 통나무를 이용하여 만든 굴뚝은 나무가 지천인 산간지방에서 볼 수 있는 모습으로 향토색이 짙게 묻어나 조형미를 더해준다.

사랑의 대청마루 전면 아래에는 청판을 꾸민 띠살무늬 4분합 들어열개문을 두 칸에 걸쳐 달고, 서편 벽체 한 칸에는 전면과 같이 창방 아래까지 판벽을 두고 2분합문을 꾸며 놓았다. 그 옆으로는 중인방을 조금 낮추어 판벽과 2분합 바라지창문을 대청마루 후면까지 둘러 꾸미고, 널판을 고정하는 두 줄의 배목을 중간에 달아 고정하고 있다. 사랑의 온돌방 후벽에는 반침과 벽감을 꾸며 놓았는데, 띠살무늬 창문을 옆으로 뉘어 열게 하는 들창처럼 만들어 놓았다. 고미반자의 천장에 하얀 도배지가 깔끔한 사랑방에 벽감과 미닫이문만 방 쪽으로 창살을 노출시켜 벽감의 위치를 강조하면서 특별한 공간임을 강조하는 모습이다. 삼벽당의 사랑채는 이와 같이 제사를 위한 공간이면서 동시에 사랑으로써의 기능을 함께 하는 전통적인 사랑채의 모습이다. 특히 대청마루

대청마루 반자와 충량

대청 합보와
마루대공의 가구

우물천장 대청마루의
서까래 의장(삼벽당)

의 4분합문을 천장에 매달고 바라지창문을 열면 사방의 시원한 바람이 불어오고, 마을 앞에 펼쳐지는 자연의 변화를 감상할 수 있는 전망도 일품이다. 멀리는 동해안의 수평선이 보이는 위치이다.

사랑대청의 가구기법은 5량 집으로, 가운데 대들보는 둥글게 깎은 금강송을 이용하여 기둥 위에 조립하고 보를 받치는 보아지는 외부로는 보와 맞추어 직절하고 내부로는 초각을 두어 아름답게 꾸몄다. 마루대공과 종보를 받치는 수직 부재는 조각 없이 판재를 이어 댄 사다리꼴 판대공으로 대고 중보에도 판재를 이용하여 소박한 느낌을 주는데, 충량 부재나 대들보와 같은 주재마다 집 주인의 염원을 담은 묵서로 하트 모양을 그려 놓아 행복과 평안을 기리는 마음을 느끼게 한다. 삼벽당은 또 조선 중기에 건립한 것으로 전하여 오고 있는 건물로 주요 구조부의 치목수법이 정교한데, 귀기둥에서 부채살처럼 펼쳐진 선자연 서까래와 충량 위에 조립된 반자틀은 목조 가옥의 대표적인 모서리 가구 수법으로 전통 한옥의 아름다운 기법을 느끼기에 손색이 없다. 또한 목재 사이의 하얀 천방과 나무의 브라운 색의 조화는 색의 대비가 아름답고 가구 방법이 세밀하여 옛 치목수법과 함께 고풍스러움을 보여주는 좋은 예라 할 수 있다.

안채는 사랑과 아래채의 사이에 대문을 달고 있으며, 대문 아래는 문지방을 높이고 건너다니면서 옷이 걸리거나 불편하지 않도록 월방을 두어 아래쪽으로 곡선을 그리고 있다. 문은 안쪽으로 열리는 분합문을 달았다. 중문의 동쪽으로는 마구간을 두어 밖으로 분합 판문을 꾸미고, 그 옆으로는 판벽을 사람 눈높이에서 일정하게 뚫어 광창을 만들었다. 이는 간혹 부엌에서 일을 하던 여인들이 밖의 인기척을 느끼면 여기로 내다보면서 바깥 동정을 살피는 역할을 하도록 만든 것이

높은 축대가 인상적인 삼벽당 안채

다. 우리 전통 한옥의 부엌에서는 하트형, 태극형, 선형, 삼각형, 반달형 등 다양한 문양의 광창을 두는데, 이러한 광창은 경상북도 지방에서 많이 보이는 지역적 특색이다. 한편 중부와 남부지방에서는 벽의 중간 부분에 살창의 두툼한 틀을 달아 살대를 조작하여 의장적인 멋을 내고 광창과 통풍의 역할을 하도록 하였다.

안채 동북쪽 모서리에는 높은 토석 담장을 만들어 두었는데, 이는 여기서 활동하는 여인들이 겨울의 찬바람을 막을 수 있도록 만든 방한벽이다. 이 담장 외에도 이 가옥에서는 추운 겨울을 위하여 방한에 대한 대책들이 건물 곳곳에 나타난다. 예컨대 안채 마당에 커다랗게 벽난로처럼 만들어진 토벽으로 된 굴뚝도 그 중 하나이다. 건넌방의 후면 북쪽 벽을 흙으로 만든 토석 방화벽 역시 방한벽의 역할을 하는 벽으로

늘씬한기둥이 받치는 안방 앞 천장의 5량 가구

아름다움과 함께 이 가옥에서만 볼 수 있는 조형적인 벽의 모습이다.

안채에는 가운데 안마당을 두고 전면에 대청마루가 있으며 좌우로 날개채를 이은 'ㅁ'자형 평면구조이다. 특히 눈에 띄는 것은 높게 쌓은 기단으로, 마치 성곽을 쌓은 듯이 납작한 장방형 돌로 납작돌 수평줄눈 쌓기로 6벌대의 기단을 쌓았다. 이 인상적인 기단 위에 잘 다듬은 네모기둥을 날렵하게 세우고 그 위에 보를 걸치는 5량 구조로 충효당과 비교하여 나무의 두께가 얇고 길면서 대청의 폭이 넓어 듬직하다는 느낌보다 가볍고 날렵한 멋을 느끼게 한다. 전면 세 칸의 대청에서는 이 마을의 특징 중 하나는 고방으로 대청 한 끝을 막아 돌출시키는 배치를 볼 수 있는데, 이는 인량마을에서 볼 수 있는 건축기법이다. 또 서쪽에 한 칸의 모서리방을 두고 그 앞으로 툇마루를 놓아 외부로 연결되는 통

저녁 햇살이 비치는 안마당 풍경

안채 앞 날개채 방의 흥미로운 아궁이와 굴뚝의 조형미

로의 구실을 하게 했으며, 판문을 달아 문을 열어 개방적인 안대청을 표현하든지, 아니면 드나드는 출입문으로 안방에서 사용하도록 하였다. 인근의 용암고택도 이와 같은 안방의 모습을 보이고 있다. 더욱이 대청 쪽으로는 문을 만들지 않고 툇마루 통로로 2분합 띠살무늬문을 달아 아늑한 느낌이 들도록 하였다.

대청의 돌출된 방인 고방은 하단에 음식이나 안채의 가사생활에 필요한 생필품을 보관하는 장소로 튼튼한 판문을 분합문으로 두고 있으며, 상부는 건넌방에서 사용하는 다락으로 꾸며져 다락에서 밖으로 여는 판문으로 되어 있다. 특히 이 방과 건넌방 뒤편의 후벽은 화방벽으로 흙과 돌로 두텁게 만들어 겨울에는 따뜻하고 여름에는 시원하도록 만든 지혜가 돋보인다. 안대청 바라지창은 머름판 없이 머름대를 두텁게 대고 좌우 여백의 판벽도 한 장짜리 판재로 만들어 겨울에 웃풍을 최대한 막을 수 있도록 하였으며, 바라지창은 윗틀에 단환의 문고리를 걸고 문과 문 사이는 조그맣고 가느다란 문고리를 걸도록 하였는데, 용암고택이 빗장둔테로 마감한 것과는 느낌의 차이가 크다. 문고리가 작은 이유는 문이 작기 때문에 거기에 맞는 모듈의 장식이 이상적이라고 판단한 도편수의 경험에서 나온 장식일 것이다.

동쪽 날개채는 추녀 아래로 대청으로 다니는 통로의 역할을 하는데 기단이 높고 안마당이 작은 이 집의 특성상 전면에 계단을 만들면 공간 효율이 떨어지고 날이 궂은 날에 다니기 어렵다는 문제를 해결한 생각이 기발하다.

안채의 날개채인 서편, 즉 모서리방 앞으로는 바닥이 마루널로 되어 있는 도장방을 만들고 벽은 판벽으로 만들어 통풍이 필요한 음식을 보관하는 장소로 사용하고 있다. 그 옆으로 난 작은 방에는 작은 외닫이

안채 안방이 있는 서쪽 벽의 예술적인 조형미

문이 꾸며져 있는데, 전면의 모양이 매우 조형적이고 흙으로 만든 굴
뚝 또한 독창적인 예술 감각에서 나온 걸작이다. 돌과 흙으로 쌓은 디
딤과 아궁이, 그리고 벽을 따라 만들어진 흙으로 만든 굴뚝을 추녀 밑
에 두어 비나 눈과 같이 자연 풍화로 굴뚝이 상할 리가 없게 만든 것도
중요하지만, 추위에 대비해 아궁이에서 땐 불의 열에너지를 최대한 실
내에 저장하려는 매우 공학적인 기술이 집약된 이 집만의 명물 가운데
하나다. 사랑채와 날개채 사이로 서쪽에 있는 사당으로 가는 출입문을
만들고 상부는 다락을 두어 사용하고 있다.

　건넌방이 있는 동쪽에는 세 칸의 방을 이어 놓고 출입문으로 띠살무
늬 덧문을 두고 있는데, 그 앞의 디딤돌을 대신하여 납작한 돌과 흙으

세 칸의 단아한 삼벽당 사당

로 정성들여 쌓은 신발 놓는 자리는 경사진 통로에 맞추지 않고 하인방 선과 맞추어 방에서 내려서는 사람들의 불편함을 고려한 지혜가 인상적이다. 아래채 쪽으로는 건넌방과의 사이에 부엌을 두고 문을 두었으며, 아랫방으로도 연결되는 문을 만들어 음식을 나르거나 추운 날 밖으로 나가지 않고 다닐 수 있게 하였다. 이 가옥은 또 집에서 충분히 떨어진 위치에 별도의 배수로를 만들어 두고 있는데, 이는 산 아래에 위치한 이 집의 특성과 관련이 있다. 즉 산에서 내려오는 많은 빗물이 직접 집으로 들이닥치지 않도록 방재 시설을 해둔 것이다. 이 또한 삶의 지혜이다.

사당은 서쪽에 위치해 있는데, 별도의 기와 담장에 사주문을 달고 그 안에 전면 세 칸 측면 한 칸의 사당이 자리하고 있다. 사당은 대부분 동쪽이나 그 집에서 가장 높은 곳에 자리하는 것이 일반적인 풍습인데 비하여 삼벽당에서는 서쪽으로 정침보다 낮게 되어 있다. 안채 뒤는 바로 산 아래로 사당이 놓일 만한 장소가 아니고, 동쪽 역시 산에 오르는 등선으로 사당의 입지로는 맞지 않기에 지금의 자리가 최적의 자리였던 것 같다. 또한 풍수지리학적으로도 삼벽당의 위치는 정침을 산 아래 붙여 놓고 옆으로 사당을 놓아야 집안이 부귀영화를 누리는 형국이었을 것으로 보인다. 사당문은 사주문 뒤편으로 문을 달고 맞배지붕으로 되어 있다. 사당은 자연석을 납작돌 수평줄눈 쌓기로 4벌대의 기단을 만들고 전면 세 칸 측면 한 칸에 퇴칸 없이 네모난 기둥을 세우고 홑처마 맞배지붕 형식을 하고 있다. 좌우로 지붕을 길게 빼고 방풍판을 달아 놓았는데, 전면이 개방적인 이유로 바람이 세서 지붕이나 방풍판이 떨어질 염려가 있었는지 이를 받치는 보조기둥을 방풍판에 대어 놓았다. 협문이 채광을 위한 창살 없이 판문으로만 이루어진 것이 일반적인 사대부집 사당의 모습과는 다른 모습이다. 이렇게 폐쇄적인 모습의 공간이나 벽 구성은 이 가옥에서 특히 눈에 띄는 장면이다.

영덕盈德 충효당忠孝堂

중요민속자료 제168호 | 경북 영덕군 창수면 인량리 465

● ● ●

충효당은 인랑마을의 가장 깊숙한 곳에 위치하고 있다. 태백
산 쪽으로 남향하고 있으며, 이 가옥의 대문 앞에 서면 인랑마을과 앞
들판, 그리고 안산을 비롯하여 멀리 동해까지 조망이 가능할 정도로 시
야가 넓게 펼쳐진 자리에 위치한다. 충효당은 재령이씨 입향조가 조선
성종 때 건립한 가옥으로, 별도의 팔작지붕 사랑채와 'ㅁ'자형 정침, 그
리고 별도의 담장으로 꾸며진 사당을 갖추고 있다. 또 마을 쪽으로 정
침에 붙어서 헛간채와 뒷간이 자리하고 있다. 이 가옥은 별도의 솟을
대문과 같은 대문채는 없고 마을길을 지나 집 앞으로 난 길을 반듯이
산 쪽으로 올라가다 보면 언덕 위에 긴 담장이 앞을 막고 있는 형국이
며, 충효당 사랑채 전면에 동쪽을 바라보고 서 있는 일각대문이 이 집
을 출입하는 대문이다. 사람이 드나들기조차 좀 작은 느낌으로, 별도
의 출입을 위하여 오른쪽 동쪽으로 담장 없이 개방적으로 만들어 놓았
다. 외떨어진 곳에 자리하는 관계로 일부러 담을 막고 큰 대문을 만들
필요를 느끼지 못했던 것 같다.

　이 가옥은 이황의 성리학을 계승 발전시켜 영남 성리학을 중흥시킨

충효당의 근경

갈암 이현일 선생의 출생지로, 사랑채는 임진왜란 이후에 건립되었으며 정면 네 칸 측면 두 칸 규모의 팔작 기와집이다. 후학들을 양성하던 장소로 사용되었으며, 지금도 주인이 많은 책들을 보관하는 장소로 사용하고 있다.

둥근 뒷산을 배경으로 자리 잡은 충효당은 자연의 품에 안겨 있는 듯하고, 그 곳에서 마을을 보면 하늘에서 내려다보는 듯 하다. 이 집은 사주문으로 된 맞배지붕 형식의 한 칸짜리 대문을 동쪽, 즉 정침을 바라보고 자리하고 있다. 대문에 들어서면 안채의 작은 사랑채와 아래채가 보이고 그 앞으로는 담장 아래 화단을 만들어 아름다운 꽃들을 심어 봄부터 피기 시작하는 예쁜 꽃들이 가득한 화단 모습을 보여준다. 그

사대부의 간결함이
느껴지는 충효당의
사주문

리고 대문이 있는 위치와 건물이 있는 위치는 높이의 차이가 있어 막돌
허튼층으로 3벌대를 쌓은 기단 위에 정침이 자리하고 사랑마당도 2벌
대의 축대로 되어 있다.

충효당 사랑채는 막돌로 앞줄을 맞추어 허튼층쌓기 공법으로 기단
을 만들고 가운데 충효당 편액이 있는 고방 앞 쪽으로 오르게 되어 있
다. 가구 기법은 주춧돌 위에 덤벙 기둥을 놓고, 네모난 방형기둥으로
상부 기둥머리를 꾸미고 있다. 이 가옥은 나무가 풍부한 지역에 위치
해 있는 장점을 이용하여 다른 지역의 한옥보다는 나무를 더 많이 사용
하고 있는 것이 특징이어서인지 널판 나무를 이용한 판벽이 많은 것이
특징이다. 사랑채는 5량 구조에 전면 네 칸 측면 두 칸의 팔작지붕 형

4분합문이 운치 있는
사랑채 충효당

충효당 사랑채 뜰과
안채의 작은사랑

일각대문에서 본 정침

사랑 온돌방 앞 후원의 풍경

태다. 전면에 쪽마루를 덧대고 기둥 사이에는 4분합 들어열개문으로
세 칸의 벽을 막고 있다. 들어열개 분합문의 구조는 문을 반으로 나누
어 아래에는 청판을 대고 상부에는 띠살무늬 창살을 댄 모습이다. 따
라서 사랑채 전면은 나무로만 되어 있다는 느낌이 들 정도로 많은 부
분에서 나무를 이용하였다. 건물의 정면에서 보면 세 칸은 대청이고
한 칸은 온돌방처럼 보인다. 그러나 실제적으로는 대청마루 동쪽 온돌
방 편으로 한 칸 폭을 뒤로 물려 한 칸 규모의 고방을 두고 있어 넓게
두 칸의 대청마루와 고방 앞의 한 칸을 비롯하여 세 칸의 대청 크기로
사용하도록 만든 구조다. 온돌방은 한 칸을 두고 마루 끝에는 강릉 선
교장의 열화당 난간과 같은 무늬의 난간으로 난간동자기둥 사이에 가

부귀영화를 상징하는 모란 문양의 충효당 화반 동자주와 반자틀의 가구

는 살을 짜서 완자 모양을 한 교란을 꾸며 운치 있는 모습이다. 툇마루는 대청 쪽으로는 기둥 끝에 붙여 단 4분합문과 온돌방 사이의 툇보 아래로 판자문을 꾸며 놓고, 안채 쪽인 동쪽으로는 쪽마루를 두어 마루를 이어 놓아 비가 오거나 날씨가 좋지 않을 때에도 편리하도록 만들었다. 대청 고방의 모습은 측면의 두 칸 중 한 칸에 건너지른 두툼하고 커다란 대들보 아래 중앙에 내주를 세우고 4분합문을 꾸며 놓아 벽의 기능을 하고 있는데, 분합문은 세 칸으로 나누어 중간에 격자무늬를 촘촘하게 넣고, 위 칸과 아래 칸은 넉살무늬를 넣은 문양으로 꾸며 전통 창살의 아름다운 무늬를 느낄 수 있다. 그리고 남쪽으로는 머름대를 하인방으로 두고 그 위에 띠살무늬 2분합문을 달아 공간 속에 또 하나의 방이 있는 듯한, 매우 독특한 구조로 추운 겨울에 효과적으로 추위를 막을 수 있도록 만들어 놓은 것이 특징이다.

사랑채 고방과 아름다운 4분합문

충효당 정침

부섭지붕의 안방 구조가 흥미로운 안채

기와를 이용한 아름다운 담장 옆의 협문

    5량 집인 사랑채는 비교적 크게 느껴질 정도로 둥근 통나무를 반듯이 켜서 기둥 위에 조립하고 보의 무게를 받치기 위하여 보아지로 받치고 힘을 기둥에 전달하고 있다. 보아지는 초각을 넣어 조형미를 갖추고, 특히 고방 앞의 내주는 좌우로 초각을 넣어 예술적인 감각을 발휘하였다. 또한 팔작지붕 아래 선자연 서까래와 출목도리, 장여 사이를 막아 댄 우물반자틀을 두었다. 이 반자틀은 가로 한 방향만 건너지르고 세로는 칸칸이 잘라서 장부맞춤하는 우물 반자틀짜기 기법으로 매우 정교하게 반자대로 격자형으로 되어 있으며 반자를 받치는 중보는 대들보 위에서 화반으로 초각하여 섬세하고 아름다운 천장의 가구 모

해와 달을 표현한 두 개의 무쇠솥과 물 항아리를 한 켠에 묻어 둔 안채의 부엌

습을 보여준다.

　충효당 정침의 지붕을 남쪽에서 보면 날개채의 박공이 양쪽으로 보이고 맞배지붕을 아래에 연결한 형태로 좌우 측면에서 보면 추녀 끝에서 맞배지붕의 추녀마루 한쪽을 붙인 듯한 지붕 가구 기법을 보인다. 전면 일곱 칸 반에 아랫사랑채는 반 칸을 늘려 툇마루로 꾸미고 있다. 중문은 중앙 칸에 배치하고 상부는 무지개 모양의 상인방을 만들고 그 위에 살가지를 촘촘히 대어 의장적인 멋과 벽사의 의미를 표현하고 있으며, 내부로는 광창의 역할을 하고 있다. 이와 같이 한옥의 대문은 방범의 역할과 함께 의장적인 멋과 정신적인 사상 그리고 과학적인

중간설주가 있는 고식기법의 바라지창

신비로움이 느껴지는 사당 앞의 나무

안채 대청마루와 안방

기능을 겸비한 종합적인 집합체로 집을 지을 때 위치나 모양에 대단히
신경을 쓰게 된다. 중문은 기둥 사이를 전체로 쓰지 않고 한 켠으로 밀
고, 한쪽 벽은 회벽으로 마감되어 있는데, 이 벽은 아래채 온돌방의 반
침과 아궁이를 위한 여백을 만들기 위함이다. 중문은 여러 장의 긴 널
판을 가로재로 엮은 형태로 중간 가로재에 빗장둔테를 만들어 내부에
서 걸도록 하였다. 이 문은 외부 쪽으로는 문고리가 없고 안쪽으로 밀
어 열도록 하였다. 특히 아래채는 창밑인방과 창 위 인방의 위치를 달
리하여 변화 있고 섬세한 느낌이 든다. 특히 창문이 있는 칸에서는 창
밑인방과 창 위 인방의 중간에 또 하나의 가로재를 넣어 견고함을 느끼
게 한다. 창문은 2분합덧문으로 되어 있으며 머름대 없이 하인방에 직

접 창틀을 끼워 넣는 방법을 사용하였고, 띠살무늬 덧문을 열면 닫히지 않고 문고리에 의하여 벽이 손상되지 않도록 조그만 각재를 창 위 인방에 좌우로 매달아 놓아 지혜로움을 보여준다.

안채 마당 가운데에는 우물과 장독대가 있다. 안채는 막돌 허튼층쌓기로 높은 기단을 만든 후에 주춧돌은 네모난 자연석을 골라 앉히고 대청 앞의 두 기둥은 둥근기둥을 사용하여 품위를 더하였다. 둥근기둥은 마루귀틀을 대고 대들보와 조립하고, 조각 없이 간결하게 사절된 보아지를 사용하고 있는 3량 집 홑처마이다. 규모는 정면 세 칸 측면 한 칸 반으로 천장가구는 대들보 위에 사다리모양 판대공으로 매우 간결한 느낌을 준다. 더욱이 건물 폭이 넓기 때문에 우물천장의 긴 서까래가 추녀 끝까지 연결되어 시원스럽고, 내주와 기둥들의 두께가 두툼하여 안정감을 더해주는 모습이다.

안채는 맞배지붕에 서쪽으로 돌출되어 이은 형태다. 안방 앞 쪽마루는 정면에서 보면 툇마루 느낌이 들도록 하고 측면에서 보면 누마루 형식으로 보이도록 꾸미고 있다. 그 위에 부섭지붕으로 만들었는데, 이는 집 주인의 안채에 대한 배려일 수 있으며, 이는 기능적인 면을 건축으로 표현한 도편수와 합작품이다. 안방 앞으로만 계단을 만들어 오르게 한 것도 건넌방에 기거하는 식구들로부터 방해를 받지 않으려는 예로 볼 수 있다. 이 방에는 사랑채 쪽으로 2분합문이 만들어져 있다.

대청마루 전면에는 두 개의 원기둥을 사용하고 나머지 외주와 내주는 방형의 기둥을 사용하였으며, 안방과 건넌방으로는 외닫이 띠살무늬 방문을 꾸며 놓았다. 문설주도 인방에 연귀맞춤으로 조립되어 농이나 장과 같은 가구에서나 볼 수 있는 섬세한 조립 기법을 엿볼 수 있다.

아래 사랑채는 전면 네 칸에 측면 한 칸 반의 크기다. 가운데에는 두

안채 후원과 사당의 봄 풍경

칸의 온돌방을 두었는데, 안채 마당에서 보면 두 칸의 온돌방 받침 사이에 아궁이를 만들어 불을 때도록 했다. 그 옆으로 붙은 아래채는 안채 쪽으로 외닫이 띠살무늬 창살에 한지를 바른 문이 있어 아랫방에 기거하는 자녀들의 통로로 사용하도록 하였다. 다시 그 옆으로, 아래에는 강돌과 흙으로 기단부를 꾸미고 상부는 기왓장을 겹겹이 쌓아 올려 만든 적당한 크기의 굴뚝이 자리하고 있다.

　동쪽으로 안채와 연결된 날개채에는 건넌방이 있고 아래채와 만나는 곳에 부엌을 만들고 부엌에서 텃밭과 헛간, 뒷간으로 나가는 판문을 달아 사용하도록 하였다. 문 상부의 봉창은 날씨가 추운 지방에서 자주 볼 수 있는 형태로, 통풍과 채광을 목적으로 만든 이 지방의 특징적인 건축 기법이 돋보인다. 예전 사람들은 어이없는 일을 말하면서 봉

앵두꽃이 핀 충효당 사당의 풍경

창이 터졌다는 표현을 사용했다. 겉으로 보아서는 별 것 아닌 것처럼 보이지만 아궁이에서 장작을 때어 연기가 많이 나던 지방에서는 날짐 승이 들어오는 것을 막고, 환기도 하면서 조명의 기능을 하기도 하는 일석삼조의 창문이 얼마나 중요한지 굳이 설명하자면 입만 아프다고 생각해서 그런 표현이 등장한 것으로 보인다.

안채와 사랑채의 담장 사이로는 커다랗고 잘 생긴 배롱나무가 서 있 다. 여름에는 빨간 꽃 터널을 이루고, 그 옆으로 앵두꽃이 하얗게 필 때면 사랑과 안채의 안방은 아름다운 토석 기와 담장과 어울려 매우 여성스러운 분위기를 연출한다. 아름답게 꾸며진 나무 사이로 계단을 오르면 별도로 구획된 담장이 사당을 지키고 있다. 사주문의 분합 판문 으로 꾸며진 사당 출입문을 열면, 사당의 중앙에 아름드리나무 한 그루가 좌우로 팔을 벌리고 있는 듯 서 있어 사당이란 깔끔해야 한다는 개념을 갖고 있는 우리를 놀라게 한다. 이 가옥에서 매우 흥미로운 곳을 찾아보라면 보는 사람마다 지목하는 것이 사당 앞에 'V'자로 자라고 있는 노거수에 대한 이야기일 것이다. 충과 효를 근본으로 하는 이 집의 당호에 부흥되는 나무로, 서로 간의 굵기도 같으니 어느 한쪽으로도 기울어짐 없이 정중동正中動을 근본으로 하라는 조상의 뜻인지도 모른다.

　사당은 자연석으로 면을 맞춘 막돌허튼층쌓기 기단 위에 정면 세 칸 측면 한 칸에 맞배지붕 형식으로 되어 있다. 사당은 툇간을 두지 않아서 비교적 폭이 크고 높은 건물이기에 박공널을 달아 비바람으로부터 사당의 부재들을 보호하도록 만들어 놓았다. 툇간을 두지 않은 사당은 내부가 매우 넓게 되어 있다. 둥근기둥을 전면에 세우고 가운데 어간은 3단으로 구획된 문을 두었다. 상부에는 넉살무늬 창틀을 두고 중간과 아래는 판재를 이용한 넌출문을 분합문으로 하고, 좌우 협간에는 판벽에 외닫이문을 달아 위계를 두었다. 판벽과 문은 나뭇결을 배려하면서 배목을 적당한 거리로 유지하여 묵직한 느낌이 들도록 꾸몄다. 이 집의 사당은 가장 높은 자리에 위치해 마을을 비롯한 인량 들판과 건넌마을 및 안산까지 한 눈에 들어오는 전망 좋고 양지바른 남향에 자리하고 있어 조상을 모시는 사당의 위치에 깊은 생각이 담겨진 배치 모습을 취하고 있다. 봄에는 마을 앞이 전부 사과 밭으로 사과꽃이 하얗게 필 때면 송천松川 강가에서 충효당이 꽃 위에 떠 있고, 구름 위에 떠 있는 것처럼 보인다.

오촌리 梧村里 갈암고택 葛菴古宅

경북문화재자료 제399호 | 경북 영덕군 창수면 오촌리 229

5

● ● ●

인량마을이 있는 영덕군 창수면에는 인량마을 외에 오
촌리라는 마을도 있다. 여기에도 여러 채의 기와 고가가 남아 있다. 하
지만 대부분의 가옥은 사람이 살지 않는 상태로 답사가 불가능하였
고 갈암고택만 그 모습을 볼 수 있었다. 오촌리의 갈암고택葛菴古宅은
1673년경 갈암葛菴 이현일李玄逸 선생이 중형인 존재存齋 이휘일李徽逸
선생과 함께 임진왜란으로 황폐화된 오촌리 마을을 재건할 때 건축된
것이라고 하며, 학행으로 명성이 높아 이후 여러 차례 다양한 관직을
역임하면서 거주했던 기간은 그리 길지 않았다고 한다. 그러나 퇴계
이황 선생의 학통을 이어 받은 이현일 선생이 학문을 익혔던 장소로써
그 학행과 정신을 엿볼 수 있는 가옥이다. 집은 마을 앞 국도에서 조금
들어가 산 아래 양지바르고 시야가 탁 트인 곳에 자리하고 있다. 뒷산
이 포근하게 안은 모습으로 대나무가 집을 둘러싸고 사계절 푸르름을
보이며, 집 뒤에는 커다란 느티나무가 안채 뒤편에 서서 잎이 달리는
봄부터 싱그러움을 더해준다. 산이 굽이쳐 내려와 끝나는 지점에 대문
없는 담장을 둘러 'ㅁ'자형 정침을 두었다. 특히 눈에 띄는 것은 담장보

안채 중문과 사랑채

다 지나칠 정도로 높은 누마루가 정침의 동편에서 약간 돌출되어 있는
형태로, 자연석 막돌허튼층쌓기로 약 4벌대의 기단 위에 팔작지붕의
사랑채를 두었다. 사랑채는 정면 네 칸 측면 두 칸의 홑처마 팔작지붕
형태로, 오른쪽 한 칸에는 대청마루를 두고 나머지 전면 두 칸에는 온
돌방을 두었으며 툇마루를 꾸며 여름에 직사광선을 막고 통행도 할 수
있도록 꾸며 놓았다.

사랑채 아래의 누하주는 툇마루 아래에만 세우고, 온돌방 뒤로부터
는 지형의 경사를 이용하여 지면에 맞닿도록 지어진 것이 매우 인상적
이다. 또한 마루 위의 누상주는 방형기둥으로 주두 위에서 보와 만나
고, 보 아래는 외부는 직절되고 내부는 사절된 보아지로 받치고 있다.

사랑채 정면의 표정

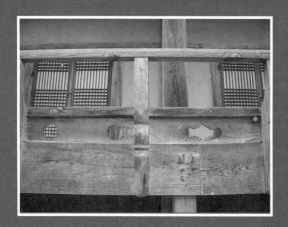

궁판의 기하학적 무늬의 안상

새끼로 꼬아 만든 드림줄
같은 분합문 걸이

갈암고택 중문

문을 달기 위한 둔테가 귀여운 마구간 문

기둥 사이에는 창방을 걸고 장혀를 소로로 받쳐 소로수장집의 형식을 하고 있다.

사랑채 동쪽에 있는 대청마루는 기둥간의 간격을 고려하여 4분합문이 아닌 3분합문으로, 하단에 궁판을 꾸민 띠살무늬 창문으로 만들었다. 대청마루에서 이 문을 열어 창방에 걸 때 사용하는 등자쇠로, 쇠줄을 연결한 고리 모양의 등자가 아닌 새끼줄로 꼬아 만든 끈으로 매달도록 꾸며진 것이 매우 이채롭다. 대청과 온돌방 사이의 벽은 격자무늬 창살 앞뒤에 한지를 발라 만든 맹장지로, 온돌방을 밝게 해 줄뿐만 아니라 대청에서 제사라도 있으면 이 문을 천장에 달아 대청과 방을 하나로 만들어 쓰도록 꾸며졌다. 대청의 동쪽으로는 중인방 아래에 판벽과 바라지창을 두고 방풍벽의 역할을 하도록 꾸몄다.

안채는 사랑채 옆으로 난 중문을 통하여 들어가는데, 중문은 사랑 디딤돌 옆으로 두 장의 수직 판재를 댄 판벽을 두고 대문이 꾸며져 있으며, 안채로 들어가는 중대문의 좌우 크기를 다르게 한 것이 매우 특이하다.

중문 옆에는 마구간이 있고 판벽의 두 짝짜리 작은 문은 귀여운 둔테로 판문을 받치고 있으며 세월의 풍화를 받은 나무의 목질이 선명하여 소나무의 아름다운 결과 옹이 부분이 그림처럼 보이는 매력을 느끼게 해준다. 안채는 세 칸의 대청에 한 칸 반의 깊이를 가진 규모로 이 가옥의 안채는 기단이 외벌대로 낮은 대신 대청마루는 어른 가슴까지 올라오도록 높이의 매우 높여 놓았다. 이는 폐쇄적이고 좁은 이 가옥의 안채 구조 특성상 많은 햇살을 받고, 비가 오면 지면에서 마루에 눅눅한 습기가 올라오지 않도록 마루를 높인 것이며, 쾌적한 생활환경을 위한 과학적인 지혜의 산물이다. 따라서 디딤돌이 3단으로 계단처

몇 개의 섬돌을 올라가야 하는
마루가 매우 높은
갈암고택 안채

안채 서편 안방과 부엌 표정

3량 가구 구조인
안채 우물천장과
귀여운 안방 다락문

지나칠 정도로 높은 마루 앞 3단 디딤돌의 흥미로운 표정

럼 올라가도록 꾸며져 있는 것이 이 가옥의 특징이다. 대청의 천장이 높아 대청 한 켠에 고방을 두고 다락을 꾸미던 인량리 마을의 고택들과도 형식이 다르다. 이와 같이 한 장소의 마을에서도 집주인의 생각과 도편수가 생각하는 기술의 조합이 만들어 낸 최종 결과는 저마다 다르다. 민가의 한옥은 이렇게 우리들이 각각 한민족이면서도 서로 다른 얼굴을 하고 서로 다른 옷을 입는 것처럼 저마다의 개성을 담고 있다.

안채의 안방은 대청마루에서 연결되는 외닫이 문에 보 아래에 네모난 넉살무늬 광창을 두고 다락을 꾸며 놓았다. 날개채 방향으로는 한 칸의 온돌방에 굽혀서 들어갈 수 있는 크지 않은 띠살무늬 2분합 덧문을 꾸미고 디딤돌을 놓아 출입도 하도록 되어 있다. 다른 지방에서는 문 앞의 쪽마루를 이용하여 출입하는 방문으로 이용하지만, 영덕에서

만난 모든 주택에서는 디딤돌만을 놓고 사용하고 있다. 그만큼 이 지역은 평면 구조도 폐쇄적이지만 안마당이 매우 협소하고 창문의 수도 적으며, 창문이나 방문의 크기도 최소한의 면적만을 사용하는 특징을 보이고 있다. 아울러 난방을 위한 아궁이에서 나오는 열을 최대한 건물 안에서 이용하여 열이 집 안에 머무는 시간을 길게 하려는 의지가 눈에 띄는 생각이 설계기법으로 나타나고 있다. 또한, 고래가 긴 아궁이보다 함실아궁이와 불을 떼는 아궁이 옆에 굴뚝을 최대한 가까이 두는 사례를 많이 발견할 수 있다. 사랑채 온돌방의 난방도 중문에 아궁이를 두고 안채 마당인 사랑채 받침 아래의 여백 공간에 토석으로 만든 둥근 모양의 굴뚝을 조그맣게 만들어 놓았다. 3량 구조인 안채는 둥근 나무 옆면을 각을 접어 깎아 기둥과 거의 폭을 맞추어 조립한 것이 특이하며, 종도리를 받치는 대공도 네모난 각재를 사용한 동자대공으로 매우 소박하다. 기둥머리의 보아지도 초각 없이 외부는 보머리와 길이를 맞추어 직절하고 내부는 짧게 사절시켜 매우 간단명료하게 표현하고 있다.

건넌방 아래로 이어진 날개채는 정면 세 칸 측면 한 칸의 크기로, 건넌방 바로 옆 칸은 마루널로 바닥을 만들고 판벽에 판문을 단 도장방이다. 겨울에 보관이 어려우면서 건조한 환경이 요구되는 음식과 세간을 저장하는 곳이다. 지금은 작은 항아리들이 가득히 들어 있다. 가운데에는 한 칸의 방을 두고 작은 외닫이 띠살무늬 문을 달아 출입문으로 사용하고 있다. 이 집에서 눈여겨 볼 것은 방으로 드나드는 디딤돌 아래의 굴뚝이다. 굴뚝과 디딤판의 두 가지 목적으로 사용하는 지혜가 흥미롭다.

6 봉화 고택들

닭실마을과 청암정 | 가평리 계서당 | 거촌리 쌍벽당
개암고택 | 해저 만회고택

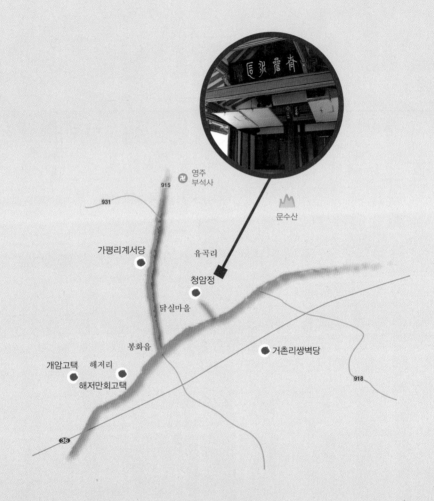

915

931

卍 영주
부석사

🏔 문수산

가평리계서당

유곡리

청암정

닭실마을

봉화읍

거촌리쌍벽당

개암고택　해저리

918

해저만회고택

36

닭실마을과 청암정 靑巖亭

사적 및 명승 제3호 | 경북 봉화군 봉화읍 유곡리

1

● ● ●

닭실마을로 널리 알려진 경북 봉화군 봉화읍 유곡리酉谷里
는 안동권씨들이 모여 사는 봉화의 대표적인 집성촌이다. 조선시대에
는 내성현奈城縣에 속한 곳으로 본래 봉화奉化 지역에 해당되는 곳이지
만 안동부安東府에 소속되어 있었다. 이 마을에 안동권씨들이 모여 살
게 된 것은 충재沖齋 권벌(權橃, 1478~1548) 이후라고 전한다. 권벌이 중
종 14년 기묘사화(己卯士禍, 1519) 때 파직을 당하여 물러나와 1521년부
터 파평윤씨坡平尹氏의 터전이었던 이곳 내성奈城 유곡에 입향하여 세
거지世居地를 형성하였다는 것이다. 그래서 닭실마을에는 권벌과 관련
된 청암정青巖亭 등의 유적이 여럿 남아 있다.

닭실마을이란 동네 이름은 이 마을의 지형에서 비롯된 것으로, 황금
닭이 알을 품고 있는 형국이라는 소위 금계포란金鷄抱卵의 형세로 이루
어진 마을이 닭실마을이다. 『택리지』에 따르면 이곳 닭실마을은 경주
의 양동마을, 안동의 앞내마을 및 하회마을과 더불어 3남의 4대 길지
가운데 하나라고 한다.

닭실마을의 공간적 특성을 올바로 이해하기 위해서는 옛길을 통해

사대부의 사랑을 받던 소나무 숲에 안겨있는 듯한 닭실 권충재고택

마을로 들어가 보는 것이 좋다. 마을 진입로 옛길은 산사를 찾아가는 길처럼 개울과 산을 건너가는 고즈넉하고 평화로운 모습이다. 마을 앞을 흐르는 내성천 계곡을 따라 들어가다 보면 오랜 시간 물에 깎여 다양한 모양으로 형태를 갖춘 바위들을 만날 수 있고, 맑은 계곡물 주변에 빽빽하게 들어찬 춘양목이라는 붉은 껍질의 소나무가 이루어내는 장관도 감상할 수 있다. 이 계곡 왼편 산기슭 바위에는 '신선이 사는 마을'이라는 뜻의 '청하동천靑霞洞天'이란 글씨가 새겨져 있으며, 조금 더 오르면 충재의 큰아들인 권동보가 1535년에 지은 석천정사石泉精舍가 나타난다. 석천정사의 누마루에 걸터앉아 바위 뒤에 있는 석천의 약수를 마시면서 흘러가는 계곡물을 감상하노라면, 옛 사람들이 왜 거기서 시를 짓고 차를 마셨으며, 자연과 더불어 어떻게 정신을 가다듬었을지 짐작하게 된다. 이 석천정사에서 산을 뒤로 돌아들면 산 아래 고즈넉하게 자리 잡은 고택들이 나타나는데 이곳이 바로 닭실마을이다.

석천정사 앞 계곡을 따라 소나무 숲을 빠져나오면서 오른쪽으로 돌아서면 나타나는 마을의 전경은 전형적인 배산임수背山臨水로, 마치 특별한 공간 속의 세계를 보는 듯 하다.

충재선생의 충절과 학덕을 기리는 삼계서원

아름다운 마을 옛길

충재 권벌 종택의 솟을대문채

먼저 충재 권벌의 종택은 뒷산의 오른쪽 줄기인 마을의 오른편에 자리하고 있는데, 백설령의 암탉 꼬리 부분에 해당한다. 전면에 논이 있고 논길을 따라 좌우 세 칸의 문간채를 거느린 솟을대문이 서 있다. 이 가옥을 지은 권벌 선생은 선비로서의 강직함과 격조를 간직했던 인물로 널리 알려져 있다. 평소『근사록』을 애독하였다고 하며, 을사사화 때는 홀로 문정왕후에게 나아가 당시의 삼대신三大臣인 윤임, 유관, 유인숙을 구하는 논지를 주장하다가 그 일로 평안도 삭주로 유배되어 별세하였다 한다. 이 집안은 근대에 들어와서도 독립운동을 돕다가 많은 어려움을 겪은 집안으로, 현대를 사는 우리에게 많은 교훈을 남겨주고 있다.

고택의 답사는 먼저 그 집안의 내력을 공부하고 정신적인 교훈을 얻지 않으면 무용지물이 되기 쉽다. 그런 이해와 교훈 위에서, 선조들의

문틀 위와 아래 월방으로 꾸민 대문

정신과 철학이 건축적으로 어떻게 구현되었는지를 살피는 것이 올바른 고택 답사의 길이다.

　권벌 종가의 얼굴인 대문에서는 우선 풍수도참에 입각한 조형미가 느껴진다. 문인방과 문지방을 활처럼 휘어 낮에는 해가, 밤에는 달이 대문을 향해 들어오는 것처럼 만들어 놓은 것이 매우 흥미롭다. 특히 대문의 바탕쇠는 '만卍'자의 길상자와 '수복壽福'자가 좌우 문에 각각 투각되어 있는데, 문을 잠그면 수복이 표현되도록 한 장석의 배치 예술이다. 당시 대문의 장석은 아닐지라도 두석장이는 집 주인의 사상을 이해했을 것이기에 아이디어가 참 지혜롭다. 특히 문인방 위에도 벽사

대문 바탕쇠의 만(卍)자와
수(壽)자

대문 바탕쇠의 만(卍)자와
복(福)자

의 부적이나 살창 장식 없이 집안의 강직한 내력에 자신감을 얻은 도편
수는 여백의 미로 웬만한 미의식의 소유자가 아니면 엄두도 못 낼 멋을
부렸다.

대문의 방향을 살펴보면, 안산의 암탉 배 부분이 보이도록 대문을
위치하고 있는데, 이 또한 대문이나 집의 방향을 잡을 때 풍수지리적인
것도 고려한 듯하다. 특히 이 가옥의 대문은 문지방과 문인방을 활처
럼 휜 부재를 사용하여 드나들기 편리하도록 만들었는데, 이러한 편리

사랑마당에서 본 충재 권벌 고택

소로수장집의 사랑채 모서리 표정

위엄이 느껴지는 둥근 기둥의 사랑채 마루와 처마

한 배려는 둘 중 하나 정도는 한옥에서 흔히 볼 수 있는 방법이다. 문지
방과 문인방을 사용한 예는 이 집의 특징인데, 누구든 위아래의 흰 부
재를 통하여 달이나 해를 형상화 하는 이유는 무엇일까? 분명 상부의
여백이 있는데도 불구하고 이러한 문틀을 만든 이유는 집안의 여유와
자신감, 그리고 주변과의 화복에도 관계가 있을 것으로 생각되는 흥미
로운 표현이다. 대문채는 좌우에 한 칸씩의 온돌방을 두고 곳간을 좌
우에 배치하고 있다. 이 대문에 들어서면 매우 넓은 사랑마당이 나온
다. 이 마당은 청암정이 있는 정자 앞까지 연결되어 충분한 대지를 확
보하고 있다. 특히 뒷산의 모양을 손상시키지 않으려는 의도로 산의
줄기를 따라 담장 없이 산이 곧 담장의 역할을 하도록 하고, 전면의 대

유교의 예법을 중시하던 조선시대 사대부가의 상청이 만들어진 사랑대청 앞

문채 좌우로만 담장을 두고 있는 점도 특이한 모습이다.

이 가옥은 폐쇄적인 'ㅁ'자 형으로 가운데에 정침으로 드나드는 중문을 두고 전면 우측으로 사랑채, 좌측으로 안사랑이 꾸며져 있다. 사랑채는 비교적 잘 다듬은 장대석을 3벌대로 쌓고 그 위에 네모나게 성글도록 다듬은 주춧돌을 앉혀 놓았다. 그 위에는 전면에 둥근기둥을 세우고 첨차를 둔 인방을 걸어 장식적이고 우아하게 표현하고 있으며, 보머리에는 툇보와 수직으로 자르고 내부는 보 아래의 보아지를 초각으로 꾸며 놓았다. 또한 툇보를 걸어 반 칸 확대한 툇마루를 두었는데 툇보는 천장의 서까래와 같이 경사면을 따라 외주 기둥에 걸터앉은 모습으로 세련된 도편수의 조형적인 기술이 잘 나타나고 있다.

사랑채는 잘 다듬은 장대석 위에 세워져 있는데, 전면의 기둥은 둥근기둥을 세워 격조 높은 사대부의 위상을 표시하고 있다. 정면 네 칸 측면 두 칸으로 되어 있는데 중앙의 좌우를 반 칸씩 늘여 전면에는 툇마루를 두고 뒷칸에는 한 칸 반의 공간을 방이나 대청으로 사용하고 있으며 지붕은 홑처마로 되어 있다. 건물에 비례해 둥근기둥은 비교적 두꺼운 편으로, 홑처마와 창방 위에 첨차가 꾸며지면서 전통적인 사대부집의 중후하고 고상한 분위기를 보여주고 있다. 특히 사랑 기둥머리의 구조는 안측에서 내려온 툇보가 활처럼 곡선을 이루고, 기둥 위에서 전면은 단절되고 내면은 초각을 하여 간결하면서도 아름답다.

안채로 드나드는 문은 안대문과 안사랑 옆으로 난 협문, 그리고 사당으로 연결되는 문이 구성되어 있다. 특히 안채에 가려면 사랑 앞을 지나가는데, 사랑에 드나드는 사람들이 안채를 엿보지 못하도록 안채 안대문 앞에 쪽담을 세우는 경상도 지방의 일반적인 구조 대신 이 가옥은 사랑채를 청암정이 있는 서쪽으로 두어 별도로 남자들의 공간을 처

머름판을 단 온돌방과 문지방만을 둔 안사랑채의 모습

리하고 있다. 또한 바깥대문에서 안대문으로 다니는 방향을 약간 비켜 세워서 쪽담 없이도 안채를 외부의 시선으로부터 차단하는 배치 방법을 보여주고 있다.

안채는 경상도 지방에서 흔히 보이는 폐쇄된 'ㅁ'자형으로, 조선시대 전기 양식에서 볼 수 있는 커다란 판석 위에 납작한 갑석을 올려놓은 모습으로 강직한 느낌을 준다. 안채의 구성은 두 칸의 대청에 우측으로 두 칸의 안방을 두고 대청의 왼쪽으로는 건넌방을 두고 있다. 부엌은 안방의 날개채 쪽에 꾸며져 있는데, 전체적인 느낌은 화려하지 않지만 짜임새 있는 분위기를 준다. 안마당 조그만 화단에 심은 호박은 넉넉한 크기의 장독들과 어울려 종가집의 운치를 더해주고, 삶의 숨소

사랑 기둥머리에 얹혀진 툇보의 멋스러운 곡선

리가 느껴져 아름답기만 하다. 안대청의 봉화 춘양목은 붉은 빛을 더하여 서까래 사이로 보이는 하얀 양회를 바른 우물천장과 어울려 한옥의 멋을 더해준다. 홑처마 지붕의 안채는 둥근 대들보가 네모난 기둥과 만나고 기둥머리를 받치는 보아지는 대들보와 같은 길이에서 직절하고 안쪽으로도 사절되게 짧게 받치는 모습이다. 장식적이지는 않지만 앞뒤를 다르게 함으로써 변화를 주어 고졸한 느낌을 준다.

고택의 사랑마당 끝에 별도의 담장에 있는 건물이 권벌이 시문을 즐기던 정자인 청암정靑巖亭이다. 팔작지붕과 맞배지붕을 결합한 모습으로 전면 여섯 칸 크기의 대청과 두 칸의 온돌방을 두고 온돌방 주위로는 계자각을 꾸민 난간이 둘러 있다. 두 칸 크기의 온돌방은 대청쪽으

거북이 등에 앉은 청암정

돌축대와 돌기둥의 기술적 축조 묘미가 느껴지는 청암정의 뒷부분

판석을 이용한
안채 기단과 갑석

봉화 춘양목을 사용한
안대청 가구의 표정

로 불발기 분합문을 만들어 대청 천장 위에 등자쇠로 걸어 놓게 되어 있으며, 서쪽으로는 판벽에 불발기창을 두어 따뜻한 날에 이 문들을 활짝 열어젖히면 주위의 노송과 단풍나무, 느티나무, 향나무 등 고목들과 정자 건너로 흐르는 계곡의 물소리가 지척으로 느껴진다. 정자의 천장 가구에는 퇴계 이황 선생의 백담栢潭 구봉령과 번암樊庵 채제공의 글이 있으며, 관원灌園 박계현 등 당대 명현들의 글이 편액으로 걸려 있다. 그 중에서도 남명南冥 조식이 쓴 것으로 전하는 청암정 현판과 미수 허목이 쓴 '청암수석靑巖水石' 편액의 시원스럽고 품격 있는 필치는 청암

사방이 개방되도록 꾸며진 청암정의 시원스런 대청

돌다리 건너 종가댁의 고즈넉한 모습

반듯하고 격조 있는 창문이 돋보이는 서재

대청과 충재 서실

충재 선생이 학문을 연마하던 별당 협문

정의 위상을 더욱 높여주고 있다.

청암정은 아름다운 호수 속에 떠 있는 정자다. 그런 느낌이 들도록 건물을 크고 넓적한 거북 모양의 자연석 위에 올려 세웠다. 거북 바위 주변으로는 연못이 조성되어 있고, 주변에는 향나무, 왕버드나무, 소나무가 우거져 정자의 운치를 한껏 살리고 있다.

청암정 앞에 충재라는 편액이 걸려 있는 건물은 정면 세 칸 측면 한 칸 크기의 건물로, 두 칸은 온돌방으로 되어 있고 한 칸은 마루로 되어 있다. 충재 선생이 평소 거처하던 방이다. 충재에서 정자를 올려다보거나, 정자 마루에서 아래쪽 충재고택을 보면, 자연을 슬기롭게 이용하고 그 안에 한옥이라는 살림집을 조화롭게 배치하여 산천의 아름다움을 이용하는 옛 사람들의 빼어난 미적 감각을 느낄 수 있다. 장수를 의미하는 거북 모양의 특이한 바위 위에 정자를 얹혀 거북이가 살도록 물을 넣어주는 연지를 만들고, 자연을 벗삼아 정신수양과 학업을 하기 위한 공간을 배치한 안목이 흥미롭다.

지금도 청암정 뒤쪽에는 종손과 차기 종손이 조상님들이 전해주신 유품들을 보관하고자 만든 유물전시관이 있어 가문의 명예를 보존하고자하는 모습에 감동을 받게 된다. 또한 훌륭한 조상을 갖은 존경심과 소명의식에 마음이 숙연해진다.

가평리 佳坪里 계서당 溪西堂

중요민속자료 제171호 | 경북 봉화군 물야면 가평리 301

2

• • •

계서당溪西堂은 봉화군 물야면 가평리에 있는 고택이다.
봉화읍에서 부석사로 가는 915번 국도를 따라가다 보면 물야면 소재
지에서 서쪽 방향으로 '전백당傳白堂'이라는 편액과 함께 걸려 있다. 이
가옥은 최근 춘향전에 등장하는 이도령과 관련하여 이목이 집중되는
가옥이다.

이 집과 이도령의 관련성은 이렇다. 계서溪西 성이성(成以性, 1595~
1664)의 아버지인 성안의가 남원부사로 있을 때, 성이성은 아버지를 따
라 남원에서 공부를 했고 이후 과거에 급제한 뒤 암행어사로 네 번이
나 출두, 암행어사의 표본이 됐다고 한다. 이후 성이성은 출사를 여러
번 거절한 뒤 봉화에서 이 계서당을 짓고 살았다는 것이다. 최근 학자
들과 종손의 말에 의하면 성이성의 암행과 권선징악을 실천한 점 등에
미뤄 아버지 성안의의 친구가 춘향전을 만들었다는 것이다. 그리고 이
집의 주인인 성이성이 바로 춘향전에 등장하는 이몽룡의 실제 인물이
라는 것이다. 춘향전 집필 당시 양반의 실명을 바로 거론하기에는 시
대 상황이 허락되지 않았기에 성을 이씨로 바꾸고, 대신 춘향의 이름에

계서당 솟을대문과 무지개형 문인방

'성'씨를 붙였다는 설명이다. 춘향전 등장인물의 실존 여부에 대해서는 논란이 많지만 봉화군은 계서당 입구에 '춘향전의 실존 인물 이몽룡 생가'라는 안내판을 세우고, 봉화를 암행어사를 상징하는 곳으로 만들기 위해 주변 환경을 가꾸는 정책을 추진하고 있다.

계서당은 나지막한 소나무 숲 아래에 남향으로 자리하고 있다. 대문채로 가는 길은 마을길에서 직선으로 논을 지나는 묘미가 흥미롭다. 전면에 일자형 솟을대문이 여섯 칸 반의 규모로 세워져 있는데, 좌측에는 마구간과 측간, 우측에는 네 칸의 광이 꾸며져 있다. 특히 측간이 있는 지붕은 맞배지붕에 눈썹지붕을 단 모양으로 지붕선의 변화가 앞산

누하주가 막힌 사랑채의 위용

의 산등성이를 닮아 있다.

　대문에 들어서면 높직한 기단 위에 사랑과 정침이 좌우로 배치되어 우러러 보이도록 하는 극적인 효과를 보여주고 있다. 사랑채는 화계를 만들고 견치돌쌓기를 한 한 자 높이의 기단 위에 누하주를 세우고 누마루 위에 세부조각이 없는 단순한 하엽, 그리고 돌란대와 풍판을 꾸며 청백리의 표상인 가풍을 도편수가 슬기롭게 표현한 것으로 매우 인상적이다. 이는 유교를 숭상하던 조선시대 선비의 마음과도 일치하는 모습으로 조선시대 민가에서 볼 수 있는 한옥의 세부적인 멋이고 세련미인 것이다.

1 사랑대청마루의 충량과 반자틀과
   전백당 당호의 어울림
2 사랑채 측면에 붙은 판문과
   소변기의 모습
3 지붕선이 학의 날개처럼
   느껴지는 사랑채

출목과 보아지를 댄
기둥머리 장식

눈과 입을 조심하라는
교훈의 누하주벽

　계서당은 누하주의 벽에 기와를 이용한 재미있는 모습의 얼굴 형태
가 장식되어 있다. 종부에 의하면 이 모습은 사람의 얼굴로, 시집오면
서 시어머니로부터 대 물리는 교훈이 숨어 있다고 한다. 세 칸의 사랑
전면에서 두 칸에 만들어져 있는데, 하나는 시집을 와서 보는 것에 대
한 비밀을 지키는 것이요, 또 하나는 듣는 것에 대하여 비밀을 지키고
항상 어려운 일이 있어도 참고 견디라는 뜻을 가르치셨다고 한다. 또
한 안채의 대청마루에 '정중동正中動'이라는 액자가 있듯이 이 집의 가
훈처럼 세상을 살아가면서 중심을 잃지 말고 항상 자신을 올바르게 다

고즈넉한 멋의 사랑 기단

스러야 한다는 교훈을 가르치고 있다. 이와 같이 한옥은 살림집으로서
외형적인 모양이 장대하고 근엄할 뿐만 아니라, 그 속에서 사는 사람
들의 마음까지도 한옥의 근엄함과 고상한 예의와 정신세계를 조절하
는 공간으로 볼 수 있다. 이 가옥에서 사랑채 누마루 벽은 이 집의 가정
교훈을 함축하면서 예술적이고 장식적으로 표현하여 우리에게 중요한
교훈도 전해 주는 아름다운 벽이다.

　사랑채는 홑처마로 그리 장식적이지 못하지만 팔작지붕에 주두를
올려놓고 소로를 받친 첨차를 수평인 주심도리를 받치게 함으로써 장
식적인 멋을 표현하였다. 난간의 장식 없는 돌란대, 그리고 박쥐무늬
풍혈 없는 궁판 등은 사각기둥과 함께 절제된 모습도 함께 표현하는 멋
을 보여주고 있다. 또 정면 한 칸 측면 두 칸의 대청마루는 널찍한 반자
틀과 곡선의 충량이 어울려 멋을 더해준다. 특히 누마루 동쪽으로 툇

안대문과 누마루를 연결하는 돌계단의 자연미

마루를 꾸미고 측벽은 판벽으로 만들어 한 칸은 널판 출입문을 두고, 한 칸은 머름이 있는 바라지창을 꾸민 것도 볼 수 있다. 널판 출입문을 열고 나서면 마루 끝에서 소변을 볼 수 있도록 널판을 이용한 조그만 측간을 두고 있는 것도 매우 흥미롭다. 밤에 대문 옆에 있는 측간까지 가기가 번거로우니 이런 간이 측간을 만들어 편리성을 추구한 것이다. 또 창방과 도리 사이에는 소로를 받쳐 만든 소로수장집으로, 외관이 더욱 장엄하게 표현되고 있다. 또 마루를 좀 더 내밀어 넓히고 안채로 들어가는 중문, 옆으로 오르는 돌계단을 만들고 외닫이 판문을 두어 외부에서 오는 손님들이 안채를 거치지 않고 옆으로 들어오도록 하였다.

동측 양지바른 언덕 위의 사당

이와 같이 누마루가 높아 전면에서 계단으로 오르기 힘들거나 기단이
높게 만들어진 사랑채 형식은 경상북도 지방에서 자주 보이는 방식이
다. 사랑채 마루에 앉아 앞을 내다보면 대문 옆으로 마을길에서 올라
오는 사람들의 동정을 살필 수 있고 앞뜰도 시원하게 보일 정도로 시야
가 멀리 보인다.

 사랑 옆으로 난 중대문에 들어서면 안마당과, 단이 높은 기단 위에
세워진 안채가 나타난다. 중문의 문인방 위를 격자무늬로 엮은 모습이
매우 인상적이다. 안채는 정면에 대청을 두고, 서쪽 안방과 동쪽 상방
이 대칭으로 놓여 있다. 안방과 상방 뒤에는 마루방을 각각 반 칸씩 설

높은 기단 위에 개방된 안채

사당 사주문 위의 다락 살창과 합각선의 멋

치하여 반침으로 사용한다. 안방 부엌은 마당 쪽으로 길게 뻗어 중문 칸이 있는 앞채와 직각으로 만나며, 상방 앞의 부엌은 반 칸 내밀어 설치되어 있고, 안채와 사랑채는 1미터 정도 사이를 두어 담장으로 연결되어 있다. 안채는 세 칸의 정면에 대청 두 칸과 온돌 한 칸의 폭을 갖고 있다. 특히 4벌대 계단을 중앙에 두고 있어 안마당은 매우 협소하고 답답한 느낌이 들지만, 막상 대청마루에 앉으며 대문채가 발아래 놓인 것처럼 높게 되어 마당에 따스한 햇볕이 항상 가득하게 들어온다. 더운 여름에는 대청의 바라지창을 열면 낮은 남쪽의 대문을 통하여 남풍이 들어와 실내의 데워진 공기가 흘러나가기 때문에 안마당의 작은 공간에 비하여 매우 쾌적하고 밝은 공간을 유지하고 있다. 또 안대청이 높게 되어 있어 여름에는 시원하고 겨울에는 춥기 때문에 온돌이 있는 안방과 건넌방은 천장을 낮게 하기 위하여 별도로 서까래를 건 지붕구조로 반자틀을 엮어 흙을 올림으로써 보온에 대한 특별한 지혜가 발휘되고 있다.

안채의 박공벽에는 기와로 모란꽃을 장식한 모습이 매우 아름다운데, 이는 화목을 나타내는 모란을 장식함으로써 꽃의 아름다움과 꽃말의 의미를 함께 간직하고픈 선조들의 바람을 엿 볼 수 있다. 또한 지붕의 망와에도 목숨 '수壽'자를 써 넣어 이곳에 사는 사람들이 오래 동안 무병장수하기를 기원하는 염원이 보이는데, 여기에는 광서 4년(1878)이라는 번와 당시의 날짜가 기록되어 있다. 이러한 망와에서는 시대적인 특징이 보이는데, 건립 시기나 중수 시기 및 제작한 사람과 짓는 데 도움을 준 사람들의 이름과 축원문까지도 기록하는 것이 조선시대 기와의 특징 중 하나이다.

계서당 동쪽 양지바른 언덕 위에는 일각문과 협문을 두고 별도의 담

첨차와 두리기둥을
사용하여 정성을 들인 사당

단청을 입힌 벽감을
만들어 위패를 모시는
사당 내부

장을 갖춘 세 칸 크기의 사당이 있다. 일각문은 밖으로 내밀고 한 칸의 안 기둥 선에 맞추어 담장을 잇고 있다. 일각문은 약간 높게 만들어 처마에서 약 세 자 정도의 높이에 천장을 만들고 상부에 제사에 관련해 사용하는 돗자리나 제사도구를 올려놓는 다락을 꾸민 것이 특이하며, 더욱이 살창을 두어 채광과 통풍을 고려한 시설 등 세세한 부분까지 심혈을 기울인 모습을 발견할 수 있다. 사당은 정면 세 칸에 측면 한 칸

건물의 중수시기를 기록한 사랑 용마루 망와(광서 4년, 1878년)

반의 크기로 반 칸을 뒤로 물려 퇴를 두고 지붕은 겹처마 맞배지붕 형
식을 하고 있다. 조선 초기 살림집에는 두리기둥의 사용과 단청을 엄
격히 제한하였지만 사당은 예외를 두었다. 계서당의 사당도 두리기둥
을 전면기둥으로 세우고 겹처마에 단청까지 꾸몄는데, 집 주인의 절제
된 마음에서 외부의 단청은 사당의 엄숙함만을 표현하고 있다. 내부
는 단청을 하였지만 대들보와 주요 부재에만 먹과 백선으로 배긋기 단
청만 하고 가칠단청을 하여 절제된 기품을 보여주고 있다. 특히 위패
를 모시는 감실을 별도로 하되, 길게 별도의 장을 만들어 집의 가구 구
조로 조각하여 장식하고 기둥을 그림으로 그려 가옥의 모습을 하고 있
는 것이 특징이다. 중간에 띠살무늬에 풍혈을 만든 분합문을 달아 마
치 축소 된한옥이 연상되게 만든 것이 이 집 사당만의 특징으로 흥미로
운 표현이다. 또한 창방 위에 소로수장을 하여 장식하고, 소로마다 연
꽃을 단청으로 그려 넣어 아름답게 꾸민 것을 보면 이 집에서는 조상에
대한 각별한 후손들의 마음이 느껴진다.

거촌리巨村里 쌍벽당雙碧堂

중요민속자료 제170호 | 경북 봉화군 봉화읍 거촌리 148

3

● ● ●

봉화의 거촌리는 조그맣고 조용한 시골 마을이다. 영화 〈워낭소리〉의 촬영지로 알려질 정도로 궁벽하다면 궁벽한 동네다. 거촌리라는 마을 이름에서 큰 동네를 상상한다면 오판이다. 마을의 이름은 커다란 노거수가 있어서 붙여진 것일 뿐이다. 이 마을 가장 깊숙한 곳에 광산김씨 종가인 쌍벽당雙碧堂이 있다. 지금도 쌍벽당 동쪽 언덕에는 수백 년쯤 되어 보이는 학자수라는 회화나무가 마을의 역사를 자랑이라도 하듯 서 있고, 쌍벽당의 뒤편으로는 봉화 춘양목이 늠름한 사대부의 기상이라도 아는지 이 가옥을 병풍처럼 두르고 있다.

건물의 배치는 주변의 산이나 집 앞에 펼쳐진 넓은 들과 조화를 이루고 있다. 남쪽으로 향하여 마을을 내려다보고 있고, 비스듬히 경사진 터를 이용하여 가장 뒤쪽에 정침을 두고 동쪽에 별도의 담장으로 구획된 사당을 두고 있다. 정침과 나란히 사당 앞으로 쌍수정인 별당을 두고, 안채 끝부분 동쪽에 사랑채를 두고 있다.

대문채를 지나면 3벌대의 계단을 꾸며 올라가도록 만들었는데, 돌계단을 올라서면 넓은 사랑마당이 나타난다. 전체적으로는 대문채가 가

대문채에서 바라본 사랑

장 낮고, 정침은 평탄한 지형에다 배치한 것이 흥미롭다. 솟을대문에 들어서면 대문채 오른쪽으로 방과 광이 한 칸씩 두 칸이고, 왼쪽으로는 두 칸의 곳간인 광과 가운데 외양간 그리고 한 칸의 광이 이어져 있다. 사랑마당에 올라서면 정면에 정침과 사랑채가 앞을 가로막고 있으며 사랑채 옆으로 비스듬한 각도에 쌍벽당 현판이 보인다. 사랑마당의 동쪽 끝 담장 아래에는 측간을 두고 서쪽 끝에는 두 칸짜리 크기에 마루와 방을 한 칸 크기로 만든 행랑이 있는데, 이 집에서 유일하게 우진각 지붕으로 되어 있으며, 툇마루가 꾸며지지 않은 소박한 마무리가 정겹게 느껴진다.

사랑채는 막돌 허튼층쌓기 기법의 3벌대 기단 위에 중앙에 계단을 둔 전면 세 칸 측면 두 칸 규모의 팔작지붕 소로수장집이다. 건물은 기단 위에 잘 다듬은 주춧돌을 놓고 네모기둥을 세운 후 기둥머리를 가구하는 수법을 사용하고 있다. 사랑의 규모는 동측으로 두 칸의 대청마루와 네 칸의 사랑방을 맹장지형 4분합문으로 나누어 사용하고 있다. 대청마루는 4분합 띠살무늬창에 궁판을 꾸민 문으로 천장에 등자쇠로 걸게 되어 있다. 그리고 두 칸 기둥 사이의 방문은 머름과 머름대를 댄 2분합덧문으로 꾸며져 있다. 특히 툇보를 만들고 툇마루를 두고 있는데, 툇보는 현수형으로 커다란 통나무가 상징적이다. 또 사랑 편액인 송죽헌松竹軒은 현재 종손의 17대 선조 호가 죽헌이었던 데에서 나온 것이라 하는데, 선비들의 절개와 기상을 나타내는 상징적인 나무를 정신세계로 끌어들이려는 깊은 뜻이 담겨 있을 것으로 생각된다. 대청마루의 동측 면은 판벽으로 되어 있고 외닫이 문은 넉살무늬창이 달린 넌출문으로, 나무를 사용한 쌍벽당의 이 문들은 묵직하면서도 세심한 모습이다.

사랑채의 동측 면과 일치하여 연결된 담장에는 안채와 연결되는 협문을 두고 담장은 둥근 강돌을 쌓고 여백을 회로 마무리하여 자연미가 물씬 풍기며 둥근 돌의 부드러움이 따스함을 느끼게 한다. 이 담장은 쌍벽당 외측 벽과 일치시킨 후 뒷담으로 연결되며 그 중간에 협문을 하나 두어 사당으로 드나들기 편하도록 두어 안채에서 사당으로 제사를 지내거나 하는 경우에 편리하도록 꾸며 놓았다. 담장은 텃밭이 있는 안채의 넓은 후원을 감싸고 있는 모습이다. 이 담장은 쌍수당과 사당을 한 공간으로, 그리고 정침과 사랑채를 한 공간으로, 크게 두 구역으로 구분하는 역할을 하고 있다.

쌍벽당인 별당은 안채의 동쪽에 있으면서 사랑채보다 뒤로 물러

우진각 지붕의 행랑채

사랑마당과 건너편 담장 아래 측간

정침에서 연결되는 협문과 사랑측면

선 자리에 있다. 처마는 홑처마이고 지붕은 기와를 이은 팔작지붕이다. 이 건물은 사랑보다 한 칸이 큰 규모로, 쌍벽당은 봉화 춘양목의 산지에 있어서인지 충분한 나무를 사용하여 지나치게 상부 가구 구조가 무겁게까지 느껴질 정도로 건물의 체감율에 비하여 두꺼운 나무를 사용하고 있다.

쌍벽당은 창방 위에 둥근 해 모양의 화반을 두고 기둥 위에는 보아지가 첨차가 되어 행공첨차와 결구된 모습이 주두 밑으로 구성되어 있다. 동측과 북측 벽에 머름대를 대고 바라지창을 둔 것이 특이하며, 여름이면 이 문들을 열어 사방으로 주변의 경관을 감상할 수 있도록 되어 있다. 북측의 바라지창을 열면 사당 앞에 꾸며진 아름다운 화계가 보

쌍벽당 상부 구조

여 조상을 기리는 마음과 자연의 아름다움을 동시에 느낄 수 있다. 또한 긴 담장 너머로 뒷산의 푸르른 소나무 숲이 한눈에 들어오는 자연미도 기와 담장과 어울려 고즈넉한 사대부가의 멋을 느끼게 한다.

한편 정침은 중문을 통하여 들어가는데, 사랑채 옆 두 칸을 이용하여 한 칸은 중문을 꾸미고, 한 칸은 중인방 아래를 도끼로 다듬어 수직으로 빈지널을 만든 판벽을 만들고 상부에는 살창을 꾸민 판벽으로 되어 있다. 중문 칸을 부엌과 함께 쓰기 때문에 연기도 잘 빠지고 채광도 되면서 살창을 통하여 들어온 시원한 공기가 안마당을 통해 대청마루를 시원하고 상쾌하게 만든 특별한 조형미와 과학적인 기능이 돋보인다. 또한 이 방법은 사랑채로 드나드는 사람들로부터 안채가 보이지 않도

쌍벽당 대청 천장가구의 모습

록 하는 기능도 함께 담당하는 한옥만의 매력적인 설계기법이다. 여기서 다시 왼쪽으로 비껴 들어가서 안마당으로 통해 있다.

'ㅁ'자형의 안채인 정침正寢은 좌우로 날개채와 연결되어 있다. 안마당의 북쪽에 정침이 있고, 대청의 좌우로는 안방과 건넌방이 있다. 건넌방 남쪽 칸에는 건넌방 부엌 칸을 통해 별당으로 통하는 문이 꾸며져 있다. 이 문을 나서면 별당인 쌍벽당의 기단으로 연결된다. 특히 안채와 날개채는 기단의 높낮이와 지붕의 높낮이를 이용하여 폐쇄적인 'ㅁ'자형 주택의 채광을 고려하고 위계를 정하고 있다. 안채의 대청은 낮은 잡석기단 위에 있지만 큼직한 자연석 초석 위에 주택에서는 보기 드물게 굵고 높은 둥근기둥圓柱을 대청을 중심으로 외주인 전면과 후면, 안방의 평주에 사용하고 있어 지붕이 매우 높고 웅장하게 보인다. 이 가옥은 안채에 사찰의 금당이나 관아 건물과 같이 격조 있는 상징적 건물에서나 사용할 법한 커다란 기둥을 사용하고 있다. 그 높이가 커서

안채 담장의 선에 기대선 쌍벽당

인지 시각적인 보정을 위해서 배흘림기둥을 사용하고 있어 더더욱 중
후하고 아름답게 보인다. 혹시 이 집을 지은 주인이 지적에 있는 부석
사를 자주 왕래한 후 무량수전 배흘림 기둥을 보고 얻은 지식이었나 싶
을 정도로 배흘림기둥의 진수를 보여주고 있다.

　대청마루는 서측 한 칸에 툇마루를 두고 안방을 꾸미는 경상도의 다
른 가옥과 다르게 정자처럼 전면을 대청으로 꾸며 충분한 채광과 밝은
공간을 안채에 사는 여인들과 어린이들에게도 제공하고 있다. 이 설계
로 인하여 좌우 날개채는 안방과 건넌방 그리고 쪽마루가 대청이 되도
록 한 칸을 날개채 쪽으로 확대 될 수 있었다. 쪽마루 앞에는 채광과 환
기를 도울 수 있는 띠살무늬 2분합덧문을 꾸며 놓고 있다. 그리고 대청
마루 좌우 북쪽 편, 즉 안방과 윗방의 북쪽으로는 외단이 판문을 달아

안채로 향하는 시선을 슬기롭게 처리한 사랑 부엌을 통하는 중문

배흘림기둥이 인상적인 안대청

시원스런 느낌의 안대청 상부가구 구조

안방의 도장방과 건넌방의 도장방을 두어 생활도구들을 보관하도록
만들었다.

대청바닥은 우물마루를 깔았고, 기둥머리는 기둥 위에 주두를 두고,
보는 기둥까지 하나로 연결되도록 길게 내밀었다. 그리고 기둥과 보가
만나는 곳의 지붕 하중을 효과적으로 기둥에 전달하기 위해 힘을 모아
주는 보아지를 받치고 있다. 보아지의 형태는 외측으로는 직절된 모습
을 하고 내측으로는 초각을 만들어 장식을 하였으며 직절된 단면은 특
이하게도 하얀색을 칠하고 있다. 이 색을 입힌 것은 분명 주택에서는
어색한 표현으로 최근 수리 과정 중에 칠해진 것으로 보인다. 천장 가
구는 5량으로, 원기둥에 창방을 걸고 주심도리의 둥근 굴도리 아래를

건넌방 부엌을 지나 쌍수정으로 가는 문

받치고 있는 각진 부재인 장혀를 소로가 받치는 모습이다. 방의 상부 벽면에 해당되는 벽 위의 가운데 기둥에서는 두 가닥의 보를 합보시켜 종보를 얻는 구조로 되어 있다. 그리고 그 위에는 대충 다듬은 대들보에 비례해 너무나 가냘픈 두께의 둥근 통나무를 건너질러 팔작지붕의 박공에서 가구되는 부분을 받치는 충량으로 얹어 놓은 모습이 특이하다. 대청 중앙의 종보 위에는 키가 높은 사다리꼴 판대공板臺工을 세우고 방위의 종보는 동자주형 대공으로 되어 있으며, 특히 대들보 위에도 동자주형 대공을 키 높게 꾸밈으로써 대청의 높이를 높게 하는 기법을 사용하고 있다. 또한 온돌방에서는 천장이 높으면 겨울에 웃풍이 세어 방 안이 춥고 겨울을 지내기 힘들기에 이 가옥에서는 중방보다 두 자

정성이 묻어나는 잘 가꾸어진 사당

정도 높게 방을 높이고 천장을 만들고 흙으로 마감함으로 해서 대공과
온돌방 상부와는 크게 공간이 생기는 모습이다. 이 천장 공간 사이로
는 안채의 지붕 박공 부분으로 환기구를 통해 채광과 온습도를 조절하
는 기능도 할수 있게 꾸며져 있다. 이와 같이 우리 조상들은 의장적인
아름다움뿐만 아니라 주변에서 얻을 수 있는 바람, 그리고 하늘까지도
집 안으로 끌어들였다.

　실室의 구성에서도 생활의 편리와 공간의 효율성을 극대화하기 위하
여 대청의 좌측에는 도장방과 안방이, 우측에는 고방과 상방이 대칭적
으로 배치되도록 하였다. 또한 대청마루의 바라지창은 중간설주를 세
운 형식으로 조선 중기까지 사용하던 양식 그대로 보존되고 있다. 특히
이 가옥의 정침에서는 양측 날개채의 부엌을 이용하여 상부는 다락으

내주의 상량기문

로 사용하고 부엌으로는 사당과 후원으로 나가는 협문의 역할까지 하는 기능을 하고 있는 점이 색다른 모습이다.

안채의 후면 벽은 크게 2단으로 구분되는데 중인방 아래는 판벽에 바라지창으로 꾸며져 있으며, 중인방과 상인방 사이는 하얀 회벽으로 마감하고 있다. 특히 박공판의 판자 사이로 안채의 공기가 순환되고 나무 사이의 미세한 틈을 타고 흘러들어오는 햇살이 레이저빔처럼 강한 선율을 대청으로 비춰준다.

쌍벽당의 사당은 평지에 가까운 지형의 특성상 동쪽 후면에 축대를 별도로 쌓아 담장을 두르고, 축대를 이용하여 향나무 앵두나무 등 여러 종류의 나무를 심고 정성들여 건물을 만들었다. 사당은 일각문의 출입문을 중앙에 두고 세 칸으로 꾸며져 있다. 사당 위에 올려진 망와는 커다란 코에 아래로 처진 눈, 그리고 이마에 혹이 있는 도깨비가 형상화

익살스런 표정의 사당 망와

되어 해학적으로 표현되어 있는데, 기와를 만든 제와장은 이것이 이 집에 가장 맞는 표정이라고 생각해서 그렇게 만들었을 것이다. 이 모습을 표현하기 위하여 오랜 시간 동안 선하면서도 인자하게, 그리고 벽사의 의미를 부여하고자 노력했을 것이다. 이와 같이 우리 한옥은 하나의 기와에까지도 마음을 담아 그 집에 어울리는 사상과 멋을 표현하고자 했다.

개암고택 開巖古宅

경북기념물 제138호 | 경북 봉화군 봉화읍 해저리 709-1

4

• • •

해저리 마을은 여余씨들이 살던 마을이었는데, 선조 때 충청도 관찰사를 지낸 개암공開巖公 김우굉 선생의 현손인 팔오헌八吾軒 김성구金聲久 선생이 들어와 살면서부터 의성김씨義城金氏 집성촌이 된 마을이다. 예전에 이 마을은 넓은 들판과 마을 앞으로 흐르는 강 때문에 비옥한 농경을 할 수 있었던 천혜의 장소였을 것 같다. 그러나 현재는 도로가 마을보다 높게 만들어 지면서 마을은 시야가 가려지고 도로 위를 달리는 자동차들만 보이는 형국이 되어버렸다. 역시 일제강점기에 일본인들에 의해 도로가 마을보다 높게 만들어지고 지나치게 마을 가까이 대로가 생기면서 조용하던 예전의 풍경을 빼앗겨 버린 것 같다. 또한 이 마을은 독립운동가 김창숙 선생을 비롯하여 많은 독립운동가와도 깊은 인연이 있는 마을로, 근대사의 조국 수호에 커다란 영향을 끼친 인물들이 많이 있었기에 일본인들에 의해 신작로가 만들어지면서 처음 이 마을을 자리잡던 때의 마을의 풍수지리는 송두리째 변화되고 말았다. 최근에 도로를 곧게 만들면서 지금의 도로는 여행자들이 잠시 주차하는 공간으로 사용되지만, 예전의 마을 앞 풍경과는 차이가

해저리 개암공 종택의 평대문

있었음에 틀림없다.

　마을에는 경상북도자료로 지정되어 있는 고택이 몇 채 있는데, 그 중 하나가 개암고택이다. 이 집은 의성김씨 종가댁으로 불천위를 모시는 사당을 갖추고 있는 전형적인 양반가의 가옥이다. 마을 서편 끝자락의 나지막한 산자락에 기대선 이 가옥은 마을 뒤편 한적한 곳에 위치하고 있고 주변은 온통 밭이다. 대문은 세 칸짜리 평대문으로 양반가의 상징이라 볼 수 있는 솟을대문은 아니다. 솟을대문은 조선시대 사대부들의 상징이었는데, 조선 후기에 들어서면서 급성장한 신흥지주들이 돈을 이용해 마구 솟을대문을 세우기에 이르자 일부 양반들이 자존심을 지키고자 솟을대문을 부수고 오히려 평대문으로 고치는 풍습이 있었다.

대문 안으로 들어가면서 보이는 사랑채의 모습

사랑채 툇마루와 기둥에 정확히 맞추어진 덧문

개암종택의 안채

　대문채는 정면 세 칸 측면 한 칸의 규모로, 가운데에는 평대문을 두고, 좌우로는 청지기들이 기거하는 방을 두었다. 대문은 앞쪽에 달고, 방에서 연결되는 외닫이 문을 꾸며 놓았다. 몇 장의 널판을 이어 붙인 대문은 둥근 광두정으로 장식하고 입춘방을 붙여 이 집안의 편안과 안위를 기원했다. 이 가옥을 둘러 쌓은 담장이 엄격히 분리 된 세 개의 담장 영역으로 구성되어 있는 것이 인상적이다. 제1영역은 사랑마당, 제2영역은 정침인 안채 영역, 그리고 제3영역은 사당 공간으로, 담장에 의해 생활공간이 엄격히 구분되어 있다.

　제1영역인 사랑마당 공간에는 사당 앞으로 넓게 마당과 텃밭을 꾸며 마당이 확장되는 효과를 거두고 있다. 또 담장 너머로 밭들과 멀리 아랫집들이 있어 동남쪽의 시야가 시원하게 전개된다. 사랑채는 자연스럽게 막돌허튼층쌓기로 2벌대의 기단을 만들고 그 위에 전면 네 칸 측면 두 칸 크기로 덤벙주춧돌을 놓고 네모기둥을 세워 팔작지붕을 얹었다. 가운데에는 한 칸의 대청을 두고, 두 칸의 안방과 전면에는 쪽마루를 대어 추녀까지 방으로 꾸몄다. 반면 건넌방은 전면 두 칸의 크기에 방 벽선을 반 칸 뒤로 미루고 툇보를 설치하여 툇마루를 두어 섬돌을 밟고 올라선 후 툇마루로 올라 다닐 수 있도록 만들어 놓았다. 건넌방은 뒤편으로 반침을 두어 미닫이문을 달고 책이나 방에서 사용하는 책과 바둑판, 생활도구들을 보관하는 장소로 사용하였다. 특히 이 공간은 겨울철에 북쪽 벽으로부터 한기를 막는 완충공간으로서의 역할도 하기에 한옥에서는 절대적으로 필요한 유효 공간으로 사용하는 경우가 많다. 현대에 와서는 단열 재료가 발달되어 벽체에 단열 재료를 사용할 수 있지만, 이러한 재료가 없을 때는 다락이라는 공간을 두어 물건도 수납하고 겨울에는 단열효과와 여름에는 복사에너지가 직접 영향을 주지 않도록 차단하는 일석이조의 효과를 갖도록 한옥은 구성되어 있다.

사랑채에서는 상청을 만들어 놓고 3년 동안 탈상을 하기 전까지 아침저녁으로 종부는 물과 밥을 봉양하는 의식이 있는데, 지금도 조선시대 유교 관습에서 나온 이 미풍양속을 사대부집들의 답사에서 간혹 볼 수 있다. 이러한 전통과 관습, 그리고 조상에 대한 마음가짐은 지금도 우리가 잊어서는 안 되는 중요한 미덕이라고 생각된다. 기와집으로 된 사랑채 한옥의 상청을 보노라면, 엄숙했던 사대부가의 가정교육 일부를 보는 기회가 되어 더욱 숙연해지는 느낌을 받을 수 있다.

제2영역인 안채는 사랑채 옆에 사주문을 세우고 들어가게 되어 있는

개암종택의 사당 전경

데, 중문에서 안채에 기거하는 여인들의 생활을 엿보지 못하도록 이 집에서는 중문의 축을 안채 동쪽 날개채 벽이 보이도록 하고, 중문에 들어서면 왼쪽으로 돌아들어가 안채 마당에 이르게 하는 동선 계획으로 꾸몄다. 이는 한옥에서 자주 볼 수 있는 방법으로 시선 차단을 위해서 쪽담을 만들거나 이와 같이 문의 방향을 이용하여 생활공간을 보호하려는 모습들을 볼 수가 있다. 이는 한옥의 특징이며 멋으로 예의바른 우리 조상들의 생활 표현이다. 안채는 매우 협소한 느낌이 들 정도로 작은데, 2벌대의 자연석 막쌓기를 한 기단 위에 전면에 두 칸의 대청을 두고 있다. 대부분의 대청은 세 칸을 두는 경우가 많은데, 이 가옥은 두

김씨댁 담장과 코스모스의 아름다운 어울림

봉화 해저리 김씨댁 담장의 여름

대문채에서 바라본 사랑과 안사랑채의 아름다운 어울림

칸을 두고 가운데 기둥을 세워서인지 더욱 폐쇄적인 느낌이 든다. 대청의 네모기둥을 중앙에 세우고 마루 귀틀을 기둥 옆면에 대서 기둥의 직선을 살려서인지 대청마루가 매우 높아 보이는 시각적인 특징을 보이고 있다. 아래채의 처마선은 대청마루의 상인방 아래로 선이 이어져 안채 지붕이 아래채를 덮고 있듯이 높게 되어 폐쇄감을 완화시켜준다.

좌우의 날개채는 맞배지붕 형식을 하고 있으며 안채는 팔작지붕으로 되어 있다. 대청으로부터 오른쪽에는 안방의 온돌방과 고방을 두고 있는데, 대부분의 가옥에서는 대청마루로 연결되는 문을 두는 반면에 이 가옥에서는 추녀 아래로 쪽마루를 두어 2분합 띠살문의 출입문을 둔 것이 흥미롭다. 이는 집 주인이 안채 부분의 협소함을 줄이기 위해 2분합문을 열어 방과 마당이 하나의 공간으로 느껴지게 만들려 했음을 짐작케 되는 장면이다. 또 반대편의 날개채는 같은 길이로 나온 쪽마루를 달고 있는데, 안방과 같이 2분합문이면서 중인방을 두어 나지막한 분합문을 두고 있는 것으로 보아 문을 이용하여 공간의 실용성을 높였던 것

봉화 해저리 김씨댁의 단아한 사랑채

으로 짐작된다. 한편 문의 형태를 살펴보면 대청을 중심으로 오른쪽과 왼쪽의 문이 크기나 형태가 다른 것을 볼 수 있다. 오른편은 띠살무늬 덧문이고 건넌방에는 자그마한 2분합문이면서도 아래에 궁판을 달아 묵직한 느낌이 들도록 한 점을 볼 수 있는데, 이와 같이 한옥에서는 개성과 방의 용도에 따라 문 하나에까지 차별을 두어 편리성과 다양성을 추구한다. 이것이 우리 한옥의 멋이고 선조들의 지혜인 것이다.

　건넌방 부엌 위에는 다락을 두어 수납공간으로 사용하고 있는데, 부엌 위에 수납공간이 이루어질 수밖에 없는 이유로는 아궁이에서 불을 때는 방식인 우리 전통 아궁이는 불이 위로 올라가는 형태이기 때문에 부엌 바닥은 낮게 되고 또한 천정이 높아지니 상부공간을 활용하여 건

장수를 의미하는 '수(壽)'자가 새겨진 대문채 화방벽

물을 효과적으로 사용하려는 의미가 있다. 그리고 부엌에서는 항상 불을 때기 때문에 그 위에 마루바닥을 깔고 다락을 만들면 연기에 의해서 훈증이 되어 벌레가 살지 못하고, 겨울에는 방으로 연결된 다락문을 통하여 열의 완충공간으로 웃풍을 막을 수 있으니 부엌의 다락이야말로 일석삼조의 효과를 볼 수 있는 우리 전통 한옥에서 느낄 수 있는 지혜 중의 하나로 생각된다. 안채에는 중문 이외에 좌우로 협문을 두었고, 그 중 하나는 사당으로 연결되는 협문이다.

사당은 동쪽 끝 산 아래에 별도로 구획된 담장 안에 있으며, 정면 세 칸 측면 한 칸 규모의 크기다. 입구는 삼문 형식의 맞배지붕 구조로 문 널에는 태극을 그려 놓았다. 이 사당은 지붕의 형태가 팔작지붕으로

봉화 해저리 김건영고택의 사랑

사당에 팔작지붕의 예는 매우 드물다. 또한 가운데 어칸은 넓고 좌우 협칸은 좁게 한 것도 특징인데 1/3 높이까지는 궁판을 대고 상부는 띠살무늬 분합문으로 꾸며져 있다.

봉화 해저리 마을에는 개암종택 외에도 여러 채의 한옥들이 있다. 이들 한옥에 둘러쳐진 담장 아래로는 여름이면 봉숭아와 맨드라미, 백일홍과 같은 꽃들이 만발하여 담장과 어울려 운치를 더해준다. 집 안의 백일홍 나무가 붉게 피어오르면 뜨거운 여름 햇살을 머금은 꽃들이 더욱 자신의 색들을 뽐내는 시기가 된다. 가을에는 분홍색, 흰색, 빨간색의 코스모스가 마을길과 담장 아래에서 아름답게 피어오른다. 이쯤이면 해바라기도 마을을 찾아온 손님들을 맞이하듯 둥근 얼굴을 활짝 웃으며 반겨주는데, 그 곳에 한옥이 있어 고즈넉한 역사와 문화 그리고 고향의 아름다운 품속으로 빠져들게 된다.

해저 海底 만회고택 晩悔古宅

중요민속자료 제169호 | 경북 봉화군 봉화읍 해저리 485

5

• • •

개암고택이 있는 해저리海底里의 또 다른 고택 가운데 하
나이다. 이 집은 순조 30년(1830)에 과거에 급제한 이후 현감, 부사를 거
쳐 우부승지를 지낸 조선 후기의 문신 김건수가 살던 집이다. 사랑채
인 명월루는 그가 지었으며 철종 1년(1850)에 대규모 수리가 있었다고
한다. 특히 안채는 김건수의 6대조가 이 마을에 처음 들어와서 이곳에
살던 여씨에게 구입했다고 전한다. 마을 동쪽 끝의 산자락 아래에 위
치하고 있는데, 집 앞에는 우물과 수 백년 됨직한 오래된 소나무가 세
월의 역사를 안내하듯 우아한 모습으로 남아 있다.

전체적인 집의 평면 구조는 'ㅁ'자형의 정침인 안채와, 안채 동쪽 모
서리 부분에 'ㄱ'자형 사랑채를 연결하고 앞으로 누마루가 설치되어 있
다. 안채는 4벌대의 축대 위에 세워졌고, 아래채와 사랑채는 높이를 같
이하고 있다. 사랑채는 반 칸 내밀어서 툇마루와 난간을 만들고 옆으
로 안채의 중문 옆에서 올라가는 계단을 만들어 사랑채로 손님들이 다
닐 수 있도록 만들었다. 누마루는 3면을 계자난간으로 아름답게 조각
하고, 난간과 이를 받치는 튼튼한 원기둥의 누하주 기둥은 팔작지붕 박

봉화 해저리 만회고택 전경

공면의 귀솟음기법과 어울려 날개깃처럼 휘어진 지붕 곡선에 이어진
다. 누하주는 힘찬 기상이 느껴진다. 여름이면 누마루 3면의 판문을 천
장에 걸고 밖의 시원한 남풍을 즐기면서 창 너머 화단에 넘쳐나는 꽃들
의 자태를 보는 멋이 가히 무릉도원이 따로 없다.

　사랑채는 네 칸을 일자로 두고 누마루 한 칸을 내어 세웠으며, 안채
방향으로는 한 칸 반 크기의 방을 연결하여 문을 안채로 두었다. 정면
네 칸의 사랑채는 가운데 1칸의 대청마루와 동쪽에 1칸의 건넌방, 그
리고 안채 쪽으로 두 칸의 온돌방으로 꾸며져 있다. 대청은 1칸 크기로
작은 편인데 반해 나머지 여백을 누마루의 마루로 만들고, 툇마루를 반
칸 크기로 크게 만들었기에 가운데 대청마루가 적어도 답답하거나 시
야가 막히는 느낌은 없다. 기둥은 둥근기둥으로, 이는 특별한 사대부

해저리 만회고택 사랑채

집에서나 사용할 수 있었던 부재 가운데 하나이다. 또한 툇보를 이용
하여 기둥 위에 결구되는데, 툇보는 무지개 모양의 보를 쓰거나 약간은
곡선의 미를 살리는 것이 일반적인 예로 볼 수 있으나 이 가옥의 사랑
채 툇보는 직선 부재를 반듯하게 기둥과 연결시킴으로써 더욱 단아한
느낌을 보여주는 아름다움이 있다.

　두 칸의 사랑채 안방은 머름대와 판을 댄 창문 구조에 띠살무늬 2분
합문을 두고 있다. 그리고 미서기문은 길상자인 '아亞'자를 아래위로
두 개 배치하는 방법으로 군더더기 없이 집 주인의 염원과 미적인 아름
다움을 표현하고 있다. 문 위에는 '만회고택晚悔古宅'이라는 편액이 걸
려 있다. 또 대청마루 위에는 '청풍헌'이라는 편액을 걸어 자연의 아름

널찍한 툇마루가 인상적인 사랑

다움과 신선한 기운을 느끼고자하는 염원을 느낄 수 있다.

　사랑채 건넌방은 한 칸을 뒷마당 후원 쪽으로 물리고 이어 만들어서 사랑 전체의 모습은 'T'자형이라고 볼 수 있다. 이러한 평면 구조로 인하여 사랑대청으로 바람이 잘 흘러서 여름에는 대청의 바라지창을 열면 시원한 바람이 지나가 편액처럼 시원함을 느낄 수 있다. 또한 대청 뒤편의 바라지창은 문의 역할도 하여 후원으로도 가고 안채로도 연결되는 비밀스런 통로가 되기도 한다. 이 통로는 안채의 건넌방 부엌 옆으로 난 문을 이용하여 연결되도록 만들어 놓았다. 사랑채는 기둥머리에서 소로를 이용한 소로수장집의 형태로, 기둥에 창방을 걸고 그 위에 주두와 보아지를 꾸며 놓은 모습을 하고 있다. 그리고 사랑대청이나 누마

안채 중문에서 바라 본 사랑마당과 담장 너머 풍경

루에서 멀리 보이는 몇 그루의 노송들과 사랑마당 앞에 꾸며진 아름다운 조경을 보면 집 주인의 기상과 아울러 섬세함을 느낄 수 있다. 역시 한옥은 소나무로 만들지만, 살아 있는 소나무를 가까이 함으로써 더욱 멋을 내는 특별한 묘미를 주는 것이 한옥에서만 느낄 수 있는 또 하나의 멋이 아닌가 한다.

사랑채마루를 기둥 밖에까지 넓힘으로써 시원스러운 마루를 만들고, 그때 생긴 계자난간의 개판을 두툼한 나무로 사용하여 우직한 멋을 주고, 이때 생긴 귀틀을 마무리하기 위하여 가로로 드린 장귀틀과 통장부 구멍의 이음이 고풍스런 느낌을 주고 있다. 또한 난간의 박쥐모양 풍혈은 누마루의 풍혈 없는 마루와 비교되어 사랑의 침실 공간과 자연을 보면서 호연지기 하던 누마루의 기능을 건축으로 오묘하게 승화시켜 표현하고 있다.

중문채는 사랑채 쪽으로 중문을 두고 외양간과 방을 꾸며 놓았는데, 특히 외양간과 방 사이의 문으로 2분합 띠살무늬 문을 달아 여름에는 문을 열어 아름답게 가꾸어진 사랑마루로 내려설 수 있게 만든 것이 이 집의 특징 중 하나다. 이 문을 통하여 온돌방으로 연결되고 외양간 상부로는 다락으로 연결되어 생활이 편리하도록 되어 있다. 중문채와 안채 사이의 추녀 아래에는 판문을 달아 안채 후원으로도 나가고 담장 아래 있는 측간으로도 왕래할 수 있게 했다. 이 문을 나서면 뒷산과 연결되는 넓은 후원이 있어 안채에 살던 사람들은 후원과 텃밭에서 일상의 지루함을 달래었을 것으로 보인다.

중문에 들어서면 세 칸의 대청마루가 보이고 좌우로 안방과 건넌방이 연결되는 날개채가 나타난다. 그리고 마당 가운데에는 깨끗이 닦아 놓은 장독들이 질서정연하게 크기에 맞추어 놓여 있어 집안의 정돈된

사랑마당의 아름다운 풍경

분위기와 어울린다. 세 개의 건물은 아래채의 용마루선이 안채 팔작지
붕의 내림마루선과 일치하여 각 건물의 용마루 지붕선이 하나로 연결
되는 모습이 되어 흥미로운데, 아래채는 안채보다 지붕선이 낮아 추녀
선이 안채의 대청 안으로 연결되는 듯하다. 지붕선이 네모난 대청 기
둥선과 어울려 강직하면서도 고즈넉한 한옥의 분위기를 풍긴다. 지붕
선의 이음 방법이 종이접기 하듯 안으로 접었다 폈다 하는 모습을 보이
는 것도 매력적이다.

　안채는 3량 가구에 가운데 기둥 사이가 넓고, 좌우 기둥 사이는 좁
아 중문에서 바라보면 중심 어칸의 폭을 이용하여 안채의 대청을 바라
보는 시선을 좌우로 늘려 넓은 공간의 이미지를 보여주는 기술적인 멋
을 보여주고 있다. 또한 기단은 메주모양의 장방형으로 다듬은 돌을 2

만회고택 마루 귀틀의 운치

단 쌓고, 주춧돌은 비교적 네모난 사각 돌을 이용하여 기둥을 받치고 소로받침 없이 간결하게 대들보와 맞추고 보 아래는 보아지를 대고 있다. 보아지는 외부로 직절되고, 내부로 사절되어 있다. 네모난 나무를 모만 접는 형식으로 약간 현수형 모습의 3량 구조인 안채 대들보는 마루도리를 사다리꼴 판대공으로 꾸몄다. 따라서 천장은 연등천장에 서까래와 하얀 회벽으로만 천장가구를 꾸미고 있어 높은 기둥과 함께 시원스럽고 넓은 대청의 느낌이 들도록 하였다. 대청마루 뒷벽은 천정이 높기 때문에 중인방과 상인방 사이를 높게 하고 하인방 사이는 조금 낮게 하여 판벽 세 곳을 바라지창으로 꾸몄다. 후원 쪽에서 안채 뒷벽의 벽체와 바라지창을 보면, 후원의 텃밭과 어울려 날씬한 기둥처리가 아름답고 견고하게 보이는 멋이 있다.

3량의 간결한 안채 상부구조

삶의 숨결이 느껴지는 안채

사랑대청에서 바라본 아름다운
여름 오후의 풍경

안채 후원에서 본 안채 뒷벽의
벽체와 바라지창

만회고택의 아름다운 후원

사랑채 누마루와 툇마루의 고즈넉한 짜임새가 아름다운 모습

　안채에는 대청의 오른쪽인 서쪽으로 두 칸의 방과 아래채로 연결된
부엌이 자리하고 있다. 안방의 부엌과 연결된 창문 역할을 하는 날개
채의 창문 배치를 보면 가로 부재인 인방의 높낮이를 변화시켜서 창문
의 모양이 달라지도록 유도하고 그로 인해 벽체의 얼굴 표정이 변화하
는 모습을 보여준다. 이와 같이 한옥은 사람의 눈과 같아서 눈의 크기
와 모양에 따라 사람이 달라져 보이듯, 창문의 크기와 형태의 차이로
집 전체의 분위기가 달라진다. 이렇게 작은 차이로 집 전체의 분위기
가 달라질 수 있는 것은 한옥이 갖는 무한한 가변성과 창조적인 표정
예술의 아름다움이다.

　또한 안채 대청마루의 좌측인 동쪽으로는 건넌방을 두어 며느리와

뒷담이 없이 산과 하나가 된 만회고택

아이들이 기거하는 공간으로 사용하고 있으며, 가운데에 부엌을 두어 사랑채와 공간을 구분하고 있다. 대문채와 사랑채 사이는 약간 사이를 두고 사랑채로 다니는 통로를 꾸며 놓았다. 이 통로를 이용하는데, 불편하지 않도록 눈높이 위는 개방하고 아래쪽은 널판을 듬성듬성 이어 판재사이로 자연스럽게 햇빛이 비추도록 하였다. 이는 조명이 없던 시절에 사랑으로 다니는 어른들이 불편하지 않도록 만든 배려를 엿볼 수 있는 장면이다. 남·녀 간의 공간이 구별되어야 하던 당시에 체면을 지키면서 안채의 동정을 엿보던 선조들의 지혜가 돋보인다. 한옥은 이와 같이 공간의 요소요소에 집 주인이 생각한 편리성과 실용적인 조화, 안목이 돋보이는 종합 예술이다.

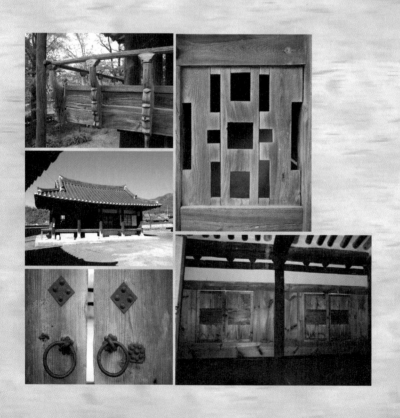

韓屋의 美

7 청도 고택들

운강고택과 만화정 | 섬암고택과 도일고택 | 임당리 김씨고택

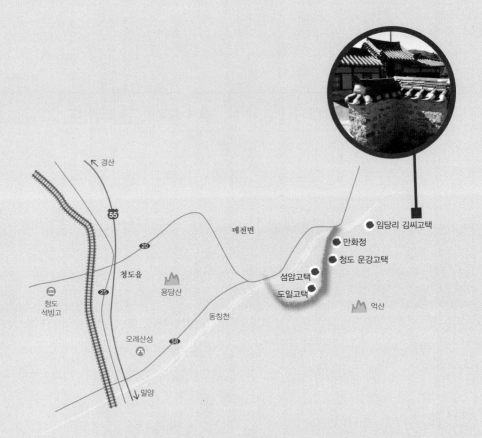

청도 고택들

경산

55

20

매전면

임당리 김씨고택

만화정

청도 운강고택

청도읍

용당산

섬암고택

25

청도
석빙고

도일고택

억산

동창천

오례산성

58

밀양

운강고택 雲岡故宅과 만화정 萬和亭

중요민속자료 제106호 | 경북 청도군 금천면 신지1리

● ● ●

운문사가 있는 청도의 금천면에는 국도를 가운데 두고 운
강고택과 만화정이 있고, 도일고택과 섬암고택이 자리하고 있는 고택
마을이 있다. 『청도군지』의 운강고택을 소개하는 글에 따르면 '운강고
택은 소요당逍遙堂 박하담(朴河淡, 1479~1560)이 벼슬을 사양하고 이곳
에 서당을 지어 후학을 양성했던 옛터에 1809년(순조 9) 박정주(朴廷周,
1789~1850)가 분가하면서 살림집으로 건립한 가옥이며, 운강雲岡 박시
묵朴時默이 1824년(순조 24)에 중건한 집'이라고 하였다.

마을 앞 국도에서 동쪽 막다른 골목으로 들어가 다시 한 번 북쪽으
로 꺾으면 대문 앞 담장이 앞을 막아서는 고샅 안쪽에 서쪽을 바라보
고 솟을대문과 문간채가 서 있다. 대문채 앞 골목길에는 담장 아래에
꽃을 심고, 담장 끝에는 도광道光명 기와를 얹어 한층 더 고풍스러우며
아름답고 조용한 이 가옥만의 분위기를 연출한다. 이렇게 깊숙한 곳에
막다른 골목길을 만든 것은 외부로부터 집을 보호한다는 의미와 집 안
에 들어온 복과 재물이 쉽게 빠져나가지 못하게 한다는 두 가지 의미를
갖고 있다.

금천리 운강고택의 원경과 안산

　문간채에 있는 대문은 솟을대문으로 대부분의 사대부 가옥 대문에
는 홍살이나 정려가 걸려 있다. 그러나 이 가옥은 사랑 누마루에 흔히
걸려 있는 당호의 편액이 대문 위에 김충현金忠顯이 썼다는 '운강고택
雲岡故宅' 당호가 격자형 살창 위에 걸려 있는 것이 이채롭다. 대문채는
여섯 칸 규모이며, 대문칸을 중심으로 좌측에 네 칸, 사랑채에 가까운
오른쪽에 한 칸 창고와 좌측으로 측간을 두어 사랑채 전용으로 사용하
였다. 이 측간은 문 위에 판재를 대고 꽃핀 매화나무를 조각하고 있어
'측간'이라고 쓰지 않고 '매화방'이라는 그림으로 측간의 의미를 전달
하고 있어 선비다운 품위와 멋을 느낄 수 있다.

　대문칸에 들어서면 쇠솥 한 개를 건 아궁이가 있는 것이 흥미로운
데, 두 칸의 온돌방을 데우는 아궁이이다. 온돌방 한 칸은 외닫이 띠살
문이고 한 칸은 양 여닫이문을 두고 그 아래에만 디딤돌을 놓아 출입

기와 얹은 토석담과 아름다운 골목길

을 위한 문과 채광과 통풍을 위한 문을 구분하고 있다. 청지기 방에는
골목길 쪽으로 한 개의 들창을 두어 고샅에 인기척이 나면 밖의 동태
를 살피기도 하고, 채광을 위한 광창으로도 사용한다. 온돌방 옆에는
창고와 외양간을 한 칸씩 두고 있다. 문간채의 외벽은 화방벽으로, 둥
근 냇돌과 하얀 양회로 띠를 둘러 의장적인 효과를 노리는 동시에 비바
람이 들이치는 것을 막고 방화도 고려하여 벽의 중하단에 이중벽을 친
모습이다. 이러한 구조는 토석 담장과도 잘 어울려 아름다운 분위기를
느끼게 한다. 특히 장식적인 장석을 곳곳에 사용하면서도 사당의 문이
나 안채의 문고리는 바탕쇠를 대신하여 나무 바탕을 이용한 것은 건물
의 용도에 따라 화려함과 소박함을 확실히 구분한 목수와 주인의 심성
을 느끼게 하는 중요한 요소이다.

솟을대문과 '운강고택' 당호

　특히 이 가옥 대문의 빗장둔테는 단순하면서도 위에 별도로 방환 문고리를 달아 견고한 느낌을 주고, 판재를 이어 붙인 못을 박은 자리에 국화정을 달아 장식적인 배려도 아끼지 않았다. 쇠로 만든 제비초리형 장식에 만자문의 투각은 튼튼하면서도 세련된 멋을 느끼게 한다.

　이 집의 구조는 문간채에 들어서면 튼 'ㅁ'자형 사랑마당에 사랑채, 행랑채, 대문채, 곳간채가 있고 안채도 'ㅁ'자형으로 안마당을 가운데 놓고 안채와 중사랑채, 곳간채, 중문채를 두고 있다. 사당은 사랑채에

대문의 빗장둔테 바깥쪽 모습

대문의 빗장둔테 안쪽 모습

서 안채로 가는 우측에 일각문을 두고 삼문의 사당이 짜임새 있게 배치되어 있다. 전체적인 분위기는 세련된 구조와 필요에 따라 용도별로 분리한 각 건물의 평면배치 및 합리적인 공간구성 등이 한층 조화를 이루고 있는 상류 주택이다. 큰사랑채만 'ㄱ'자로 꺾어 안채 전면에 있는 곳간채와 연결시킨 평면인데, 이 가옥은 아홉 채 건물 중 여덟 채 건물이 'ㅡ'자형 평면을 하고 있는 모습의 집이다.

사랑채는 궁궐에서나 봄직한 잘 다듬은 장대석을 2벌대로 쌓고 그 위에 사다리꼴 주춧돌을 세워 방형 기둥을 세운 민도리집의 건물이다.

문 위에 판재를 대고
꽃핀 매화나무를 조각하고
있는 '측간'

마구간이 딸린 곳간채와 바깥사랑채 전경

대문채와 사랑채, 바깥사랑채의 전경

특히 기둥머리는 조각 없이 단아한 느낌을 주고 툇칸을 물린 대청마루 4분합문 위의 인방에는 매우 아름답게 조각된 모란꽃 화반을 끼워 꾸밈으로써 주인이 염원하는 가정의 화목과 복을 기원하는 모습을 읽을 수 있다. 'ㄱ'자형의 평면으로 전면 다섯 칸 측면 두 칸의 팔작지붕인 이 건물은 도리가 다섯 개 걸린 5량 집이다. 구성은 우측에 두 칸의 대청마루를 꾸미고 두 칸의 온돌방을 꾸미며 툇마루를 설치하고 있는데 대청내벽에는 '성경실誠敬室'이라는 편액이 걸려 있다.

사랑대청이 끝나는 뒷기둥에는 부설된 일각문을 꾸며 후원으로 나갈 수 있게 하였다. 또 사랑채 뒷면에도 툇마루에 '아亞'자형 무늬 난간을 두른 교란을 두어 대청마루 뒤편에서 뒷방으로 마루를 통하여 다

바깥사랑채 측면 바라지창의 짜임새

닐 수 있도록 편리하게 만들어 놓았다. 일반적으로 가옥에서는 누마루
를 앞에 세우고 화려한 계자각을 두른 모습인 반면, 이 가옥에서는 앞
에 군더더기 없는 단순하면서 빈틈없는 느낌의 반듯하게 처리된 기둥
과 문들의 질서를 강조하여 주인의 이미지에 대한 특별한 고려가 보인
다. 그러면서 남들의 이목을 고려한 듯 후면에는 아름답고 아기자기하
면서 길상자의 난간을 설치하고, 별도의 후원을 만든 것은 겸손에서 비
롯된 한옥의 아름다운 배려일 것이다.

　사랑채 후면에 있는 방은 안채 앞의 커다란 통 칸의 곳간채와 하나
의 지붕으로 연결되어 끝을 팔작지붕으로 마무리하였다. 곳간채는
사랑채의 팔작지붕과 연관성을 강조한 것이 흥미롭다. 특히 사랑채

와 곳간채가 만나는 사이를 띄워 사랑 후원으로 나가는 별도의 대문을 만든 것도 이 가옥에서나 볼 수 있는 특별한 모습이다. 사랑채 끝의 문 앞에 아궁이를 만들어 놓은 모습은 대문채의 온돌방 옆에 아궁이를 만든 것과 같은 기법을 사용하고 있다. 사랑채 끝방에서 안채 마당으로 내려오는 방문을 만들어 모든 대문이 닫혀도 사랑채와 안채는 유기적으로 통행하도록 하는 미로 같은 통로를 꾸민 것도 흥미로운 목수의 발상이다.

중문채는 곳간과 대문칸으로 구성되어 있는데 두 건물을 이은 담장에는 하단부에 둥글둥글한 냇돌을 가져다 하얀 회벽의 줄눈을 충분히 넣어 여백의 미를 강조하고, 상단에는 전돌과 기와를 이용하여 꽃무늬와 길상자와 거북이 등의 무늬를 혼합하여 꾸몄다. 이것은 오래 살면서 좋은 일만 가득하기를 염원하는 주인의 마음을 읽을 수 있으며 아름다운 담장으로 의장적인 멋이 훌륭하다.

사랑채 좌측으로 중사랑채가 있고 오른쪽으로 대문채가 좌우를 호위하듯 서 있으며, 전면에는 곳간채가 있다. 중사랑채는 대문에 들어서면 정면으로 마주보이는 네 칸 '一'자집으로, 사랑채와 같은 기단과 주춧돌의 형식으로 팔작지붕을 하고 있다. 가운데 두 칸은 반 칸 뒤로 밀어 툇마루를 두고 좌측의 한 칸 전면에는 2분합 띠살무늬 덧문을 달았다. 아래에 기와를 이용한 두 개의 마루 통풍구를 만든 모습이나 측면 벽이 나무를 이용한 판벽으로 된 것이 특이한데, 이 공간은 누마루로서 서고書庫로 쓰였다고 한다. 오른쪽 온돌의 문 위에는 '백류원百榴園'이라 쓴 김충현의 편액이 걸려 있다. 후원에 석류나무가 있어서 백류원이었다고 하나 지금은 나무의 모습을 찾을 수 없다. 대신 중사랑채 뒤편으로 사당 삼문이 바라다 보이는 앞쪽에 꽃과 나무를 심어 그

사랑채 길상무늬 화문장(花文牆)

3층 석탑 모습의 계단을 꾸민 잘 다듬은 기단 위에 앉은 사랑채

안채 기단과 계단의 질서

아름다운 모습이 지금까지 이어지고 있으며, 중사랑채는 공부를 하는 강학의 역할을 했을 것으로 짐작된다.

사랑채의 남쪽에는 팔작지붕에 다섯 칸으로 된 곳간채가 있는데, 네 칸은 널빤지벽과 널문으로 되어 있고, 좌측 끝 칸은 말을 묶어 두던 마판馬板으로 꾸며져 있다. 마판 뒤편에 붙여서 하인 전용 측간을 두었으며, 특히 곳간채는 바닥을 띄워 마루를 만들어 바닥에서 올라오는 습기를 막는 슬기로운 과학적 지혜를 느끼게 한다. 또한 널문에 양각으로 글을 새겨 놓은 것은 다른 가옥에서는 볼 수 없는 이 가옥 곳간채만의 특징으로 의미를 해석하고 나무결의 부드러운 느낌을 느껴볼 수 있는 것도 새로운 체험이다. 사랑마당에 이렇게 배치된 건물에 의해서 건물 사이에 일정한 간격을 유지해 건물 개개의 특징을 강조하면서 바람이나 햇빛을 최대한 받을 수 있는 개방성을 강조하고 있다. 특히 사랑마

중문채 곳간의 판벽과 판문

당에는 나무 한 점, 풀 한 포기 없이 마사토만을 깔아 놓았는데, 마당을 걸을 때에 하얀 마사토의 부드러운 느낌과 사박사박한 촉감은 궁궐에서나 느껴봄직한 세련된 멋이다.

사랑채를 지나 약간 오르막길로 안쪽 깊숙이 들어가면 담장이 앞을 가로막는다. 우측으로는 사당으로 가는 협문이 있고 좌측으로는 안채로 들어가는 중문이 나타난다. 중문채는 맞배지붕으로 사랑채와 수평으로 나란히 배치되어 있다. 중문채는 끝에 대문칸과 세 칸 반의 곳간채가 있어 안채에서 사용하는 의류나 그릇과 같은 물건들을 보관하는 곳으로 사용하였다. 세 칸 반은 판벽으로 사방이 둘러쳐져 있고 상부에는 살창으로 통풍을 할 수 있게 하였으며, 바닥을 띄워 바닥으로부터 습기가 올라오지 않도록 마루를 설치하고 원활한 통풍을 유도하여 보관된 물건들이 상하지 않도록 하는 배려가 돋보인다.

섬돌 대신 나무 계단을
꾸민 안채 마루

건넌방 기단에 묻은
가랫굴

안채는 비교적 잘 다듬은 네모난 돌을 3벌대로 쌓고 세 개의 계단을 만든 기단 위에 자연석 덤벙 주춧돌을 그랭이질하여 방형 기둥을 세워 만든 팔작지붕으로 되어 있다. 규모는 전면 일곱 칸, 측면 한 칸 반인데 오른쪽에 두 칸의 부엌을 두고, 두 칸의 안방과 두 칸의 대청마루를 중앙에 배치한 모습이다. 왼쪽 끝에는 전면 안마당 앞의 기단을 1단 줄여 함실아궁이를 둔 건넌방이 배치되어 있다. 두 칸의 방과 대청마루 앞으로는 툇마루를 두었고 여름에는 대청마루의 4분합 불발기문을 등자

균형의 질서가 인상적인 안채의 배면

쇠에 걸어 놓을 수 있도록 하였다. 이 안채에서는 다른 집에서는 볼 수 없는 몇 가지 특징적인 것들도 발견할 수 있는데 첫째, 디딤돌을 놓지 않고 직접 마루 귀틀에 나무로 계단을 만들었다. 마루 전면을 일정 높이만큼 띄워 바람이 아래로 통할 수 있게 하였으나 안채는 기와로 만든 통기구를 만들고 나머지는 전면을 막고 있으며, 둘째로는 건넌방 동쪽으로 둔 띠살무늬 문 앞에 쪽마루로 연결되는 특별한 문이 있다. 뒤편에는 방마다 후원이 보이는 광창을 두고 있는 점도 흥미롭다. 아울러 안방에서는 후원으로 나가는 2분합문을 머름대를 대고 꾸미고 있으며 마루 앞에 있는 툇마루를 대신한 나무 계단을 둔 것도 눈여겨 볼 특징 중의 하나이다. 셋째로는 대청마루 후면에 있어야 할 바라지창을

장식의 세련미가 돋보이는 안채 곳간 널문

한 칸에만 두고 한 칸은 바닥에서 높게 들어 만든 판벽에 통판 널문의
저장 창고를 만들어 놓았다. 넷째는 안방에서 나오는 굴뚝의 모습으로
두 칸의 방마다 각각의 굴뚝을 세우지 않고 수평으로 빼내어 놓았다.
굴뚝의 형태에 대해서는 대개 서민들은 소박한 굴뚝을 만들고 상류층
에서는 주인의 힘을 과시하듯이 모양이나 재료 및 크기가 다름에도 불
구하고 이 가옥은 '가랫굴'이라는 굴뚝으로 최대한 소박하게 만든 것

아래채 부엌 벽의 아름다운 표정

도 이 집의 특징이다. 사랑 후원에 최근 만들어 놓은 시멘트 굴뚝 외에
는 높은 굴뚝을 통해 밥짓는 연기가 하늘 높이 올라가는 모습을 집 주
위에 사는 서민들에게 보이고 싶지 않았기에 낮은 가랫굴만 만들어 사
용한 주인의 마음을 헤아릴 수 있는 모습이다.

안채를 마주한 곳간채는 두 칸의 뒷사랑과 일직선상으로 한 지붕처
럼 연결시켜 놓은 특이한 멋이 있다. 이 뒷사랑과 곳간의 끝기둥 사이
를 일곱 자 정도 벌려서 이분합 대문을 달아 사랑채 후원에서 안채로
직접 드나들 수 있게 하였다. 특히 뒷사랑 쪽 벽은 회를 바르고 곳간채
는 빈지널을 댄 벽으로 처리하여, 서로 다른 용도와 다른 벽을 다락이

라는 구분을 시각적으로 알려주고 있다. 그 중간 역할의 공간을 통로 상부에 꾸미고 지붕을 연결하는 기법을 과감하게 표현하고 있다. 다락 광창은 고정식이 아닌 오른쪽에 고리를 만들어 덧문을 여는 방법과 동일하게 하고 있고, 단아한 회벽에 귀여운 넉살무늬 광창은 이 집의 포인트가 되었다.

안채의 곳간채는 전면 여섯 칸에 측면 한 칸의 3량 집으로 자연석 덤벙주초 위에 마루 귀틀을 짜서 우물마루를 깔고 벽은 사면을 전부 나무만을 사용한 나무집이다. 특히 측면은 하인방과 중인방, 상인방의 수평 가로재를 기둥에 걸고 빈지널과 통나무를 쪼개 아래위로 세우듯이 만든 귀틀로 만들었고, 전면과 후면은 나무를 넓적하게 켜서 빈지널로 만들어 사용하여 시각적인 안정감과 안채에서 보이는 벽의 안정감을 표현한 작품으로 볼 수 있는 한옥만의 멋이다. 안마당을 향한 전면은 세 칸의 넌출문을 단 문칸과 세 칸의 널판을 이용한 판벽으로 이루어졌다. 흥미로운 것은 문과 벽이 같은 모양으로 정형화되어 건물에서 단출한 시각적 멋을 느끼게 하는 매력이 있다는 점이다. 넌출문은 두 장의 널판을 이어 국화 모양의 쇠장석과 모서리 부분을 이어주는 이음 부분에 '만卍'자 무늬를 조각한 장석을 박아 튼튼한 안정감과 함께 다복多福을 의미하는 국화무늬 광두정을 장식하여 의장적인 부분도 고려하였다. 또한 벽 없이 통칸으로 만든 내부는 폭이 깊은 공간을 만들기 위해서 커다란 무지개 모양의 통나무를 이용하여 칸마다 보를 걸어 튼튼한 광의 이미지를 강조하고 있다. 문 위에 있는 간단한 살창으로 햇빛이 들어오고 사방에서는 판자널 사이로 햇빛이 스며들어와 자연미를 흠뻑 뿜내고 있다. 운강고택의 곳간문은 만자무늬 앞바탕쇠에 배목을 박아 네모형 방환 문고리를 건 다음 자물쇠를 달고, 광두정을 일정한

체온이 남아있는 듯한 디딜방아

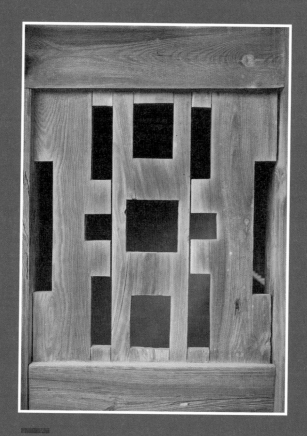

'아(亞)'자 형태의 부엌 광창

간격으로 박아 문짝의 이음새를 보강하고 있다. 특히 곳간채에는 많은 항아리들이 옹기종기 모여 있는데, 항아리의 크기, 모양이나 규모의 다양함에 감탄이 절로 나온다.

안마당 건너 맞은편에 가로 놓인 아래채는 부엌, 방, 마루, 고방, 방앗간을 각 한 칸씩 '一'자로 두었으며 방앗간 뒤편에는 두 칸의 안채 측간을 두어 안쪽과 바깥쪽으로 구분하여 사용하도록 하였다. 아래채는 중앙에 한 칸의 대청을 두고 안채 쪽으로 아랫방과 부엌을 두고 있으며 반대편으로는 곳간과 디딜방아 칸이 있다. 부엌의 광창은 세 장의 판재를 이어 붙여서 만들었는데, 길상자인 '아亞'자를 형상화하면서 통풍의 기능을 할 수 있는 멋을 보여주고 있다. 디딜방아는 그 당시 안채에 사는 여자 하인들의 숨결을 느끼게 하는 생활용구가 잘 보존되고 있다. 아래채의 부엌과 창고의 장석은 단순하지만 문둔테를 감싼 제비초리형 장석에는 길상자인 만卍자와 태극무늬를 그려 구조적인 안정과 염원을 표현하고 있다.

사당은 사랑채를 지나 안채로 들어가는 중문을 마주하고 일각문을 지나면 바깥사랑채 뒤쪽에 있는데, 별도의 담장으로 구획되어 있다. 소로수장집에 두리기둥을 사용하여 수수하면서도 엄격한 격식이 묻어나며 분위기 또한 엄숙하다.

운강고택과 더불어 빼놓을 수 없는 부속 건물로 운강 박시묵이 1856년경 건립한 정자인 만화정萬和亭이 있다. 이 정자 건물은 마을로 들어가는 금천교 옆에 있는데, 지금의 시멘트 다리가 생기기 전 동창천을 바라보는 만화정의 모습은 선비들의 호연지기를 느낄 수 있는 강가 절벽 위에 멋지게 앉아 있는 건물이었을 것이다. 그 당시에는 마을로 들어오기 위해서는 배를 타고 강을 건너야 했는데, 절벽 위에 멋지게 자

정성들인 공포로 꾸민 사당문

리 잡은 아름다운 한옥의 누마루 정자는 선비들에게 별장 같은 의미였을 것이다. 이곳은 운강 선생이 공부하며 강학을 논하던 장소로 유명하지만, 근대에 와서는 6.25때 이승만대통령이 피난민들을 격려하기 위해 동창천에 왔을 때 숙식했던 곳으로도 유명하다.

만화정의 평면구성은 한 칸 마루를 중심으로 서측에 방 한 칸, 동측에 두 칸의 건넌방을 배치하고, 대청으로 오르는 인방 아래에는 '만화정'이라는 편액을 걸어 놓았다. 건물은 우측으로 날개 부분에 한 칸을 내서 누마루를 만들고 분합문은 두지 않고 주변의 경치를 함께하려는 개방성을 강조하고 있다. 막돌을 쌓은 기단은 위에 장대석 테두리를 두른 2중 기단을 두었고, 상부가구는 5량 집으로 구성하여 아름답게 당초문을 조각한 판대공 위에 종도리와 중도리의 장여가 함께 놓이도록

중문과 사당 일각문

두리기둥과 소로수장집의 사당

만화정과 왕버드나무의 고즈넉한 풍경

만화정의 아름다운 풍경

세련된 계자 난간

하였는데, 중도리 장여에는 소로를, 마루도리 장여에는 용두를 받쳐 놓았다. 둥근 기둥의 상부에는 대들보 끝에 봉황을 끼우고 보아지 끝 위쪽에는 피는 연꽃을 아래쪽에는 연봉을 장식하였다. 누마루 3면에는 계자난간을 둘러 꾸미고 처마를 길게 내밀고 네 모퉁이에 활주를 세워 누마루로 빗물이 들이치지 않으면서 주변의 경관을 감상할 수 있도록 하였다. 활주는 천지인天地人을 나타내는 의미의 팔각 돌기둥에 나무 원기둥을 올려놓은 형식을 하고 있다. 그러나 이처럼 화려한 조각을 꾸미고 있는 대신 단청은 하지 않아 나뭇결의 부드러움이 고풍스러움을 더하고, 천장에 매달린 많은 시구의 현판들과 현판마다 아름다운 칠보문을 편액으로 사용하고 있어 주목을 끈다.

경사지를 이용하여 정자를 꾸민 이 건물은 누마루는 원형기둥을 사

만화정 난간에 걸린 자연의 아름다운 어울림

용하고 기둥머리에는 봉황과 용을 조각하여 단청을 하지 않아도 수수하면서도 장중한 느낌을 주는 것이 멋이다. 또한 이 정자의 아름다움을 표현한 다양한 모양의 글씨체와 편액의 형태가 천장 가득히 있어 야외 편액 박물관처럼 느껴지는 곳이다. 누마루에 앉으면 전면에 서 있는 오래된 왕버드나무의 푸르름과 정자 아래서 피는 야생화, 아름드리 송림과 회화나무 푸르른 잎새의 싱그러움이 사방에서 밀려온다. 이런 자연의 아름다움에 빠져있다 보면 이 정자를 지은 운강 선생의 자연에 대한 애착과 사랑도 느껴볼 수 있다. 사대부집 사랑채인데도 누마루가 없어 의아해 했던 운강고택에서의 의문점이 만화정에 오면 이곳에 이렇게 아름다운 정자가 있어 굳이 만들지 않아도 되었을 것이라고 짐작이 간다.

만화정의 앞마당 전경

　이와 같이 주택은 집 주인의 권세와 인품을 나타내면서도 절제된 이
와 표현 방법 및 장소는 정확한 규율을 따르고 있다는 사실을 이 가옥
을 통해 알 수 있다. 표현에 대한 절제와 표현의 정도 및 장소는 확실한
규율을 따르고 있음을 이 가옥에서 새삼 발견할 수 있다.

섬암고택刹巖故宅과
도일고택道一故宅

경북 문화재자료 제268호, 문화재자료 제271호 | 경북 청도군 금천면 신지1리 236, 237

2

● ● ●

이 두 가옥은 신지리 마을의 운강고택과 더불어 씨족마을을 대표하는 기와집들로, 도로를 가운데 두고 큰집과 작은집으로 배치되어 있다. 운남고택이라는 셋째아들 집을 옆에 지어주고 둘째 아들과 동생의 집을 바로 건너 섬암과 도일이라는 당호를 가진 집으로 지어 지금까지 전하고 있다.

　문화재자료 제268호인 섬암고택剡巖故宅은 운강雲岡 박시묵朴時默의 둘째 아들인 박재소(朴在韶, 1840~1873) 선생이 분가하면서 건립한 것으로 운강고택雲岡故宅의 남서쪽에 위치하며 사랑채와 대문채는 1990년 도로확장공사로 인해 철거되었다고 한다. 따라서 이 집 대문 앞마당의 사랑채가 있었던 자리는 빈자리로 남아 있고, 중문채 앞에 슬레이트지붕의 허름한 사랑 곳간채가 남아 있다. 문화재자료 제271호인 도일고택道一故宅은 운강고택의 길 건너편에 있는 전통 가옥으로 박시묵의 동생인 박기묵(朴起默, 1830~1911)이 고종 14년(1877) 합천군수로 재직할 때 신축하여 합천군수댁이라 불리기도 하였다고 한다. 20세기 초 삼종질인 재수의 소유가 되면서 도일고택道一故宅이라 부르고 있으며, 전체적으

대문채와 중문채의 전경

로 'ㅁ'자형으로 영남지방에 쉽게 볼 수 있는 구조이다.

조선시대에는 마차 정도가 지나는 시골길이었겠지만 지금은 아스팔트 도로가 생기면서 대문채는 뒤로 물러나고, 섬암고택剡嚴故宅은 자연스러운 전통 마을의 돌담길 대신 도로와 수평으로 도일고택과 이어져 있게 되었다. 'ㄱ'자형의 안채를 제외한 나머지는 'ㅡ'자형의 평면을 이루고 있으며, 안채는 서남향을 하고 있고 대문채는 동남향을 하고 있어서 대문과 넓은 마당을 지나 직각으로 사랑채와 안채가 배치된 형상을 하고 있다.

도일고택과 담장을 사이에 둔 이 가옥은 대문에 들어서면 넓은 마당 가운데 화단이 보이고, 건너편에 세 칸 크기의 판벽에 전면을 개방시킨 형식으로 우진각 지붕의 곳간채가 서 있다. 마당의 북쪽으로는 외벌대의 자연석 기단을 한, 현재는 사랑의 역할을 하는 건물인 중문채가

대문채에서 본 중문채

사랑채가 있었던 자리의 현재 모습

중문 대청 가구의 아름다운 표정

중문 처마에 매달린 벽감과 뒷뜰로 연결되는 담장의 여백

서 있다. 다섯 칸짜리 팔작지붕인 이 건물은 중앙의 어칸에 중문을 두고 좌측으로 한 칸의 온돌방과 한 칸의 대청을 둔 조그마한 규모로, 온돌방의 남쪽문에 띠살무늬 덧문을 설치하는 일반적인 규칙과는 다르게 바라지창의 판문을 설치한 것이 특이한 점이다. 또 동쪽으로 있는 대청마루의 판문을 열어 놓으면 마을길보다 낮은 사랑채의 마루 안이 지나가는 사람들에게 노출되므로 쪽담을 꾸며 시선을 차단하고 있다. 담장 아래에는 나무를 심어 역시 시선을 차단하는 기능과 함께 전통 조경의 세련미도 표현하고 있다. 방문 앞에는 한 칸 깊이인 방의 규모를 고려하여 툇마루가 아니라 벽 밖에 부착하는 쪽마루를 두고 있는 지혜가 돋보이며, 이 방을 데우기 위한 굴뚝의 가랫굴을 외벌대 기단 아래 만들어 놓아 언뜻 보이지 않을 정도로 꾸며 놓았다. 혹시 비가 많이 내리면 추녀에 떨어진 빗물이 아궁이로 흘러들지 않을까 염려되는데, 이렇게 흥미로운 굴뚝의 형태는 자신감 넘치는 목수의 표현이 아닐까 한

장독대와 후원 협문의 조화

중문 배면과 안채의 고즈넉한 풍경

툇마루가 아닌 쪽마루로 꾸며진 독특한 도일고택 사랑채

팔작지붕에 평대문인 도일고택

다. 대청 천장의 가구 방식을 살펴보면, 팔작지붕을 꾸미기 위한 서까
래와 도리가 만나는 부분의 마무리를 깨끗하게 하기 위하여 반자틀을
꾸미는 것이 일반적이나 대청의 천장 가구 구조는 종도리와 이를 받치
는 장여를 그대로 노출시키고 대들보 위에 충량을 대공대신 보에 얹혀
놓음으로써 한 칸이라는 작은 공간에서의 천장 가구를 세련되게 엮은
전통 가구기법의 섬세함을 보여주고 있다. 여기에는 대청의 바라지창
은 없고 널판벽으로 꾸며 안채의 사생활을 보호하면서 상단에는 감실
을 두어 상청으로도 쓰고 온돌방에서는 다락으로도 사용하도록 만들
었기 때문에, 후면에서 보면 이 부분이 밖으로 불룩 튀어 나온 것을 볼
수 있다. 한편 오른쪽으로는 판벽에 곳간 한 칸을 두고 한 칸은 마구간
으로 꾸며 놓았다. 가운데 중문은 하인방인 문지방을 곡선으로 가운데

사랑, 아래채, 안채를 구분하는 담장의 연속성

를 낮게 하여, 안채에서 치마를 입고 다니는 여인네들과 어린이들의 옷이 걸리지 않도록 하는 배려를 잊지 않았다.

　안채는 'ㄱ'자 형태의 팔작지붕 모습으로, 전면에 세 칸의 대청과 오른쪽에 한 칸의 건넌방을 두고 있다. 대청마루에는 남부지방이어서인지 들어열개 형식의 분합문을 설치하지 않은 것이 이 안채의 특징 중 하나이며, 대청마루 뒷면을 막는 바라지창 역시 상부에 넉살무늬창이 달린 넌출문을 머름대 없이 마루바닥부터 상인방까지 넓게 설치한 것이 이 대청의 멋이며 이 지역에서나 볼 수 있는 의장적인 특징이다. 'ㄱ'자로 꺾인 모서리인 회첨 지붕 아래는 서편으로 안방을 두고 앞으로 부엌 두 칸 끝에 판벽을 한 음식을 저장하는 창고를 두었다. 특히 경

사랑채 대청마루에서 보이는 안채

상도 지방의 한옥에서 부엌의 판벽을 조각하여 다양한 글자와 문양을 조각하는 기법을 사용하고 있는데, 이 집도 부엌의 널판지벽에 직사각형 구멍을 뚫어 부엌에서 일하던 여인들이 밖을 슬쩍 내다보면서 바깥동정을 살피거나 채광의 역할을 하도록 하였다. 그리고 건넌방의 아궁이는 쪽마루를 매달아 아래에는 함실아궁이를 설치하고 온돌방에 불을 떼도록 하였다.

안채를 둘러싸고 있는 담장의 동쪽 아래에는 넉넉한 품을 갖춘 항아리를 놓은 장독대를 두고 주변에 아름다운 꽃들을 심어 장독과 어울리는 안마당의 분위기를 연출하고 있다. 이렇게 꾸며진 집은 격식을 갖춘 집으로 운강고택을 중심으로 한 전통마을의 분위기를 유지하는데

안채의 모습

활처럼 휜 곡선미가 돋보이는 안채 대청의 대들보

중요한 역할을 하고 있다.

섬암고택과 담장을 사이에 두고 있는 도일고택道一故宅은 평대문 형식인 세 칸 규모의 대문채가 도로 방향으로 있는데, 어칸에 대문을 달고 좌우 벽은 화방벽으로 예쁘게 꾸며져 있고 상부에는 광창을 둔 팔작지붕의 모습이다. 대문은 이 가옥의 동남쪽 모서리 끝에 두고 있으며 한 쪽에는 청지기방을, 다른 쪽에는 마루를 갖추었으며, 전면이 개방된 모습을 하고 있다. 사랑채와 안채의 배치 축은 남북 자오선상의 축으로, 사랑채 뒤에 안채가 있고 안마당 좌우에 아래채와 곳간채가 있는 형국이다. 사랑채는 맞배지붕의 정면 다섯 칸 측면 한 칸으로 되어 있는데 서쪽으로부터 곳간을 두고, 중문, 두 칸의 사랑방과 대청마루로 배열되어 있고, 대청마루 옆에는 안채로 들어가는 협문을 두고 있다. 이 집의 사랑채는 홑처마 납도리 3량 집의 간결한 수법으로 단아한 모습을 보인다. 3량 집으로 폭이 작기 때문에 대청마루와 방 앞에는 공간의 실용성을 높이기 위하여 쪽마루를 두 칸의 방 전면과 1단 낮게 대청마루에 꾸며 놓았다. 이 대청은 앞과 뒤로 분합문이나 바라지창 없이 안채가 그대로 보이는데, 건립 시기가 섬암고택과 비슷하고 건물의 형태도 비슷한 것으로 보아 이 집의 사랑 대청 상부에도 띠살무늬 창문을 단 넌출문이 있었을 것으로 보인다.

사랑 윗방에는 4분합 불발기창을 두어 공간이 크게 필요할 경우에, 혹은 여름철에 개방된 공간으로 사용하게 되어 있다. 중대문 옆의 아랫방은 안채 쪽으로 약간 벽을 물려 앉히고 외닫이문을 달아 바깥주인이 안채로 드나들 때 사용하는 전용 출입문을 만들어 놓았다. 중대문에는 아궁이를 만들어 불을 때도록 하였는데, 연기 빠지는 가랫굴을 사랑 윗방의 안채 마당 방향으로 기단 위에 납작하게 붙여 연기가 담장 밖에서 잘 보이지 않도록 하였다. 이는 밖에 사는 평민들과 가난한 이웃들에게까지 가능한 한 겸손하고자 한 조상들의 뜻이다.

중문은 일반적으로 사용하는 문이고 사랑대청 옆에는 집 식구들이 드나드는 협문을 만들어 놓았다. 협문에 들어서면 우측에 별당채인 아래채가 있고 전면에 안채가 자리하고 있다. 안마당에는 안채의 부엌 앞에 우물이 있고 마당에는 나무와 꽃들을 심어 안채에 사는 여인들과 아이들의 정서 함양에 신경을 쓰고 있는 모습을 볼 수 있다. 전통 한옥에서 조경은 단순히 화단의 개념이 아니고 딱딱한 건물의 느낌을 부드럽게 해주고, 보는 각도마다 다른 종류의 식물들이 보이기 때문에 집안에서 자연의 변화를 느끼면서 정서를 고취시키는 중요한 역할을 하는 것이 특징이다.

이 가옥은 대문칸만 화려한 지붕이라는 팔작지붕이고 나머지는 검소한 지붕 형식인 맞배지붕과 우진각 지붕 형식을 하고 있는 점이 흥미로운데, 일반 사대부집에서는 볼 수 없는 이 집만의 특징이다. 안채의 평

헛간 뒤편 오른쪽 추녀 아래에 숨어있는 측간

면 구성은 좌측에서부터 부엌, 방, 마루, 방의 배치와 남부지방 특유의 '一'자형을 하고 있다. 상부가구는 홑처마, 납도리, 3량 집으로 사랑채와 마찬가지로 간결한 맞배지붕으로 처리하였다. 대청의 전면은 분합문 없이 개방되어 있고 후원 쪽으로 꾸며진 바라지창은 상부에 넉살무늬 창이 달린 넌출문으로 꾸미고 있다. 또한 대청마루는 쪽마루가 없으나 안방 전면에는 쪽마루를 설치하여 신을 벗고 방에 오르내리기에 편리하게 만들었다. 방 뒤편 상부에는 외부로 돌출된 감실을 마련해 한옥의 작은 공간을 효과적으로 처리하였고, 대청 가운데 위치한 기둥은 원주를 세워 대청마루의 고즈넉하고 부드러운 분위기를 돋우었다.

안채도 3량 집 실내 공간의 비좁음을 해소하기 위해 쪽마루를 다는 방식으로 해결하였고 부엌의 광창으로 넉살무늬 창문을 달아 간결한 멋을 표현하고 있다. 건넌방은 전면에 함실아궁이를 설치하고 쪽마루

안채 후면의 대청 바라지창

를 달았으며 2분합 덧문을 설치하였다. 동쪽으로도 쪽마루를 두고 외여닫이문을 설치하여 광창으로도 사용하는 출입문을 두어 별당이나 후원으로 나가기 편리하도록 만들었다. 후원에는 감나무가 있어 가을이 되면 먹음직한 감이 주렁주렁 열려 고택과 어울린 결실의 분위기가 안채에 가득해 진다.

별당채인 아래채의 방은 반대편인 동쪽에 두어 담장 아래쪽으로 나무를 심고 쪽마루를 두어 출입하도록 하였다. 이 방은 안마당 쪽으로는 조그마한 외여닫이문을 달아 출입보다는 안채와의 연락을 위해 방문을 설치한 모습이다. 별당인 아래채는 안채와 별도의 공간을 구성하도록 하여 담장을 꾸밈으로써 조용하고 고즈넉한 전통 담장과 정원의 어울림이 좋다. 협문과 빗대어 놓은 아래채의 처마 밑으로 둔 편문은 안채와 별도의 공간임을 나타내는 의미로 눈여겨볼 풍경이다.

이 가옥은 모든 건물의 기단이 자연석 허튼층쌓기의 외벌대 기단으로 낮게 되어 있어 섬암고택과는 안채의 모양이 약간 다른 정도의 차이만 있지만, 큰집인 운강고택과는 크게 차이가 난다. 우선 규모도 규모지만 기단의 재료나 높이, 그리고 건물의 폭이나 대청의 의장에서 많은 차이가 있음을 알 수 있다. 또한 이들 두 가옥에는 툇마루가 없고 방 앞이나 대청 앞에서 마당으로 내려가는 곳에 쪽마루를 꾸민 점도 특이하다. 이 또한 종가가 크고 위엄이 있어야 한다는 가부장적인 생활의 일면을 건축으로 나타내고 있다는 점에서 눈여겨볼 대목이다.

별당채인 아래채는 전면 네 칸 측면 한 칸의 규모로, 좌로부터 한 칸의 도장, 한 칸의 방, 두 칸의 광을 두고 있는데, 방은 동쪽을 향하고 있고 담장으로 구획하여 폐쇄성이 강하지만 외여닫이 널빤지문으로 만든 협문을 통해 안채로 출입이 가능하도록 하였다. 그러나 동쪽으로 별도의 담장을 만들어 분리시킴으로써 자유스러운 별도의 공간에서 자유로운 생활을 할 수 있었다. 헛간채의 규모는 정면 다섯 칸 측면 한 칸으로, 좌로부터 헛간 외양간 방앗간이 일렬로 구성되어 있다. 지금은 일부 벽도 사라지고 지붕도 슬레이트 지붕으로 바뀌어 옛 모습은 사라졌지만, 헛간채 뒤편으로 지붕 밑에 측간이 있는데, 안채 여자들의 측간이면서 약간의 외벽으로 앞부분의 벽을 살짝 줄였을 뿐 문이 없는 것이 특이한 모습이다.

이 마을 집 주위에는 감나무가 많고 마을 주변 산 아래에는 복숭아 밭이 많아 봄에는 복숭아꽃이 마을을 감싸고, 가을에는 주렁주렁 열린 감들이 전통 한옥과 마을의 풍성함에 아름다움을 더해준다.

임당리 林塘里 김씨고택 金氏故宅

중요민속자료 제245호 | 경북 청도군 금천면 임당리 631

3

● ● ●

청도의 임당리라는 마을에는 매우 특이한 가계家系의 고택
이 하나 있다. 마을에서 가장 높은 자리에 위치한 고택으로, 국내에서는
거의 유례를 찾아볼 수 없는 내시 계보의 고택이며, 역사적 가치 및 건축
학적 가치가 큰 건물이다. 이 건물과 견줄 수 있는 건물로는 경기도 남양
주시에 있는 궁집 정도가 있으며, 궁집은 궁녀들만이 모여 살던 고택이다.

　이 집의 연혁에 대해서는 문화재청 자료에 자세하게 기록되어 있다.
이 기록에 의하면 '임당리林塘里에는 조선시대 궁중내시宮中內侍로 정
3품 통정대부通政大夫의 관직에까지 올랐던 김일준(金馹俊, 1863~1945)
이 말년에 낙향하여 건축한 고택이 있는데, 임진왜란(1592) 전부터 400
여년간 16대에 이르기까지 내시가계가 이어져온 곳이라 한다. 국내에
서는 거의 유례를 찾아볼 수 없으며 양자를 들이고 부인을 맞아들인 뒤
궁중으로 들여보내 내시생활을 하도록 했던 이 고택의 가계는 17대 김
문선(1881~1953)에 이르러 직첩職牒만 받았을 뿐 내시 생활은 하지 않
았고, 18대 이후 정상적인 부자父子관계가 이뤄져 가계를 이어오고 있
다. 이 같은 가계의 부인들은 친정부모의 사망 때만 바깥출입이 허용

안채와 한적하게 거리를 갖고 멀찌감치 떨어져 앉는 사랑채

되는 등 극히 폐쇄적인 생활을 할 수밖에 없었다.'고 한다.

　이 가옥의 첫 번째 특징으로는 골목길을 들 수 있다. 일반 양반 가옥의 출입 골목길은 고살이라 하여 막다른 골목을 두고 안쪽의 깊숙한 곳에 골목과 직각이 되게 대문을 앉히는 것을 볼 수 있다. 그러나 이 집 대문은 마을 앞부터 이어지는 돌담 골목길을 따라 지형이 가장 높은 곳에 다다르면 대문 앞 담장과 나란히 지나는 마을길이 이어져 이 대문 앞을 정점으로 다시 다른 골목길로 내려와 마을 앞에 다다르게 되어 있다. 두 번째는 뒷산이나 언덕을 뒤로 하고 자리 잡은 보통의 사대부집과는 다르게 평지에 곡담을 둘러 집이 포위되어 있는 느낌이 드는 점이 특이하다. 세 번째는 담장의 높이인데, 사방을 둘러 있는 담장은 밖에서 사랑마당과 폐쇄된 튼 'ㅁ'자의 안채 외부 동태나 후원들이 다 보이는 개방적인 집이다. 그러나 이 담장은 다시 복원한 것이기에 담장의 높이가 원래부터 이렇게 되었는지는 확인하기 어렵다. 또한 안채의 담

팔작지붕의 균형미를 갖춘 대문칸의 안쪽 모습

장과 밖의 담장을 이중으로 둘러 폐쇄적인 공간으로 만든 것도 일반적이지 않다.

　대문채는 가운데 칸인 어칸을 솟을대문으로 꾸민 다섯 칸이다. 우측 두 칸에는 마구간을 두고 좌측 두 칸은 방으로 만들어 사용하고 있다. 솟을대문 좌우 날개는 우진각 지붕으로 지붕 곡선이 유려한 모습을 하고 있다. 대문에 들어서면 먼저 안채로 들어가는 중문이 보이고, 그 옆에 앙증맞은 쪽담이 안사랑채의 대청을 살며시 감싸고 있는 모습이다.

　사랑채는 서쪽에서 동쪽을 바라보고 별당처럼 한쪽으로 지나치게 비켜 있는 모습으로 얼른 시야에 들어오지 않는 위치에 '一'자형 평면 형태로 잘 다듬은 장대석으로 기단을 설치하고 주춧돌은 화강석을 원형으로 다듬어 사용하였다. 규모는 정면 네 칸 측면 두 칸의 크기로, 그 중 우측 두 칸은 사랑대청이고 좌측 두 칸은 반 칸 깊이의 툇마루를 두고 뒤쪽에는 두 칸의 온돌방이 만들어져 있다. 부엌과 윗방 뒤편에 벽감으

안채로 가는 중문

로 인해 돌출된 부분 이외에는 툇마루를 꾸며 후원으로 공간을 이어 놓고 있는데, 지금은 나무 하나 없는 황량한 뜰이지만, 당시에는 이 넓은 뜰에 화초나 아름다운 나무들이 심어져 있었을 것이다. 윗방은 뒤쪽으로 벽장을 달고 온돌방 사이에는 미닫이문을 설치하여 방을 구분하고 대청과는 넉살무늬 창을 아래와 위로 두고 중간에 팔각모를 접은 불발기창을 들어열개 형식으로 꾸며 여름이나 방을 넓게 써야 하는 행사가 있을 경우 사용하기 편리하도록 되어 있다. 대청마루 앞에는 잘 다듬은 장방형의 섬돌을 놓아 격조 있는 분위기를 느끼게 하였으며, 기둥은 원주를 세우고 처마도리 밑에는 소로수장집으로 조선시대에는 민가에서 공포를 꾸밀 수 없었던 당시의 건축 규율을 미루어 보았을 때, 가장 고급스러운 구조물로 꾸며 놓았다. 보와 충량, 서까래 등 지붕을 꾸미는 가구의 세련미와 자연스럽게 굽은 나무를 적절히 힘을 안배하여 조립한 가구는 하얀 회벽을 배경으로 세련미를 주고 있다.

예술적 감각이 뛰어난 팔모 접은 광창의 불발기창

　사랑 온돌방의 덧문은 띠살무늬 덧문에 '용用'자 모양의 단순미가
아름다운 미닫이문이 달려 있다. 5량 집인 사랑채의 마루대공은 하늘
에 해와 달이 떠 있는 의미인 둥근 형태의 마루대공으로 만들어 놓아
주인이 염원하는 세상의 모습을 보는 것 같아 흥미롭다.

　안채로 들어가기 위해서는 중문을 통하도록 되어있고, 아래 사랑채
는 네 칸의 규모이며, 우측 한 칸은 대문칸으로 되어 있다. 가운데 두
칸은 온돌방으로 한 칸의 툇마루를 꾸미고 뒤로 한 칸의 깊이에 두 칸
을 온돌방으로 꾸미면서 이 방의 뒤쪽으로 솥 하나를 건 아궁이를 만들
어 불을 때도록 만들었다. 이 아궁이 옆으로 안채에서는 안 보이게 조
그마한 벽을 막아 비밀스러운 외닫이문을 만들어 아궁이 옆쪽으로 들
어가도록 했다. 이는 목수의 지혜로운 발상으로 비가 올 때면 이 벽으
로 인해 신을 놓는 디딤돌에 빗물이 닿지 아니하고, 겨울에 문을 열고

종보와 대들보 사이에 걸린 충량의 모습

닫을 때 찬 공기가 문을 통하여 들어오는 것을 최소화한 것이다. 또한 왼쪽 끝 한 칸은 안채에서 바라다 보이는 대청으로 꾸미고 한 칸의 골방을 두었는데, 남쪽으로는 창문 없이 벽으로 마무리하고 동쪽으로 광창을 꾸민 방을 배치하고 있다. 이 광창을 열면 뒤뜰과 사당이 보이고 담장 너머로 뒷산의 아름다움을 볼 수 있다.

이 집에서 더욱 흥미로운 것은 한옥 건물과 항상 함께하는 담장이다. 담장의 용도는 공간을 구획하거나 막는 것 외에도 '담장을 어느 곳에 만드느냐'에 따라 새로운 환경을 만들어 준다. 사랑 아래채의 툇마루가 있는 앞쪽 처마 끝에 'ㄱ'자로 만든 작은 쪽담을 두어 사랑채로 다니는 사람이 누군지 대청에서 담장 위로 살며시 보이도록 만들고, 대문으로 들어 온 사람이 아래 사랑채의 방문이 열려 있어도 사랑채로 다니는 사람이 보이지 않게 하였다. 아울러 사랑채의 동태를 살피기 위해 쪽담과 아래 사랑채 추녀 사이에 널판으로 벽을 만들고 판재에 하트형 광창을 만들어 주변의 상황을 자연스럽게 관찰하도록 한 것도 내시

원주 기둥이 시원스런 사랑대청

본연의 자세로 주변에 누를 끼치지 않고 동정을 관찰하기 위한 것이 아닌가 싶다.

아래 사랑채는 앞에 있는 쪽담도 아름답지만, 하트형 광창이 있는 판벽과, 아래 윗방 사이를 분리하는 '아표'자형 미닫이문 창살도 아름답다.

안채는 '一'자형으로 잘 다듬은 장대석으로 외벌대 기단을 만들고, 역시 잘 다듬은 고급스러운 장대석으로 섬돌을 꾸미며 사랑채와 같이 비교적 장엄한 느낌을 준다. 하지만 작고 답답한 툇마루와 폭이 짧은 기둥 사이로 인해 사대부집의 안채처럼 개방감과 시원한 느낌은 주지 않는다. 안채의 바라지창은 나무 무늬가 아름답게 표현되도록 널판을 널찍하니 켜서 나무의 결과 옹이 부분이 섬세하게 드러내며, 바라지창의 중간에도 넓은 판재를 두어 공간의 답답함을 부드러운 나무 무늬로 조화를 이루게 한 모습도 볼 수 있다. 대청마루의 대공은 판대공으로 곰

배치의 변화를 보여주는 사랑마당의 표정

인형처럼 귀여운 모습으로 지붕의 힘을 대들보로 전달하고 있다.

곳간채로는 비교적 크고 꽤 넓은 두 개의 건물이 있다. 안채의 측면에 있는 곳간채는 가운데에 2분합 판문을 두고 있으며 왼쪽 한 칸에는 2층의 선반과 뒤주를 만든 곳간채로 별도의 문을 두고 있다. 특히 이 곳간채의 서쪽 끝에는 안채 측간이 있다. 안채 전면에 있는 곳간채는 왼쪽 끝인 측간 옆으로 디딜방아 칸을 두고 세 칸을 통으로 만든 5량의 큰 곳간이다. 안채에 딸린 두 개의 커다란 곳간채를 보면서 이곳에서 살던 여인들을 생각하게 된다.

이 집은 크게 두 가지 흥미로운 점이 있다. 안채와 사랑채가 가깝게 있으면서 조그마한 비밀 통로로 만든 협문을 이용하여 사랑으로 드나드는 것이 일반적인 배치 모습이지만, 이집의 경우 멀리 동떨어져 있어 다른 집처럼까지 느껴지도록 거리를 두고 있다. 또 한 가지는 비교적

사랑 아래채와 중문의 모습

대문으로 출입하는 방문자의 시선을 막기 위해 만든 아래 사랑채 쪽담의 지혜

추녀 아래 판벽의 귀여운
하트형 광창

크고 많은 곳간채의 규모에 놀라게 되는데, 이는 남편의 사랑을 받지
못하는 여인들이 재물에 관심을 돌려 인생의 희로애락을 느끼고 살았
던 것은 아닌지 생각하게 한다. 이 가옥은 한 시대의 전문적인 직업의
식이 건축물로 표현되고, 그 표현은 소박하고 섬세하면서도 가슴속에
무언가를 앙금처럼 누르는 것이 느껴져서 많은 생각과 느낌을 갖게 한
다. 특히 안채는 담장으로 둘러져 있는데 중문을 통하거나 사당의 협
문을 통하기 전에는 바깥 담장으로 나올 수가 없다. 이 집의 전통 따라
서 여자들은 한 번 이 집에 오면 부모가 상을 당하기 전에는 집에 보내
지 않았다고 하니, 더욱 내시 집안의 특별한 규범을 느낄 수 있다.

조상의 위폐를 모시는 사당은 동쪽으로 자리하고 있는데 세 칸의 규
모로 둥근기둥을 앞줄에 세우고 반 칸 뒤에 삼문을 두고 있다. 별도의
공간으로 구획한 담장 안에 있는 사당과는 다르게 동쪽으로는 담을 만

안채를 향한 아래사랑채 대청

보름달 모양을 얹고 있는 안채의 마루 대들보

커다란 곳간 내부

겹담의 폐쇄적인 안채

옛 골목에 핀 애기똥풀

출입문과 사당을 공포 가구로 꾸민
세련미가 돋보이는 조상의 신위를 모신 사당

안채 대청의 띠살무늬 분합문

들지 않고 안채를 지키기 위해 있는 것처럼 안채 담장을 사용하고 있다. 안채의 지나친 겹담장이 답답했는지 한쪽의 담장은 만들지 않았으며, 작은 규모의 사당이지만 사당 앞에는 정료대를 두었다. 정료대는 요판, 요주, 요대로 나누어 세 개의 석재를 조립하였는데 상부의 함지박 모양 요판은 사당에 제사를 지내는 경우 관솔을 피워 밝히는 조명 시설로 사당 앞에 놓아두었다. 이 정료대는 서원이나 향교의 사당, 이보다 큰 관아, 사찰에서나 볼 수 있는 시설로 가옥에서는 보기 드문 사례이다. 특히 이 사당의 측면 내림마루에는 이 집의 기원을 알 수 있는 강희康熙년 명문 암막새가 있어 이 집을 지을 당시부터 이 사당은 같이 존재했던 것으로 보인다.

현재의 임당리 김씨고택의 사당에는 옛 기와가 지붕 끝에 올려져있는데, '강희 25년 병인(丙寅, 1686) 윤사월'이란 연기가 있는 암막새 기와와 망와望瓦가 사용되고 있으나 건물 전체의 구조 양식으로 보아서는 19세기에 건축한 것으로 추정되고 있다.

통나무 결이 아름다운 안채의 바라지창

안채 부엌문과 광창

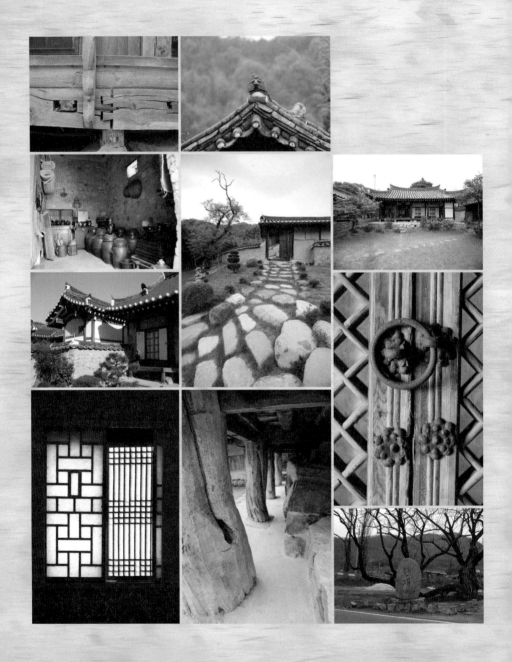

韓屋의 美

8 경북 다른 고택들

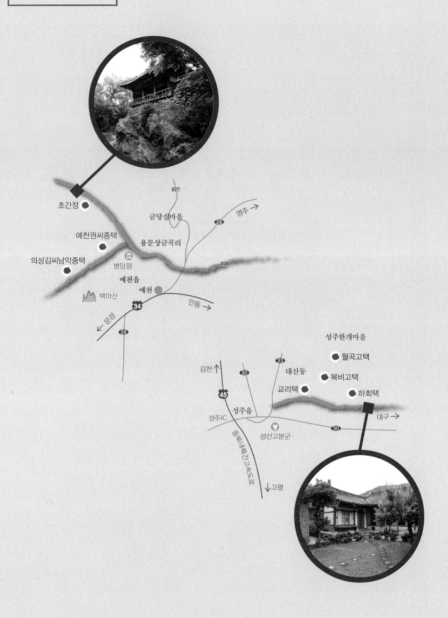

경북 다른 고택들

초간정 ●

927

금당실마을

용문상금곡리

28 영주 →

예천권씨종택 ●

의성김씨남악종택 ●

병암정 🏛

928

예천읍

백마산 🏔

예천 ●

안동 →

문경

34

28

성주한개마을

김천 ↑

30

33

대산동

월곡고택 ●

45

성주읍

교리택 ●

북비고택 ●

하회택 ●

성주IC

성신고분군 🏯

30

대구 →

중부내륙고속도로

↓ 고령

예천體泉 금당실마을

사계절 푸르른 송림 모습을 선망하던 선비의 마음을 안고 있는 금당실 소나무 숲

1

● ● ●

경북 예천에는 많은 고택과 사당 및 재향 건물들이 있다. 그 중 한옥이 밀집되어 있는 용문면 일대에서도 물 좋고 산 좋은 곳으로 알려진 용문면 금곡리가 있는데, 금당실마을이라고도 부른다. 사괴당四槐堂 고택 주인이던 변응녕邊應寧이 16세기 중엽에 정착하여 지형을 살펴보니 연화부수형이라 하여, 연못을 예칭하여 금당金塘이라고 마을 이름을 지었다고 한다. 용문사가 있는 매봉을 거쳐 흐르는 물과 국사봉에서 흐르는 물이 합류하는 지점에 있는 마을로, 물이 풍부하고 산천이 수려하여 많은 고택들이 자리하고 있다. 그래서인지 현재의 주소로는 많은 차이가 있어 보이나 예천권씨 종가와 초간정, 예천김씨 종가인 남악종택, 그리고 금곡리 금당실 마을이 10리 안에 모여 있으며, 금곡리의 배산인 말월봉 뒤편 하리면에도 고택들이 즐비하다. 이들 고택들은 용문사로 들어가는 928번 국도에 접하고 있다. 예천을 지금도 선비의 고장으로 일컫는 이유도 이처럼 종가댁이 많고 반가가 많기 때문이다. 그 애칭인 선비의 고장이라는 이름을 얻게 된 것도 금당실 마을을 중심으로 규모가 큰 정자와 함께 인물들이 많이 배출된 덕이라 하겠다. 이곳의 대표

아름다운 연못을 배경으로 바위 위에 솟은 병암정의 날개짓

적인 건축물이 마을 초입에 있는 병암정屛巖亭이라는 정자다.

　병암정은 천연 암벽 위에 세워진 팔작지붕의 커다란 건물이다. 수로가 바뀌어 지금은 정자 앞에 연꽃이 만발하는 연못만 남아 있다. 이 연지를 끼고 솟을삼문에 들어서면 먼저 두 칸 규모의 마루가 있고, 온돌방, 그리고 중앙에는 대청을 꾸민 건물이 별도의 기와 담장으로 둘러져 있다. 이곳에는 '정자들'이라고 불리는 넓은 들판이 펼쳐져 있다. 병암정의 오른쪽에는 예천권씨 집안의 인물로 권맹순, 권오기, 권오복, 권용을 봉사하는 별묘가 있는데, 별도의 담으로 둘러진 별묘의 담장이 산의 경사를 타고 둘러쳐져 있어 새의 둥지처럼 보이는 형태다. 병암정 정자는 정면 다섯 칸 측면 두 칸 규모의 팔작지붕이며, 연못과 마을이 내려다보이는 방향인 전면에 반 칸 물러 앉아 퇴칸을 꾸미고 좌측에도

예천 병암정의 고즈넉한 풍경

퇴칸을 두었다. 가구 구조는 5량 집으로 정자 건물로는 비교적 큰 규모
이며, 창방 위에는 소로를 받친 소로수장집으로 네모기둥 위의 보아지
는 외부로는 직절되고 안쪽으로는 구름 모양으로 초각이 있어 아름답
게 꾸몄다. 특히 두 칸의 중앙 대청은 4분합 들어열개로 되어 있는 띠
살무늬 문을 달아 필요에 따라서는 문을 들어 천장의 등자쇠에 매달도
록 되어 있다. 또한 띠살무늬 교창을 상부에 달아 매우 조각적인 한옥
창문의 아름다움을 보여주고 있다. 대청의 좌우로는 방을 두어 온돌방
을 꾸며 놓았다. 금당실 마을이 한눈에 내려다보이는 전망 좋은 곳에
자리하고 있으며, 병암정을 시발로 마을의 답사가 시작된다.

병암정은 절벽 위에 지은 건물로, 절벽에는 어떻게 저기 매달려 조

병암정 대청으로 보는
세월의 시간여행

각을 했을까 싶을 정도의 위치에 '병암정'이라는 글자가 내려쓰기로
반듯하게 조각되어 있다. 아래는 연지에 석가산이 있고 봄이면 버드나
무의 연두빛 잎이 봄바람에 나부끼며 연지와 어울려 아름답고, 여름이
면 각양각색의 연꽃이 아름답게 피어나 매미 소리와 함께 시원함과 우
아함을 느끼게 한다. 여름날 주변의 푸르른 버드나무와 연지에 핀 연
꽃의 아름다움은 환상적인 모습이다. 그 모습이 얼마나 아름다웠는지
조선 최고의 절세가인인 기생 황진이의 일대기를 다룬 영화의 촬영장
으로도 이용되었다. 단순히 주변 풍광이 아름다워서 영화의 촬영지가
된 것은 아니고, 풍광에 더해 더없이 전통적인 우리의 한옥이 있었기에

촬영지로 선택된 것일 터이다.

병암정을 지나 928번 국도를 타고 조금 올라가면 오른편으로 들판 너머 조그만 언덕에 예천권씨 영은당 종택이 자리하고 있다 영은당(문화재자료 제454호)은 1500년에 처음 건립되고 1780년에 중건하였다는 고택이다. 규모는 정면 다섯 칸 반 측면 다섯 칸으로 'ㅁ'자형 주택이며 비교적 작은 편이다. 중문의 좌측에 사랑을 두고, 중문을 들어서면 안마당이 나온다. 비좁은 안마당의 정면으로 세 칸 규모의 안채와 대청 왼편으로 도장방과 안사랑이 있고, 오른편으로 안방과 부엌으로 구성된 집이 나온다.

국도로 나와서 좀 더 올라가면 상금곡리가 나오는데, 이 마을에는 많은 유적들이 있다. 청동기시대의 고인돌로부터 시작하여 추원제 및 사당(민속자료 제82호), 사괴당고택(민속자료 제337호), 반송재고택(민속자료 제262호)과 많은 고택이 있으며, 금곡서원이 마을 뒤쪽에 푸르른 송림을 배경으로 자리하고 있다. 이 소나무 숲은 국도와 마을을 경계하는 수구막이 역할을 하는데, 늘씬한 몸매는 푸르른 솔잎을 머리에 이고 마을의 정취에 한 못 거들고 있다. 소나무 숲 앞으로 마을에 들어서면 꼬불꼬불 돌담길이 연결되어 있고 담장에는 나팔꽃이 활짝 핀 모습이 전형적인 전통마을의 모습을 느끼게 한다. 마을길은 막힌 골목이 없이 서로 연결되어 있고, 고샅처럼 어느 주택만이 사용하는 그런 막다른 골목이 없다는 것이 특징이다.

이 마을에서 비교적 규모가 큰 주택으로는 사괴당四槐堂고택이 있다. 이 가옥은 사괴당 변응학이 건립한 주택으로 18세기 후반에 지어진 건물이다. 마을 가운데 길 옆에 초가집으로 된 2층 형식의 대문채를 두고 있으며 안채에는 'ㄷ'자형의 정침이 자리하고 있다. 이 가옥은 정

여백이 넉넉한 사괴당의 안마당

침을 중심에 두고 사방으로 널찍한 대지를 차지하고 주변에는 우물과 정원으로 꾸며져 있다. 대문채는 일제강점기에 지은 건물을 복원해 놓았는데, 왠지 정침의 전통적인 한옥과는 많은 차이가 느껴진다.

이 가옥은 방문 앞으로 쪽마루를 꾸며 집 전체를 섬돌 아래로 내려서지 않고도 다닐 수 있도록 만들었다. 안채는 대청에 바라지창을 갖추고 있으며, 사각기둥은 둥근 보와 만나고, 보머리 밑은 수직으로 자르고 보아래 보아지는 빗겨 잘라 멋을 내고 있다. 특히 대청마루 대들보는 활처럼 휜 부재를 사용하되 도편수의 능숙한 솜씨를 발휘해 종보의 동자주를 생략하고 바로 종도리가 보에 받치도록 하여 천장 가구 구조를 단순하면서도 단아하게 표현하는 매력을 보여준다.

정침은 'ㄷ'자 형태의 지붕 구조를 갖고 있는데, 지붕이 직각으로 만나거나 방향을 바꿀 때 각이 잡히는 곳에 빗물이 모아 흘러내리기 편하도록 암키와를 지붕에서 처마까지 내려 물받이를 만들어 놓은 곳을 회

국화정이 예쁜 병암정의 문고리

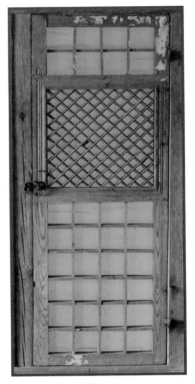
격자와 넉살무늬의 문

첨골이라고 한다. 이 회첨 아래 처마에서도 서까래가 만나는 가구구조는 한옥에서나 볼 수 있는 모습으로 조형적인 세련미를 보여준다. 정침의 안방 앞에는 툇마루 대신 쪽마루를 만들고 부엌에서 음식을 나르기 편리하도록 부엌 옆에 판문을 달고 그 앞에는 삼각형의 쪽마루를 이어 편리성을 도모한 것을 보면 안주인이 편리하도록 만든 묘미를 보여주고 있다. 특히 건넌방의 허튼 아궁이가 기단 아래에 붙어 있는데, 가운데방의 난방을 위한 아궁이로 매우 흥미롭다. 과연 추녀 아래의 아궁이는 겨울에 불을 때는 장소로 불편함이 없는지 고개가 갸우뚱하게 한다. 여름에도 불을 땔때, 그리고 비가 오는 날에 불을 피우면서 비를

사괴당의 정침

맞고 젖은 나무를 밀어 넣는 사람들은 얼마나 불편했을까 걱정이 든다. 그러나 계절과 용도를 잘 응용했던 우리 한옥은 겨울에 사용하는 허튼 아궁이기에 추녀 아래 기단에 아궁이를 두어도 문제가 없는 것이다. 또한 건넌방 안으로 들어가 보면, 삶의 지혜를 찾아 집의 하부와 상부 공간을 잘 이용한 벽장과 다락이 있다. 건넌방의 벽감 상부는 4분합문으로 맹장지를 바른 문을 달고 아래에는 커다랗게 문을 만들어 옆방으로 갈 수 있도록 한 것이 매우 흥미롭다. 그리고 네 개의 방이 서로 연결되도록 벽 중앙에 문을 만들어 문을 열면 남쪽 끝 방의 창문까지 하나로 연결되어 여름에는 바람이 통과하도록 하여 시원함을 배가시키는 지혜가 돋보이는 시설도 꾸며져 있다.

건넌방은 대청마루에서 중방의 위치를 조절하여 뒤쪽을 외닫이 판문을 가진 상방을 만들어 물품들을 보관하는 장소로 사용하고 있다. 또한 앞쪽으로 한 칸의 벽에 띠살무늬 외닫이 문을 달아 출입문으로 사용하고 있다. 특히 이 가옥에서는 다른 가옥에서 보기 어려운 이 집만

도편수의 기술이 돋보이는, 활처럼 휜 대들보를 사용한 사괴당 대청 가구

사괴당 대청

사괴당 안방의 덧문

사괴당 건넌방의 툇마루, 오후의 고즈넉한 풍경

사괴당 건넌방의 눈꼽재기창

의 특징인 날개채의 구조가 보이고 있다. 대부분은 날개채의 중앙에 부엌을 만들어 불을 때는 장소를 두고 있는 것에 비하여 이 가옥은 기단이나 쪽마루 아래에 허튼 아궁이를 두고 있다. 또한 날개채 전체를 세 개의 방이 연결되도록 하였다. 방으로의 출입은 쪽마루 앞의 아궁이 굴뚝 언덕으로 섬돌을 대신하여 사용하도록 꾸며 놓은 지혜로움이 인상적이다. 또한 눈꼽재기창을 꾸미는 방법은 대부분 안채의 안방 옆에 달아 광창으로서의 역할과 방문을 열지 않고 바깥을 내다볼 수 있도록 만들어 놓는 것이 일반적이나 이 가옥은 날개채의 중앙에 달아놓았다. 대청의 좌측에 있는 날개채의 안마당 반대편에 쪽마루와 다양한 형태의 창문을 만들어 여러 모습의 창문 박물관처럼 다양한 창문의 표정을 보여주고 있는 것에도 주목하지 않을 수 없다. 이는 대문이 바로 동쪽 방향에 있어 사랑에 앉아 밖의 인기척이나 동정을 살피기 편하도

사괴당의 후원

록 만든 것으로, 특별한 위치에 광창의 역할을 하는 눈꼽재기창을 만들었던 것이다. 이와 같이 한옥은 집 주인의 개인적인 성격과 습성 등이 건물에 표현되는 예가 많기 때문에 동일한 모양의 구조를 갖는 것을 찾기가 무척 어렵다.

대청마루의 바라지창은 하나의 넓은 판재를 사용하여 소나무 결을 살린 멋이 매우 아름답고 우아하게 느껴지며, 중간의 띠장을 못 박아 댄 판문은 튼튼하면서 부드러운 분위기를 느끼게 해준다. 한옥 바라지창의 방풍문으로서의 용도와 아울러 예술적인 멋도 함께 보여 주는 아름다움을 간직하고 있다. 최근에 마루에서 차를 마시기 위해 꾸며진 분위기와 멋을 감상할 수 있는 장소가 인상적인 정취를 준다.

이 가옥은 넓은 대지에 감나무와 우물이 있고, 그 담장 아래에는 봉숭아꽃과 도라지꽃이 아름답게 피는 어느 여름날, 대청마루의 바라지

사괴당의 바라지창

창 너머로 보이는 돌담의 운치는 돌담에 기대어 사랑을 속삭이던 새들
의 합창소리를 들을 수 있다. 특히 비오는 여름날 기와지붕을 타고 주
르륵 주르륵 흘러내리는 낙숫물 소리를 들으면서 여기 살던 선조들의
숨소리를 느껴보는 오후의 한옥 대청 풍경은 주위에 펼쳐지는 비오는
날의 수채화 같은 아름다움과 함께 잠시 사색의 시간에 빠져들게 하는
데, 이 느낌을 선조들도 같이 느끼지 않았을까 하는 생각이 든다.

　이 마을에 있는 고택들은 다양한 모습을 하고 있어 집집마다 집 주
인의 마음과 도편수의 마음에 따른 개성을 가지고 있다. 그러나 이 모
든 일련의 과정들은 집 주인의 마음에 의해 구성된다는 점이 획일적인
평면에 사람이 맞추어 살아야 하는 현대인들의 주거 공간과는 사뭇 다
른 점이다. 마을의 돌담길을 거닐다 보면 아름다운 꽃들과 호박 넝쿨
이 돌로 쌓여진 담장 위에 기대어 얹혀 있고, 담장 아래로는 봉숭아꽃

금당마을 표지석과 어울린 아름다운 꽃밭의 풍경

둥글둥글한 강돌로 정성들여 쌓은 담장의 풍경

금당리 박씨댁의 고즈넉한 안채 모습

금당리 어느 고택의
다양한 문들의 질서

살만을 짜서 꾸민 아자 교란의 선율

금당리 고택 외벽 창문의 조화

널판을 이용한 다락 계단

과 나리꽃들이 돌담과 어울려 지나는 이들로 하여금 정신없이 카메라 셔터를 누르게 한다. 이 꽃은 처음부터 그러한 의도로 만들거나 심지는 않았으나 한옥과 전통적인 돌담길의 어울림이 우리를 이러한 지경에 빠지게 한다. 이것이 한옥과 전통마을의 매력이 아닐 수 없다.

특히 이 마을은 아름다운 곳 열 군데가 있다는 마을로 주변의 경관이 아름답고, 북쪽의 배산 아래 위치한 마을의 뒷산인 오미봉은, 5가지 아름다움을 볼 수 있다는 봉우리다. 이 봉우리에 올라 용문사 종소리와 서편에 펼쳐진 대나무 숲, 선동기운, 버드나무 밭에 피어오르는 밥하는 연기, 전평 뜰의 논에서 일하며 부르는 길쌈노래를 들으면 이보

외양간 위 다락 오르는
계단의 조형미

다 더 낙원이 없다 하니 사람 살기 좋은 평온한 마을임에 틀림없는 듯
하다.

그 밖에도 금당실 마을에서는 한옥의 아름다운 표현을 많이 발견할
수 있는데, 팔작지붕의 합각벽에 기와를 이용한 와공의 솜씨도 발견되
고, 벽면을 가로지르는 인방과 세로로 가로지르는 샛기둥이나 중깃을
세워 다양한 창문의 형태를 방의 용도와 목적에 맞게 표현한 창문의 배
치도 운치가 있다. 전통 한옥에서 벽체를 구성하는 기둥의 중간에 벽
을 쳐서 기둥이 노출되게 표현하는 심벽心壁의 구성을 적절히 활용하
여 아름다운 한옥의 벽체를 표현한 사례도 찾아볼 수 있다. 또 다락으

합각벽에 꾸며진 기와로 만든 와공의 추상예술 작품

로 오르는 계단의 모습도 흥미로운 형식이 많은데, 다락 위로 오르는
방법이 실내에서 뿐만 아니라 추녀 밑에서도 오를 수 있는 계단을 넙적
한 판재로 가공하여 벽에 고정시키고 통재를 발판만 짜귀로 깎아 자연
미가 풍기는 계단의 모습들도 한옥의 아름다운 모습의 한 장면으로 연
출된 사례가 많이 있다. 이와 같은 모습들은 한옥만이 갖고 있는 독특
한 멋으로 우리들은 아름다움의 감상에 그치지 말고 선조들의 지혜를
지금의 생활에 응용하면 더 멋진 집을 꾸밀 수도 있지 않을까 싶다.

예천권씨종가별당

醴泉權氏宗家別堂과 초간정 草澗亭

보물 제457호, 경북문화재자료 제143호 | 경북 예천군 용문면 죽림리 166, 죽림리 350

2

• • •

금당실마을의 병암정을 지나 계곡 안쪽으로 좀 더 올라가

면 금당천을 건너 예천군 용문면 죽림리라는 작은 마을이 나타난다.
그리고 마을 안쪽으로 송림을 병풍처럼 두르고 당당히 자리하고 있는
예천권씨 종가댁이 보인다. 이 가옥의 초입에는 커다란 파라솔 모양을
한 향나무가 방문객을 안내한다. 이 가옥은 대문채가 없이 이 향나무
가 대문을 대신하고 있는 것인데 참으로 개방적이고 자연스럽다. 이런
모습은 이 집을 오가는 이들의 마음을 편하게 해주려는 주인의 배려로
보인다.

금당천 너머 죽림마을의 한가운데 자리한 예천권씨 종가댁은 산의
형상과 마을 축을 따라 남북으로 축을 하고 있으며, 집 안의 혈이 모아
진 곳에 위치한다는 안채는 동향을 향해 서 있다. 특히 별당으로 사용
하는 사랑채는 팔작지붕의 귀솟음의 날렵함이 새의 날개 짓과 흡사한
모습을 하고 있어 전통 한옥 지붕선의 모범이 되는 듯하다.

뒷산에서 이 집의 지붕선을 보면 평범한 대지에 다소곳이 앉은 여인
의 자태를 하고 있으나, 정면에서 보면 일곱 개의 계단을 올라서야 대

송림을 배경으로 서 있는 예천권씨 종가

문에 다다를 정도로 많은 단차를 보여 역동적인 느낌이 든다.

특히 별당으로 사용하는 사랑대청은 집에 오신 손님을 접대하고, 바깥주인이 거주하기도 하며, 제삿날에는 상청이 차려지기도 하는 장소로서의 기능을 하게 된다. 건물은 정면 네 칸 측면 두 칸의 크기로 종가집에는 제사를 위해 찾는 식구들이 많고, 대소사를 상의하는 장소로 넓은 공간이 필요했기에 여섯 칸의 대청마루로 꾸며져 있다. 또한 별당 전면과 옆으로는 계자난간을 꾸며 개방된 공간을 표현하고 있다. 대청마루에 앉아 보면 넓은 들판 건너 금당마을이 보인다. 온돌방과 대청마루를 구분하는 2단의 궁판으로 꾸민 별당의 3분합 불발기창은 상부의 띠살무늬 덧문과 어울려 고즈넉한 분위기를 자아내고 있다.

자연석으로 층층이 쌓은 높은 기단 위에 덤벙 주춧돌을 놓고 원기둥을 세운 팔작지붕의 사랑채 천장의 공포 가구가 매우 특이한데, 5량 가

사랑대청에서 본 마을 앞 풍경

경사진 높이 차이를 적절히 응용한 별당 전경

안채의 아래채 대청으로 연결되는 통로의 계단과 난간이 어울려 아름다운 사랑채 뒷뜰

구 구조인 대청 중앙에는 대들보를 중앙에 기둥 없이 통으로 걸어 온 돌방 상부의 심주에 보를 얹는 형식으로 꾸몄다. 특히 기둥 위의 부재 간의 결구 모습과 대공의 의장적인 표현이 예술적이다. 그리고 마루는 귀틀이 장귀틀의 사이를 뚫어 이음하는 형식으로 만든 것이 이채롭다. 또 동귀틀과 동귀틀이 만나는 부분의 이음법을 보면 나무널의 크기에 맞추어 귀틀을 조각하여 연결되어 있는 모습을 볼 수 있다. 특히 종도리를 받치는 대들보 사이에 연결된 대공에는 연잎과 연꽃봉오리를 얹어 놓은 듯한 모양의 포대공이 화려하게 조각되어 있다. 여기 표현된 포대공은 우리나라 전통 가옥에는 볼 수 없는 이 가옥에서만 볼 수 있는 특별한 예술품이다. 화려한 포대공과 그 아래 여러 선비들의 이름

2단의 궁판을 꾸민 별당의
3분합 불발기창

대들보 위에 조립된
눈썹반자

종보의 묵서와 독특한
포대공

대청의 바라지창과 넌출문

계자각과 나무 마루와 기둥의 어울림

마루 개판의 예술적인 이음새

안채 사랑마루로 연결된 통로

이 묵서 되어 있는 종보를 바라보면 엄숙한 분위기와 함께 예술적인 멋에 감탄을 하게 된다. 이 가옥을 찾는 답사자들은 포대공의 조각의 이미지를 머릿속 깊숙이 기억하게 된다.

세부적인 천장의 가구 수법을 살펴보면, 기둥 위에 주심도리가 결구되고 날렵하게 네모난 부재를 둥글게 모접기 한 보와 만나는 곳에는 보보다는 짧게 수직으로 자르고 안쪽으로는 구름 모양의 초각을 아름답게 조각하여 꾸몄다. 또한 종보의 힘을 받쳐주는 대공에도 첨차에 소로를 이용하고 도리를 받치는 첨차나 종보를 받치는 보아지도 초각하여 장식적인 섬세함이 돋보인다. 이 별당의 겹집 두 칸 사이 벽의 중앙 기둥 위에 걸친 충량의 모습도 예사롭지 않은 형태를 보이고 있다. 이 충량은 기둥 위에서 거의 직각으로 살짝 치켜 올린 후 수평으로 대들보에 걸침으로써 일반적인 가옥에서 보이는 활 모양의 충량을 쓰는 경

중문에서 바라본 안채의 표정

우보다 강직하고, 공간에 대한 느낌도 크게 느껴진다. 더욱이 부채살처럼 펼쳐진 귓기둥을 중심으로 한 선자연이 모아지는 천장 부분 마무리의 깔끔한 처리를 위하여 서까래가 모아지는 것을 하나로 연결하고 아래에는 천장 반자틀을 꾸미고 있다. 이러한 반자틀은 천장을 정리하여 조립할 수 있는 한옥 기법 중의 하나이며, 조형적인 감각의 표현으로 생각할 수 있다. 이와 같이 난간이나 기둥머리의 밖으로는 소박한 구조를 갖고 있으나 기둥 안쪽의 천장 가구는 도편수가 공을 많이 들여 꾸밈으로써 세련미와 화려함을 보여주고 있다.

대청마루 전면에는 귓틀을 기둥의 밖까지 연장시켜 마루를 넓히고 이로 인해 생긴 귓틀을 마무리하기 위해 가로로 드린 장귓틀과 통장부 구멍이 흥미로운 볼거리를 제공한다. 주위로는 툇마루를 들여 바닥을 확대하면서 동쪽으로는 바라지창 밖에 마루를 꾸며 통로의 역할도 하

2단의 높은 기단 위에 앉은 안채 벽면의 다양한 표정

게 했다. 그리고 대청의 북쪽으로 세 칸의 벽 중 두 칸의 벽에는 통머름을 드린 바라지창을 꾸미고, 중앙에는 출입문으로 쓰는 넉살무늬창이 달린 넌출문을 달아 뒤편 툇마루와 사당으로 나갈 수 있는 출입문으로 사용하고 있는 것도 이 별당에서 볼 수 있는 특별한 가구 형식 가운데 하나다.

별당 대청 뒤편에 있는 넌출문을 나서면 툇마루를 거쳐 사당이나 안채의 협문으로 갈 수 있고 솔잎이 푸르른 뒷산에 오르는 길로도 연결된다. 또 툇마루에서 내려가지 않고 안채 쪽으로 툇마루를 따라 걷다가 경사진 별당과의 낙차를 이용한 계단을 오르면 이 길이 사랑에서 복도를 통해 안채의 아래채 대청으로 연결되는 통로가 된다. 2층 툇마루 난간은 '아亞'자로 무늬를 놓아 장식하였다. 이 난간은 길상자를 표현하면서 높은 마루에서 안정감을 주기 위해 꾸며진 것이다. 이와 같이 한

절제된 모습의
대청 상부가구 구조

짜귀밥이 운치 있는
재청 판문

옥은 장식적인 경우라도 인간의 염원과 희망을 표현하는 정신의 세계인 길상자의 표현과 현실적인 건축물의 용도를 충족시키는 기능을 함께 한다는 것이 우리 한옥의 특징이며 매력이다. 또한 집안에서 동편의 길로 마을 뒷산을 감아 돌아 시오리 길을 산과 들판의 자연 풍경을 감상하면서 걷다보면 시원한 계곡물소리와 기암괴석, 커다란 아름드리 느티나무와 송림이 가득한 특별한 경치의 장소에 다다른다. 이곳에서 초간정이라는 정자를 만날 수 있다.

안채인 정침은 높은 기단 위에 다양한 창문을 두어 벽면 표정이 매우 조형적이고 섬세한 느낌을 준다. 자연석 막돌쌓기로 마감한 아랫단

장독대와 안채 남쪽 측면의 다양한 표정

예천권씨 종가댁 사당

매봉과 국사봉 사이로 흐르는 냇가에 자리한 초간정은 초간 권문해 선생의 향취를
느끼게 하는 정자이다. 정자에 올라보면 자연과 사람이 만나는 공간을 만들고자 했
던 선생의 생각과 물 위에 두둥실 떠 있는 느낌의 정자에서 조선시대 선비들이 차
를 나누며 마음을 이야기하던 모습이 그리워지는 기암괴석 위에 앉아 있는 초간정
의 아름다운 풍경을 느끼게 한다

초간정 암각과 그 위의 날렵한 정자

과 둥글둥글한 강돌을 이용하고 여백에 황토와 양회를 섞어 바른 윗단의 축조법은 기단의 차가 많아 단순하게 처리되면 지루한 느낌을 줄 수 있었을 텐데 재료의 다양성을 통해 뛰어난 조형미로 승화시키고 있다. 또 대문의 반월형 문지방 아래로 강아지의 출입문을 별도로 만들어 준 집주인의 섬세한 배려도 느낄 수 있는 가옥이다. 안채의 벽면에는 다양한 문 모양과 창문의 형태를 만들어 다양한 표정을 느끼게 하고 한옥의 아름다운 벽과 창문의 어울림을 감상할 수 있다. 대문 위 세 개의 봉창과 외양간 위 다락문의 간주와 창문, 아랫방의 머름을 꾸민 2분합덧문, 넉살무늬 광창 등이 한옥 창문의 다양한 모습을 전시한 것같은 착각까지 들 정도로 세련된 모습을 하고 있다.

안채는 안동지방에 쉽게 볼 수 있는 평범한 형태의 평면을 갖고 있다. 안채의 경우 조그마한 안마당에 일조량을 높이기 위하여 안채를 높게 짓고 아래채의 지붕 높이를 낮게 하여 환기와 채광을 고려하였

400년전에 만들어진 최초의 백과사전인 〈대동운부군옥〉의 산실인 초간정인

다. 그러나 안마당 공간은 좁기 때문에 답답한 느낌을 받게 된다. 이 가옥의 안채에서 특이한 점은 건넌방이 한 칸 규모로 매우 작은 방을 두고 방 앞으로는 한 칸 크기의 대청이 있으며 뒤뜰로는 쪽마루를 달아 많은 마루 공간과 개방 공간을 만들어 작은 안마당의 답답함을 해결하는 방법을 사용하고 있다는 점이다. 또 안채의 행랑채에 사랑과 온돌방을 두었기 때문에 안대청에서는 작은 건넌방만으로도 연로하신 안주인과 며느리, 아이들의 공간을 확보하였다고 본다. 부엌은 남쪽 안채의 오른편에 두고 있다. 부엌문을 나서면 장독대가 있는 넓은 후원이 있다. 장독대는 안마당이 좁아서인지 부엌 바깥의 담장 아래 한적하고 양지 바른 남쪽에 자리하고 있다.

대청의 가구는 5량 집으로 네모기둥에 팔작지붕의 안채와 좌우로 날

자연의 풍경을 가득 담으려는 개방형 대청 공간의 초간정사

개채를 두고 전면에 맞배지붕의 행랑채로 구성되어 있다. 안채는 대문
에 들어서면 오른쪽으로 행랑채의 부엌이 있고 세 개의 계단을 올라서
면 전면에 안방을 두고 그 앞을 지나 대청에 오르게 되는 동선으로 꾸
며져 있다. 2층 구조인 날개채의 사당쪽으로는 두 칸의 크기로 그 중
한 칸의 아래 부분에 후원과 사당으로 가는 판문을 두었다. 통로 상부
는 제사가 있을 경우 많은 음식을 보관할 수 있도록 누마루 형식에 판
문을 달고 있는데, 소나무 판재를 이용한 2분합문은 판자를 만들기 위
해 짜귀로 깎은 자국이 선명하여 옛 모습의 느낌이 전해진다.

　한편 행랑채의 온돌방 창문은 띠살무늬 분합문으로 창문틀을 하인
방과 중인방 사이에 매입하고 문설주 아래에 머름을 대는 대신 커다란
각재 하나를 삼각형으로 홈을 내어 맞추는 기법을 사용했다. 자세히

섬세한 선자연 서까래와
눈썹반자의 구성

초간정의 아름다운 눈썹반자

보면 이 집을 짓던 도편수의 세세한 솜씨와 정성이 묻어난다.

또한 안채 부엌이 있는 남쪽 벽 아래에는 나무를 이용한 창문과 판벽을 두고, 상부 벽에는 벽체를 그대로 두거나 세 개의 봉창을 두고 있다. 특히 많거나 적지 않고 3의 숫자를 맞추는 것은 기둥 간격과 봉창 크기의 배려로 볼 수 있으나, 또 다른 의미로는 홀수의 철학적인 의미를 내포하고 있다. 이 가옥은 죽림마을 산의 형태에 따라 집이 나열되어 있어서 별당이 남쪽을 향하는 것처럼 착각을 일으키는 형태로 되어 있는 것도 흥미롭다. 배치 구성은 장독대가 남쪽, 별당이 동쪽, 북동쪽의 가장 높은 곳에 사당을 모셔 놓은 형태를 보인다.

사당은 별도의 담장으로 구분되어 있는데, 삼문과 신위를 모신 세 칸의 맞배지붕 형식이다. 대부분 반 칸을 물려 공간을 구성하는 것이 일반적인 꾸밈새지만, 이 가옥에서는 기둥선에 맞추어 전면 세 칸 측면 한 칸을 맞배지붕으로 꾸몄다. 사당의 문은 정면 2분합문과 양측면에 넉살무늬창의 넌출문 하나를 꾸며 놓았다.

종가집 앞을 지나 금곡천을 따라 용문사 쪽으로 조금 올라가다 보면 왼편으로 거대한 노거수와 송림이 가득한 멋진 경관이 앞을 막는 곳에 세워진 초간정(草澗亭, 문화재자료 제143호)의 정자가 나타난다. 나무 사이로 자세히 보면 여름에는 보일 듯 말 듯한 정자의 기와지붕이 보이고, 주변에서 계곡물이 바위와 부딪혀 나는 시원한 물소리가 청각을 긴장시키는 장소에 건물이 자리 잡고 있다. 산자락을 끼고 흐르는 계곡에 자리한 이 정자는 우리나라 최초의 백과사전인 『대동운부군옥』을 지은 초간 권문해(1534~1591)가 세운 것으로 심신을 수양하던 정자이다. 이 정자는 용문사를 거쳐 흐르는 계곡물이 기암절벽을 감싸고도는 형국의 지형에 겹처마 팔작지붕의 전면 세 칸 측면 두 칸짜리 건물을 세우고 계곡물이 흐르는 아름다운 경관을 감상하기 위하여 사면에 계자난간을 갖춘 툇마루가 꾸며져 있다.

초간정사는 매봉과 국사봉에서 흘러내려온 물이 푸른 계곡물을 만들어 흐르는 천변 절벽 위에 자리한 아름다운 정자다. 절벽 위에는 초간정이라고 각인된 바위가 있고 아래에서 보면 귓솟음이 아름답게 하늘로 날듯이 서 있는 귓기둥, 즉 모서리 기둥과 처마선의 모양이 계자난간과 어울리는 정자의 마루가 보인다. 이곳에 올라서면 한옥은 주변 경관의 아름다움과 어울려 잠시 복잡한 도시생활의 분주함을 잊게 하

나뭇결과 판벽이 운치 있는 바라지창문

는 한적한 사색의 도량이 되어버린다.

이 정자의 건축적 특징 중 하나는 절벽 위에 세운 정자형 건축물로 사면에 툇마루를 두고 있다는 점이다. 대청은 앞뒤로 개방되어 있어 마루에 앉아 자연의 풍경을 보기 쉽게 꾸며져 있다. 또 주변 경관의 아름다움과 함께 연등천장에 꾸며진 섬세한 부채 모양의 서까래와 눈썹 반자의 꾸밈이 아름다운 건물이다.

초간정 일각대문에 들어서면 작은 마당과 함께 별도의 공간으로 구성되어 있으며, 옆으로는 'ㄷ'자형 건물을 붙여 대문과 온돌방과 대청을 갖춘 가옥이 딸려 있다. 조선 선조 15년(1582)에 처음 지었고, 선조

25년(1592) 일어난 임진왜란 때 소실되었던 것을 광해군 4년(1612)에 고쳐지었지만 인조 14년(1636) 병자호란으로 다시 불타 버렸다는 파란만장한 역사를 담은 정자다. 지금 있는 건물은 선생의 원고 등을 보관하기 위해 고종 7년(1870) 후손들이 기와집으로 새로 고쳐 지은 것이라 한다. 특히 조선시대에 임진왜란과 병자호란의 양란을 겪으면서 사라져 버린 이 정자는 그런 어려움을 겪어서인지 초간정사의 현판이 정자 앞 늪에 파묻혀 있다는 전설이 전해졌는데, 신기하게도 늪에서 오색무지개가 영롱하여 현판을 잃고 근심하던 종손이 파보았더니 현판이 나왔다고 전하는 사연도 간직하고 있다. 지금의 초간정은 역사 속의 사연과 함께 한옥과 자연의 경이로운 조화와 기암괴석과 주변의 경관이 조화를 이루어 관광지로도 각광을 받고 있다.

의성김씨 義城金氏 남악종택 南嶽宗宅

중요민속자료 제248호 | 경북 예천군 용문면 구계리 248-1

3

● ● ●

이 고택은 예천권씨 종가댁을 지나 약 십리 정도 국도를 따라가다 보면 오른편으로 나지막한 야산으로 둘러싸인 구계리 마을이 보이고 마을 깊숙한 곳에 자리하고 있다. 이 가옥의 역사는 문화재청 안내에 의하면, 1981년 지붕 기와 교체 작업인 번와 공사를 할 때 숭정년대인 1632년명 기와가 발견되어 조선 중기에 건립된 것으로 전해져 내려오고 있다. 당호인 남악은 김복일 선생의 호로 그 후손들이 대대로 살던 고택이다. 지금은 빈집으로 을씨년스럽기까지 할 정도로 적막한 분위기지만, '가학루駕鶴樓' 편액이 걸려 있는 사랑채는 팔작지붕에 위용이 깃들여 있다. 특히 사랑채는 경사진 지형을 이용하여 전면과 측면에는 자연미가 물씬 풍기도록 곡선의 목재를 이용하여 기둥을 세우고 뒤쪽에는 안채의 높이와 지형이 되도록 대지를 정리하고 온돌방이 꾸며져 있다. 더욱이 누마루에는 계자각을 갖춘 난간을 두르고 난간대인 돌란대 아래에는 연잎을 조각하고 번엽을 두어 섬세한 멋을 보여주고 있다. 사랑채는 전면 세 칸에 측면 세 칸으로 측면은 중앙의 어칸을 협칸의 두 배 크기로 두어 팔작지붕의 박공부분 여백과 몸체의 어

누하주의 자연미와 날개의 비상처럼 치켜선 지붕의 현수선

칸이 잘 어울리도록 꾸며 놓았다. 경사지를 이용한 한옥 건물에 어울리는 모습의 측면 기단 표현은 자연의 지형을 그대로 살리면서 화려하고 웅대한 한옥의 위치가 자연과 잘 순응하는 모습을 표현하고 있다. 가학駕鶴이라는 편액처럼 학이 날개 짓을 하는 느낌의 현수선이 대문채의 초가지붕에 비교되는데, 대문채 방향에서 멀리 바라보면 초가지붕은 새의 둥지요, 사랑채는 학의 비상하는 형상으로 둥지에서 부화된 학이 하늘을 나는 모습을 느끼게 하려고 대문채의 지붕을 굳이 초가집으로 하지 않았나 하는 생각이 든다.

이 가옥은 안채의 동측면에 툇마루가 꾸며져 있는데, 방으로 연결된 창문의 중인방 차이와 문지방의 머름에 해당하는 수평부재인 인방을 이중으로 대어 벽면의 표정을 다양하게 묘사하고 있다. 또 사대부가에서 보기 드문 예 중의 하나로 사랑채가 있는 동쪽 편의 안채 밖의 추녀

대문채 초가집에 앉은 가학루

아래로 쪽마루 난간을 두고 있다. 다른 사대부 집에서는 안채의 안마당에 면한 툇마루를 두는 예는 있으나 남악고택의 안채처럼 부엌으로 나가는 문 밖에 계단을 두고 '아표'자형 난간을 둔 예는 드물다. 이는 안채에 기거하는 여인들과 아이들이 이 쪽마루를 통하여 동쪽의 넓은 공간과 태양의 따스함을 가득 느끼고자하는 주인의 배려가 있었던 것으로 볼 수 있다. 연지와 사당이 보이고 들판과 가까운 곳에 산이 직접 보이는 동쪽 면에 쪽마루를 만든 또 다른 이유는 자연과 함께 정서적인 환경을 만들어 주려는 주인의 의견이 곁들어진 것 같다. 연못과 집 앞의 논밭에 곡식이 한창일 경우 아름다운 산을 배경으로 경치가 잔잔하

가학루 툇마루의 아름다운 선율　　　　　　　　자연미가 묻어나는 가학루의 누하주

면서 싱그러움을 느끼게 한다.

　이 가옥은 마을길에서 개울을 건너 전면에 초가집의 대문이 있는 행랑채와 팔작지붕의 사랑채인 가학루가 앞에 서 있는 형태이고 담장이 없는 것이 특징이다. 이 집으로 가는 길은 오직 한 길로 좌우는 모두 논이다. 대문이나 담장이 없는 이유는 복원이 안 되어서인지, 아니면 다른 이유가 있는지 주인이 살지 않아 알 수 없으나, 있는 그대로의 해석으로는 마을 가장 끝에 위치하고 마을길에서 오직 외길로만 이 집에 다다를 수 있어서 생략되지 않았나 싶다. 행랑채의 초가집이나 대문과 외양간의 소가 드나드는 문, 그리고 밖으로 연결된 광의 문으로 보아서

가학루 편액

는 필자의 의견과 차이가 있을 수도 있다. 행랑문에 들어서면 작은 행랑마당이 있고 전면에 자연석으로 쌓은 기단 위에 덤벙주초의 기와지붕의 아래채가 나타난다.

정면에 큼지막한 디딤돌 하나가 처마 밑에 놓여 있는데 이 디딤돌은 중문으로 다니는 디딤돌로, 중문에 들어서면 조그마한 안마당이 나온다. 안채는 경사지를 이용하여 조성되어 있는 관계로 안채 기단은 세 줄의 자연석 막쌓기를 하고 아래채에서는 한 줄로 기단을 쌓아 놓았다. 아래채는 중문을 포함해 가운데에 한 칸 크기의 조그마한 광이 있고, 대문의 맞은편으로는 사랑채의 부엌이 있으며, 행랑채 쪽으로는 판문의 창문을 달아 놓은 것이 독특한 모습이다. 안채의 안방 부엌에서는 부엌문을 대청 툇마루에 붙여 놓았고, 한 쪽 벽면에 중설주만 세워 놓고 바로 옆에 방을 두었다. 부엌에 있는 살창은 안채와 바깥쪽으로

수평재와 수직재의 변화에서 느껴지는 문들의 표정

겹처마 서까래와
난간선 목질의 부드러운 여운

마루널을 넓힌
사랑채마루와 기둥의 만남

살대를 넉넉히 꾸민 살창의 모습이다. 이 부엌에도 밖으로 연결되는 널판문을 만들어 놓았다. 이와 같이 이 가옥의 독특한 특징 몇 가지 중 하나가 바로 부엌마다 밖으로 연결되는 널판문을 달고 있고 안채의 좌 우 날개채는 지형의 높낮이를 활용해 아래쪽으로 내려오면서 2층 구조 로 만들고 상부에는 다락을 갖추어 충분한 수납공간을 만들면서 집의 규모가 장엄한 느낌을 주게 된다는 것이다. 한옥은 자연의 지형을 그 대로 살리면서 공간을 배치하여 편리하면서도 의장적인 멋을 보여주 는 것이 특징이다.

사랑 내부의 모습

다락으로 오르는
안방의 문과 벽장

　안채의 가구 구조를 살펴보면, 역시 특이한 점이 발견되는데, 그 중
하나가 네모난 기둥 위에 보의 두께가 거의 동일한 두께를 갖고 있다는
점이다. 그리고 기둥과 보가 만나는 부분에서도 보아지 없이 기둥 위에
보를 걸쳐 간단한 결구 방법을 쓰고 있다. 이것은 도편수의 자신감에서
나온 걸작이 아닐 수 없다. 또한 종보를 받치는 동자주 역시 기둥과 거
의 비슷한 두께로 길게 사용하면서 일반적인 주택에서 보이는 중도리
가 대들보 가까이 붙고 첨차나 짧은 대공을 붙여 긴장이 완화되는 조선
중기 이후의 양식과는 다르게 종보와 대들보 사이를 넓게 만들어 긴장

초가집의 포근함이 인상적인 행랑채 마당

감을 주면서 강직한 사대부의 기질을 나타내고 있다.

안방과 건넌방에서는 경상도 지방의 'ㅁ'자 집에서 흔히 볼 수 있는 천장 아래 별도의 천장을 만들고 상부는 공간으로 두는 양식이 나타난다. 이것은 폐쇄적인 공간에서 많은 양의 태양의 빛을 집 안으로 끌어들이기 위해 안채의 기단을 높이고 아래채와 안채의 간격이 좁을 때는 안채의 높이를 더 높임으로써 달성된다. 이로 인해 높은 천장 위까지 천장을 맞추다 보면 복사 에너지를 이용하는 난방 방식을 취하는 온돌방의 경우 천장 부분으로 열이 모아져 에너지 소비가 많으므로 천장을 낮추어 방을 만드는 과학적 기술이 나타난다. 이는 한옥에서 응용된 과학적인 공간 구성의 예이다.

안채의 창문과 문의 모습에서 크게 두 종류의 문형식이 발견된다. 하나는 안방의 2분합문으로 머름이 없는 대신 하인방 위에 직접 문을

엄선된 규율과 부드러운 자연이 만난듯한 안채의 풍경

댄 형식이다. 그리고 밤에 안방의 그림자가 밖으로 보이지 않도록 궁판을 붙인 띠살무늬 창을 두고 있다. 그리고 건넌방의 문은 두 칸의 벽면 중 하나에 외닫이문으로 달려 있다. 자세히 보면 한쪽으로 약간 치우쳐 있는데, 이는 방문을 열면 기둥 사이에 방문이 정확히 맞아 행동에 불편함이 없고 바람이 세게 불어도 덜컹거림이 없으며 외관적으로도 벽과 문, 그리고 기둥과 일체가 되도록 꾸민 한옥 기술의 한 표현을 발견할 수 있다. 특히 건넌방 벽은 하인방과 상인방의 목재는 두 칸을 같은 높이로 가고 출입문에서만 중방을 상방에 가깝게 붙여 문을 달아 벽체의 단순한 조형미에 변화를 보여주고 있다. 또 하나는 바라지창으로 기둥 사이에 판벽을 대고 가운데 중설주를 댄 모양으로 조선 중기 이전에 주로 나타나는 양식의 문이다. 두 개의 판재를 이어 하나의 문짝을 구성하고 있는 판문은 한 개의 고리로 연결된 문고리를 중설주에

네모 기둥의 절제된 품위가 느껴지는 안채, 부엌 그리고 아랫방

사다리꼴 판대공과 종보 동자주

모기둥과 네모 대들보의 비례가 일정한 대청

동쪽 산 아래 모셔진 사당 '이정사'

서 서로 걸도록 하고 있다. 중설주가 없는 경우 문틀에 고리를 만들어
고정하게 되는데, 힘을 가하면 덜렁거린다. 그러나 중설주에 문고리를
거는 방식은 구조적으로 안정적이고 설치면에서도 뛰어난 기법을 보
여주는 유형이다. 안채에서는 기둥과 천장가구의 결합방법, 바라지창
의 조립 양식으로 보아 조선 중기 양식을 따르고, 주택 구성에 있어서
도 조선시대 사대부 양반 주택의 건축적 양식을 잘 담고 있는 고유한
아름다움을 풍기는 가옥으로 매우 조형적이고 의장적인 인상을 준다.

건넌방 부엌에서는 한 개의 무쇠 솥을 건 아궁이와, 아궁이 뚜껑을
열기 불편할 정도로 돌출된 벽장이 이채로운데, 이를 두 가지로 해석

벽장이 솥 위에까지 내밀어진 건넌방 부엌

하면 좋을 듯싶다. 긍정적인 의미로는 솥을 열고 닫으면서 행동에 주의하라는 무언의 암시가 있을 수 있다. 부정적으로는 음식을 끓이면서 나는 수증기가 벽장 아래로 붙어 먼지와 함께 떨어지면 어쩌나 하는 불안감이 있을 수 있겠다. 그러나 분명한 것은 이 집을 지은 도편수는 둘 중의 하나에 무게를 두고 결정하여 만들었을 것이라는 점이다. 그로 인한 교훈은 사용하는 사람 스스로의 마음을 어디에 두느냐에 따라 편리할 수도 있고 불편할 수도 있다는 것이다.

그 옆으로는 온돌방으로 드나들기 편리하도록 외닫이 방문을 달아 놓아 편리하면서도 운치가 돋보인다. 건넌방의 부엌에도 2분합의 널판 대문이 있는데, 이 문을 나서면 사당으로 가는 넓은 후원이 나온다. 특히 이 집은 담장이 없어서 이 문으로 나서면 넓은 마당과 약간의 산 길이 나오고, 산 밑의 오솔길을 걸어가면 '이정사'라는 편액이 걸린 사 당 공간이 나온다.

3단의 기단석 위에 세워진 세 칸 사당에는 중앙에 두 칸의 문과 좌 우 협칸의 외닫이 넉살무늬 달린 판문이 꾸며져 있다. 사당은 석간주 단청을 모든 부재에 칠하고 부재의 단면은 흰색의 단청을 칠하였는데, 단일한 색이면서도 강한 석간주를 칠하여 온통 사당이 붉은 느낌을 준 다. 최근 단청 보수 과정에서 칠해진 것으로 보이는데, 벽사의 의미를 부여한 것 같으나 지나친 단일 색으로 칠하면 거부감을 느끼게 한다는 것을 보여주는 사례이다.

성주 星州 한개마을

중요민속자료 제255호 | 경북 성주군 월항면 대산리

4

● ● ●

경북 성주군 월항면 대산리 한개마을은 성산이씨의 집성촌
이자, 주산인 영취산과 좌청룡 우백호가 모두 갖추어진 영남 제일의 길
지로 알려진 동네다. 마을에는 첨경재瞻敬齋를 비롯한 다섯 개의 재실
건축물이 남아 있고 한주종택, 북비고택, 교리댁, 하회댁, 월곡댁 등이
문화재로 지정되어 있다. 마을 초입에는 '한개'라는 마을 표지석과 함
께 커다란 버드나무가 제 무게를 못 이겨 땅에 가지 하나를 기대고 있
어 이 마을의 역사를 짐작케 한다.

　성주 한개마을에서는 우선 구불구불 이어진 토석담이 인상적인데,
마을을 찾는 사람들로 하여금 이 골목 저 골목 끝없이 걷고 싶게 만드
는 매력이 있다

　마을은 영취산 줄기가 내려와 약간 볼록한 지형에 자리 잡고 있으
며, 집들은 그릇 안에 전부 담긴 형국이다. 마을의 길은 크게 두 갈래로
나뉘는데, 좌측의 막다른 길 최상단에는 월곡댁이 우측의 막다른 길 최
상단에는 한주종택이 자리하고 있다. 한주종택에서 직각으로 돌아 내
려오는 동쪽 끝 지점은 첨경재와 만경재로 이어지게 되는데, 이 길은

영취산이 감싸 안은 듯한 마을 위쪽의 기와집 풍경

한주종택에서 본
안산과 마을 풍경

마을 입구의 고목이
말하는 마을 역사

영취산에서 내려오는 계곡물이 동에서 서쪽으로 마을을 감싸 안고 흐르는 모습과 나란히 한다. 계곡물이 흐르는 마을 앞길을 돌면 좌측으로 교리댁, 북비고택, 월곡댁으로 가는 길이다. 교리댁과 북비고택은 길에서 동편으로 높다란 위쪽에 대문을 맞대고 있어 비탈을 걸어 올라가도록 되어 있다. 이 두 집은 'ㄴ'자형 사랑채와 안채의 구조를 갖고 있는데, 대문 밖에서 열린 문 사이로 한옥을 조금씩 조금씩 엿볼 수 있다는 것도 참 멋스럽다.

대산동 교리댁 大山洞校理宅

경북민속자료 제43호 | 경북 성주군 월항면 대산리 411

5

• • •

자연 지형의 경사에 의해서 남북으로 골을 따라 나 있는 마을 안길을 올라가다 보면 동쪽으로 역시 경사진 진입로가 나타난다. 이 진입로에서 올려다보면 돌담이 둘러진 대문채의 모습이 언덕길을 따라 높다랗게 위치하기 때문에 매우 중후하면서도 단아한 느낌을 주는 고택이다. 꽃이 만개한 봄과 여름에 대문을 통해 안으로 들어가서 보는 집 안 풍경은 정말 장관이다. 안채로 가는 문 옆에 멋진 나무가 있는데, 이 나무는 집주인이 제주목사로 있을 때 가져온 세 그루의 귤나무 중 한 그루로 아들 셋에게 나누어 주었으나 이 한 그루만 살아남고 나머지는 죽었다고 한다. 그러나 이 나무도 귤나무가 탱자나무로 변한 모습으로 사랑채 한 켠에 오래된 탱자나무가 쓰러질 듯 버티고 서있는 모습도 인상적이다. 이 집의 특징은 건물 하나하나가 저마다 독립되어 공간을 구성하고 있다는 점이다.

먼저 사랑채는 자연석 쌓기 축대에 자연석 초석을 사용하고 원주를 세웠는데 고주高柱는 방주方柱로 되어 있다. 사랑채는 두 칸의 4분합 덧문과 대청을 갖추고 있으며, 두 칸의 온돌방 미닫이에 새겨진 섬세한

커다란 고목나무 터널 깊숙한 언덕의 교리댁

'아亞'자 창살은 주인의 섬세함을 느끼게 한다. 온돌방 두 칸의 하얀 벽과 문 위에는 당호가 걸려 있는데, 검정색 현판 위의 하얀 글씨가 매우 조화를 이룬다.

4분합 덧문을 단 겨울에는 긴 복도형의 툇마루처럼 전면의 마루가 동쪽 판문으로 연결되는데, 이는 중문채 뒤를 돌아 안채로 가는 사랑 주인의 전용 통로다. 이 집은 후손들이 정원이나 집을 잘 가꾸고 있어 더더욱 자연과의 조화를 느끼게 해준다.

안채는 정면 일곱 칸 규모로 전후퇴간 형식의 5량 집 몸채에 아랫채가 평면상으로는 독립하여 'ㄱ'자로 접근 배치되어 있으나 'ㄱ'자로 된 지붕 하나로 연결되어 있다. 중앙부에 두 칸의 대청이 자리 잡고 양쪽에 방 두 칸씩이 꾸며져 있으며, 동쪽 끝에 부엌이 설치된 '一'자형 배열이다. 대부분의 'ㄱ'자형 한옥에서는 꺾이는 부분에 부엌이 놓여 있

'아亞'자 미닫이 문이 아름다운 사랑채 온돌방

사랑채 툇보의 곡선미

집주인이 제주목사로 근무할 때 추사김정희 선생으로부터 받았던 편액

사랑채 마당에서 보이는 안채 가는 길

　는데 이 집에서는 안채 서쪽 끝에 아래채와 약간 간격을 두고 한 지붕
밑에 배치되어 있는 점이 특이하다. 중문간은 토석 축으로 되어 있으
며 중문과 사랑채 사이의 이음은 담장을 쌓아 안채와 사랑채의 공간을
가시적으로만 구분한 것이 흥미롭다.

　안채 옆쪽에는 장독대가 있다. 경사지에 지어진 집이라 담이 높게
되어 있는데 토석으로 만든 높은 뒷담을 배경으로 나지막한 단 위에 올
려진 장독대는 한옥과 매우 잘 어울리는 풍경 중의 하나다. 잘생긴 경
상도 항아리들이 질서 있게 서 있는 모습과 뒷담 아래 화초들은 더더욱
여성들의 공간에서나 느낄 수 있는 아기자기함을 느끼게 하는 곳이다.
집 안은 밖에서 보는 것보다 낮게 담을 만들어 집의 구역을 정하고, 낮
은 담장은 저 멀리 앞산의 사계절 경치를 감상할 수 있게 꾸며져 있다.

　'ㄱ'자 안채는 넓은 마당을 갖고 있는데 지금은 마당 한편이 꽃과 채
소를 가꾸는 장소가 되어 옛 모습은 많이 변형되었다. 그러나 장이 가

아름답고 멋스러운 사랑채

다소곳한 교리댁 장독대

안채의 동편 협문을 나서면 만나는 연지와 텃밭

득 담겨있을 장독대는 보는 것만으로도 사람의 체온이 더욱 느껴지는 것은 무슨 이유일까? 안채는 기둥과 부엌 판문을 제외한 4분합 세살문이 새롭게 교차되어 차분한 느낌은 사라졌으나 깨끗한 분위기는 새로운 시간의 흐름을 준비하는 것 같아 좋다. 안채에서 밖으로 나갈 수 있는 문이 하나 더 있는데, 이 일각문을 나서면 뒤뜰이 보이고 여기에는 작은 연못이 있다. 연못에 드리운 꽃들이 필 때, 연못과 가지런한 담장을 보고 있노라면 매우 단아한 한옥의 미를 느낄 수 있다.

이 연지는 한주종택을 거쳐 내려오는 영취산 계곡물이 담장아래로 흘러들어 오도록 꾸며져 있다. 연못의 형상이 한반도 지도와도 같고 동쪽에서 보면 하트형으로 연못 주변에 창포꽃이 만개하면 평온마저 잠들고 마음이 정지됨을 느낄 수 있는 아름다움이 있다.

대산동 북비고택 大山洞北扉故宅

경북민속자료 제44호 | 경북 성주 월항면 대산리 421

6

자연 지형의 경사에 의한 마을 안길을 따라 걷다보면 서쪽으로 이 고택의 대문 진입로가 나타난다. 가옥의 초입에는 둥근 돌에 '북비고택'임을 나타내는 비석이 있고, 이어 매우 중후하면서도 단아한 느낌을 주는 대문채가 나타난다. 이 집의 특징이라면 무엇보다도 북쪽에 '북비'라는 현판을 걸어 놓은 협문이며, 북쪽 곧, 임금이 사시는 한양을 향한 이 집 주인의 마음을 대변하는 문이다. 이 현판은 사도세자의 호위무관이었던 훈련원訓練院 주부主簿가 세자世子의 참사 후 1760년경에 이 마을에 정착하면서 사도세자를 사모하여 아예 집을 북향으로 짓고 대문도 북쪽에 내고는 하루도 빠짐없이 북향재배北向再拜한 데서 비롯된 것이라고 한다. 이로 인하여 후에 이 집 주인을 북비공北扉公이라 칭하게 되었다. 대문채 안쪽 바로 우측에 북비문北扉門이라 편액된 일각문一角門이 있는데 나지막한 담장으로 연결된 이 문에 들어서면 반듯한 마당이 있고 그 마당 남쪽에 북향한 네 칸 건물의 아래채가 고졸古拙하고 차분한 모습으로 서 있다.

이 집의 중수에 대한 문화재청의 기록에 의하면, 1810년경 안채와

대문 앞 고목의 정겨운 표정

사랑채를 다시 짓고 북비문내北扉門內의 맞배집 아래채는 서재로 개수하였으며, 1866년에 중수하였다고 전한다. 따라서 이 때 완성된 건물이 현재 모습이며, 이 집에는 또 특이하게 별도의 장판각藏版閣 건물이 있었고, 안채 맞은편에 여덟 칸 규모의 안대문채가 있었다고 전하나 지금은 남아있지 않다.

경사진 길 위에 있는 대문채는 정헌공 이판서댁이라는 당호를 건 솟을대문이며, 상량문에 1899년경에 만들었다는 기록이 남아 있다고 전한다. 당호가 걸려 있는 대문채 좌측에 청지기나 하인들이 출입하는 협문이 따로 설치되어 반 칸을 차지하고 다시 방 한 칸이 놓여있다. 이와 같이 따로 협문을 설치하는 예는 18세기 후반에 지어진 사대부가의 살림집에서 자주 보이는 양식으로 흥미로운 전통 한옥의 묘미 가운데

사랑마당에서 본 대문

하나이다. 대문채에는 또 곳간 한 칸과 방 한 칸을 대칭으로 배치하고
있다. 대문으로 오르는 좌측의 거대한 고목나무는 집을 호위하듯이 늠
름하게 서 있다.

　사랑채는 'ㄱ'자 형태의 건물이며 잘 가공된 기단과 군더더기 없는
간결한 초석에 방주를 세운 맞배지붕 형식의 홑처마 가옥으로, 기둥에
는 흰색 바탕에 청색 글씨의 주련이 걸려 있다. 단아하면서 선비의 분
위기가 물씬 풍기는 형태로 고즈넉하며 짜임새가 느껴지는 건물이다.
평면 구성은 북쪽으로 불발기창이 없는 대청 한 칸에 온돌방 두 칸을
두고 남쪽으로 지형을 이용하여 끝에 누마루 형식의 대청마루 한 칸과
온돌 한 칸을 두고 있다. 누마루 형태의 이 마루는 전면에 세살분합문

사랑채

사랑채 온돌방 앞의 표정

대청마루 위의 반자틀과
부채살 모양 선자연의
조형미

사랑 누마루에서 본
북비(北扉)문

을 두고 두 면은 당판문(넌출문)을 두어 겨울에 추위를 막을 수 있도록
했다. 이 누마루에 앉으면 대문으로 오가는 사람들을 관찰할 수 있고
멀리 마을 앞에 있는 안산까지 보여 시원한 자연 경관과 계절의 변화를
볼 수 있다. 또 아래채로 가는 북비문과 정면으로 마주하는 형식을 하
고 있어 안채와 아래채의 동정을 살필 수도 있게 되어 있다. 커다란 자
연석을 주추로 사용하고 전면에는 둥근기둥을 사용하여 한층 고급스
런 한옥의 멋을 더했다. 하얀 벽과 어두운 나무색의 대비로 건물은 더

봄빛이 가득한 안채

욱 근엄하게 느껴지며, 각 칸마다 편액을 걸어 각각의 방마다 의미를 부여했으니 집 주인의 멋이 느껴지지 않을 수 없다.

사랑채 대청마루 옆으로 난 쪽마루를 이용하여 벽은 넌출문으로 막고 안채 담장을 추녀 밑으로 막아 안채로 이어지는 통로를 만든 모습이 재미있다. 이 사이로 뒤뜰의 사당이 빼꼼히 보인다. 안채와 공간을 구분하는 간벽은 기와를 이용하여 추상적인 무늬를 표현하고 있는데, 한 개마을에서는 보기 드물게 기와를 이용한 벽담이다.

북비문을 지나면 네 칸 규모의 아래채가 자리 잡고 있는데, 배치는 우측에서부터 대청마루 두 칸에 온돌방 두 칸이다. 현재는 마루 북쪽을 판벽과 판문으로 막아 남향집처럼 쓰고 있다. 사랑의 한쪽은 툇마루 없이 남쪽으로 돌출한 부분에 긴 온돌방이 설치되어 있고, 그 뒤쪽(남측)에 부엌이 있다. 중인방을 걸어 세살 덧문을 만든 방과 넌출문 두

장을 이용한 마루칸의 대비는 특별한 느낌을 준다.

이 집의 안채의 평면 배치는 안채와 한단 낮은 기단 위에 '一'자로 뻗은 아래채가 있고, 전면에 우진각 지붕을 한 곳간채가 남쪽에 역시 '一'자로 놓여 있다. 정침은 '一'자형으로 되어 있는데 자연석 초석 위에 전면에는 원주를 사용하였다. 두 칸 대청의 서쪽에 온돌방 한 칸, 동쪽에 온돌방 두 칸으로 되어 있고, 동쪽 편으로 부엌이 놓여 있다. 대청의 가구 기법에서 조선후기 건축양식을 엿볼 수 있는 집이다. 특히 이 집에서는 안채로 연결되는 동선의 방향을 관심 있게 볼 필요가 있다. 서쪽의 대문을 통해 사랑채에 다다르고, 안채로 가는 사람들은 사랑 앞마당을 지나 안채의 아래채 옆으로 출입하는 방법을 하고 있다.

안채는 동쪽 끝에 부엌을 두고 전면에 앙증맞게 만든 낮은 기와담의 장독대가 자리하고 있다. 장독의 뚜껑이 담 뒤에 숨어 숨바꼭질 하듯이 머리만 보일 정도의 낮은 담장이 눈길을 끈다. 전면의 대청은 2분합 세살창으로 되어 있고 기둥 간의 여백을 세살창문벽으로 마감한 것이 특이하다. 또 서쪽 끝에 있는 안방의 아래에 함실아궁이를 두고 있어서 툇마루는 이 부분에서 부엌 아래서 불을 때기 편하도록 한 자 정도의 마루턱을 높여 처리하고 있다. 안채마당은 겨울임에도 불구하고 넓고 지대가 높아서 마당 가득 햇살이 가득하여 포근한 느낌을 준다.

대산동 월곡고택 大山洞月谷故宅

경북민속자료 제46호 ㅣ 경북 성주군 월항면 대산리 422

7

● ● ●

한개마을의 북단, 즉 서쪽 마을길의 막다른 곳에 위치한 월곡댁
은 1900년경에 지은 집으로 조선시대 후기 전통 사대부집의 면모를 볼
수 있는 고택이다. 이 집 대문채에 들어서면 높은 기단 위에 사랑채가
전면으로 배치되고 오른편으로 행랑채와 안채로 가는 동선이 이어진
다. 안채로 가는 동선은 별도의 별당과 구분하기 위하여 골목길을 가는
느낌이 들도록 되어 있어 집 안에서 또 다른 마을길로 접어드는 듯한
착각을 느끼게 한다. 집의 배치는 'ㅡ'자형 안채와 아랫채, 고방채, 중문
채 등이 'ㅁ'자형으로 배치되어 있다. 대문채는 세 칸 반의 크기로 한쪽
에 대문을 두고 마구간과 곳간, 그리고 조그만 청지기 방을 두었다.

안채의 공간구조는 규칙적이고 정교하고, 사랑채는 곡선의 외곽 담
과 넓은 정원, 마당을 갖추고 있다. 높은 축대 위에 기단을 만들고 사랑
채를 세웠기 때문에 대청마루에서는 마을 건너편 산과 들, 마을로 올라
오는 길까지 볼 수 있게 되어 있다. 자연을 최대한 끌어들이려는 건물
주의 의도가 느껴진다.

사랑채에는 두 칸의 대청마루와 두 칸의 온돌방이 있고, 대청마루

높은 기단 위에 두리 기둥의 선이 아름다운 사랑채

쪽으로 분합문을 설치해 공간의 유연성을 표현하였는데, 맹장지형 4분합 불발기창의 귀갑문 창살은 방 안을 밝히는 채광뿐만 아니라 부귀와 장수를 바라는 주인의 기원을 느끼기에 충분할 정도로 아름답게 표현되어 있다. 맹장지형 4분합 불발기창 위에는 '오유당五有堂' 당호가 걸려 있는데, 흰 바탕에 청색 단청 안료로 글씨를 써서 특별한 분위기를 준다. 5량의 사랑채 공포는 자연스럽게 휘어진 대들보와 곡선미를 자랑하는 서까래가 만나 조화를 이룬다.

 월곡댁의 특징으로는 안채를 구성하고 있는 안채 중문간, 행랑채, 부속건물 등이 어울려 튼 'ㅁ'자형 배치를 하고 있으며, 별채 또한 세 개

안채 대문에서 나오는 길, 마치 골목길 같다

사랑채오유당의 반자와
서까래의 질서

여러 집이 모여있는 마을 풍경 같은 월곡댁의 사랑채 앞

건물이 'ㄷ'자로 배치되고, 영역의 전면에 외곽 담을 만들어 별채마당을 중심으로 하나의 건물로 구성을 하고 있다는 점이다. 즉 하나의 사랑채에 두 개의 안채가 결합된 가옥이다.

행랑채의 경우 전면을 담장과 일직선상에 놓고, 몸체를 별당 마당으로 집어넣어서 행랑채가 별당채의 부속 건물 같은 인상을 강하게 준다. 협문으로 연결되는 별당은 안주인이 방해를 받지 않고 자연스럽게 다닐 수 있도록 안채의 문간채와 구별해 놓았다.

대산동 한주종택 大山洞寒洲宗宅

경북민속자료 제45호 | 경북 성주군 월항면 대산리 408

8

● ● ●

한주종택은 마을의 가장 높은 골목길인 중앙의 하회댁, 진

사댁 골목을 따라 제일 안쪽에 위치한 고택이자 동쪽 산록山麓에 위치

하고 있어 동곽댁東郭宅이라고도 부르는 가옥이다. 이 마을에서 집의

원형이 가장 잘 남아있고, 한주정사라는 편액이 걸린 정자도 아름다워

서 TV나 사극 등과 같은 영화 장면에도 곧잘 등장하는 집이다. 꺾인 모

서리의 골목과 토석 담장, 그리고 산을 따라 경사진 담장 주위의 노송

老松들이 이루는 경관은 고즈넉한 사대부가의 기운을 형성하고 있다.

최근에 정자 앞의 연지가 세월의 무게를 이기지 못하고 퇴락되어 있던

것을 말끔히 정비하여 옛 모습을 느끼게 해 놓았다.

이 집은 크게 두 공간으로, 한주정사寒洲精舍라고 하는 정자가 있는

동편의 일곽一郭과 안채와 사랑채가 있는 서편의 일곽一郭으로 나누어

볼 수 있다. 정사精舍로 들어가는 대문은 남향 대문이 따로 있는 문간

채가 있고, 안채로 들어가는 대문은 동향 대문인데 이 대문은 약 50년

전에 초가지붕이었던 것을 수리하면서 지금처럼 만들었다고 한다. 일

반적인 기와집들의 정자는 협문으로 외부와 직접 연결하는 방식을 취

평대문의 대문채

하고 있는 반면, 이 집은 별채와 같은 개념으로 대문채를 별도로 만들고 그 옆에 행랑채를 이어 만든 것이 특이하다. 이것은 주인이 외부의 손님을 안채의 담장으로 맞이하지 않고 별도의 공간에서 맞이하려는 특별한 의도를 건축물로 표현한 것이라 볼 수 있다.

정사精舍와 안채 사이는 담장으로 구획하고 있으며, 사랑채와 안채에서는 협문으로 출입하게 되어 있다. 사랑채로 가는 길목 위쪽에 사당을 만들고 정사로 가는 길은 사랑 위쪽에 난 길을 따라 가게 만들었다. 사당은 별도의 담으로 구성되어 있으며 앞에 커다란 전나무가 늠름하게 서서 이 집에서 일어나는 일들을 조목조목 관찰하는 것처럼 보인다.

대문채는 세 칸으로 가운데 판문을 두고 그 옆으로 쪽문을 달았다. 사랑채 쪽 한 칸은 방을 달아 청지기방을 두었는데, 안쪽에서 보면 방

정자 협문에서 바라본 안채의 협문

사랑채 전경

사랑채 오르는 계단의 멋

과 한 칸의 바깥측간 앞으로 툇칸을 만들어 둔 모습이 특이하다. 또 지붕 용마루의 적새를 지붕 끝에서 낮추어 2단으로 용마루의 높이를 조절한 점도 우리 한옥의 지붕에서 느낄 수 있는 멋 중 하나이다.

사랑채는 높은 기단을 2단으로 쌓아 문간채와 높이를 맞추고, 두 군데에 돌계단을 마련하여 오르도록 했다. 맞배지붕으로 전면에 원주를 세우고 툇마루를 만들었으며 나머지는 방주를 세워 두 칸의 대청마루와 한 칸의 안방, 그리고 한 칸의 건넌방과 부엌을 두었다. 대청마루는 한 칸으로 띠살무늬 4분합문을 달았고, 건넌방에는 전면으로 띠살무늬 외짝 덧문을 달았다. 전면의 사랑마당은 넓고 앞 담장이 낮아 마을 앞

장엄한 느낌을 주는 용두조각의 보머리를 갖춘 사당

안채 건물들의 조화

자연 속으로
날아 들어가는 한수헌

소나무의 곡선을 닮은 기둥

한주정사 앞 노송과의 어울림

이 훤히 보이고 지금은 채소밭으로 만들어 이용하고 있다. 사랑채 앞 기단 아래는 푸르른 나무와 꽃으로 아름답게 꾸며 놓았다.

안채는 높은 기단 위에 자연석 주춧돌을 놓고 방주를 그랭이질하여 세웠는데 보머리 절단법과 보아지 등의 가구 기법이 조선후기 건축의 특징을 잘 나타내고 있다. 특히 사랑채에서 안채로 직접 들어가는 통로는 집 주인의 세심한 의도가 돋보인다.

안채의 규모는 3량 집으로, 평면은 대청마루를 중심으로 오른쪽에 부엌 한 칸, 온돌방 두 칸을 두었다. 부엌을 제외한 부분에는 앞쪽에 툇마루가 놓여 있는데 전형적인 남부지방 '一'자형 가옥이다. 안채에는 남향한 '一'자의 정침과, 좌측에 역시 '一'자형의 세 칸짜리 곳간채가 있고, 우측에 다시 '一'자형의 세 칸짜리 아랫채, 그리고 남쪽에 일곱 칸짜리 '一'자형의 대문채 등 네 동이 튼 'ㅁ'자를 이루며 안마당을 감싸고 있다. 그리고 안마당 한편에는 원형의 화단을 만들어 사시사철 자연의 아름다움을 느낄 수 있도록 배려했다.

정자의 당호는 한주정사寒洲精舍로 대문채에서 계단을 따라 올라가면 전면에 막돌 허튼층쌓기 한 높은 축대 위에 정면 네 칸의 'ㄱ'자 형태에 중앙 두 칸이 대청이고 양쪽에 방을 두었다. 동쪽 방은 뒤로 두 칸을 내고 앞쪽으로는 누마루를 한 칸 돌출시킨 형태로 되어있다. 누마루의 당호는 한주정사로 하고, 대청마루는 만직당으로 하였으며, 각각의 방에도 당호를 달아 조선시대 선비들의 호연지기를 느끼게 한다. 서쪽 방의 대청마루 쪽 방문은 넉살무늬를 잔잔하게 꾸민 네모난 불발기창으로 만들어 필요에 따라서 천장에 메달 수 있도록 하였다. 이로써 한여름에는 문을 열면 네 개의 공간이 하나의 공간으로 변하게 된다. 대청마루의 북쪽에는 널문을 달아 추운 날씨에는 닫을 수 있도록 하였으며, 판문을 열면 후원과 담 너머 뒷동산(영취산)의 아름다움을 느낄 수 있도록 하였다. 이 건물의 기둥은 전면에는 원주를 사용하였고 나머지는 방주를 사용하였다. 특히 누마루에는 박쥐문의 청판에 활주를 달아 멋을 더했으며, 건물 중앙에 있는 오래된 노송은 그 멋을 한층 북돋고 있다.

정자의 누마루에 앉으면 안채와 사랑채의 경치가 아늑히 보이며, 넓은 마을 앞 들판은 발아래로 보이고 마을 안산은 대청마루와 같은 높이로 보여 하늘 위에 떠 있는 신선 같은 느낌에 빠지게 한다. 또 자연과 어울리는 아름다움을 위하여 정자 동편으로 방형의 연못을 파고 산에서 내려오는 물이 연못을 거처 나가도록 만들었고, 연못 위에는 인공섬을 만들어 우주를 안으려는 주인의 마음을 읽을 수 있게 한다. 담 너머 노송과 주위의 기암괴석, 수백 년 된 소나무들이 한층 더 분위기를 그윽하게 하고 있다. 연지 주위에는 부상당한 석장승이 세월의 느낌을 깨우치게 하고, 외짝의 연자방아 돌은 집안의 풍요했던 시절을 나타내며, 잊혀진 한 짝의 돌은 세월을 무색하게 한다.

대산리 하회댁 大山里河回宅

경북문화재자료 제326호 | 경북 성주군 월항면 대산리 410

9

● ● ●

이 가옥은 마을 가운데 길로 중간쯤 올라가면 좌측으로 교리댁과 담장을 대고 있는데, 하회댁이라는 택호는 현 소유자의 처가 안동 하회마을에서 시집을 왔다고 하여 붙여졌다고 한다. 남자의 벼슬이나 당호를 이용하여 택호를 정하는 것이 기본이라는 상식을 완전히 뒤엎는 택호가 아닐 수 없다.

　대문에 들어서면 사랑채가 우측으로 보이고 정면으로 협문이 보이는데 협문 사이로는 안채의 곳간 문이 보인다. 가옥의 배치는 'ㄷ'자형 평면의 안채를 중심으로 전면에 'ㅡ'자형 평면의 중문채가 튼 'ㅁ'자형의 배치를 이루고 있으며, 안채 우측으로 독립된 사랑채가 자리하고 있다. 지금은 사용하지 않지만 남향의 대문채가 앞쪽으로 있어 사랑채 마당을 지나 중문으로 들어가도록 하였다. 따라서 현재 사용하는 문은 본래 바깥주인만이 사용하는 별도의 문이고, 다른 사람들은 대문을 이용하도록 하였을 것이다. 그런데 일반적인 사대부집에서 사랑채 대문에 들어서면 일부분이나마 안채로 향하는 안대문이 보이는 것과 다르게 이 가옥은 이정표가 없이는 찾을 수 없을 것처럼 시선 축에서 한쪽

안채로 연결되는 협문과 사랑채

으로 치우친 것이 특이하다. 현재는 이 문을 개가 지키고 있다.

사랑채는 전면 다섯 칸의 크기로 대청마루의 기둥 간격이 등간격을 이루고 있으나 두 칸 크기인 대청마루 부분의 한 칸은 기둥 간격을 작게 하였으며 작은 폭의 기둥 칸 사이에 섬돌을 놓고 올라가도록 했다. 시선을 모으는 묘미가 멋스럽다. 사랑채는 대문 쪽으로 두 칸의 대청과 툇마루, 머름을 가진 두 칸의 온돌방, 그리고 마루 없는 한 칸의 방으로 되어 있다. 특히 문은 겹문으로 속문인 미닫이문은 가는 살대로 간결하게 무늬를 구성한 것이 인상적이다. 성주 한개마을의 고택 중 사랑채 앞 정원을 가장 아름답고 단정하게 꾸며진 가옥으로 대문을 들어서는 순간 후손들의 정성어린 손길이 느껴져 인상적인 집이다. 경사지를 이용한 이 집의 특성상 여름에 대청마루의 북쪽 판문을 열면 사랑채 앞에는 낮은 담장으로 장애물 없이 마을 들판 너머 앞산까지 보이기 때문에 시원한 남풍이 이 집의 대청을 통해 뒤쪽의 높은 화계를 지나

넉살무늬 광창을 꾸민 불발기창의 절제된 아름다움

굽어진 충량보와 반자틀의 어울림

대산리 하회댁의 안채 풍경

집 안에서 사용하던 생활도구들을 곳간채에 전시하고 있는 흥미로운 풍경

사랑과 안채 건넌방 처마선의 어울림

하회댁의 안채

산으로 흘러 쾌적한 환경을 제공한다.

안채 출입은 사랑채 전면 우측의 협문을 통하도록 되어 있는데, 협문 옆에는 우산처럼 생긴 재미있는 향나무가 서 있다. 대감들이 행차할 때 쓰던 햇빛가리개처럼 특별히 호위를 받고 들어가는 듯한 기분을 느끼게 해준다.

안채로 들어서면 잔디를 잘 심어 놓은 안마당이 나타나고, 안채 남측 전면에 있는 중문채의 좌측으로 곳간채가 보인다. 이 집에서는 부엌과 연결되는 뒷마당을 눈여겨볼 필요가 있는데, 특히 토담으로 둘러쳐진 장독대의 단정함이 돋보인다. 안채는 북서쪽 모서리에 부엌을 두고 남쪽으로 작은 방이 있으며 툇마루를 만들어 별당처럼 독립된 공간을 만들어 놓았다. 안채의 중심에는 대청마루를 두었는데 분합문으로 전면을 처리하고 있다. 특히 맞배지붕으로 처리한 모서리의 건넌방에는 누마루에 계자각을 갖춘 난간을 두었는데, 사랑채에도 없는 이런 누마루의 모습은 안전을 위한 특별한 배려의 표현으로 보인다. 안마당에는 두 그루의 오래된 나무를 좌우로 배치하여 호위병처럼 심어 놓았다.

정돈된 정원, 깔끔함 안채의 부드러운 배치, 섬세한 꾸밈이 고풍스런 위엄보다는 포근히 감싸주는 어머니 품같은 느낌이 좋은 가옥이다.

극와고택 極窩古宅

경북문화재자료 제354호 | 경북 성주군 월항면 대산리 387

10

● ● ●

하회댁 대문을 지나 골목길을 따라 올라가다보면 우측으로 난
갈림길에 극와고택이 있다. 이 가옥은 대문이 없고 담으로 골목길과
공간을 구분하고 있으며 집 앞으로 난 골목길은 이 집 끝에서 꺾여 마
을 아래로 연결된다. 봄에 이 집 담장을 따라 심은 벚꽃이 활짝 필 때
면 사랑채 초가집과 돌담이 어울려 서정적이고 아름다운 한개마을의
아름다운 골목길 풍경을 느끼게 한다. 공조판서와 판의금부사를 역임
한 이원조의 손자인 홍문관 교리 이귀상의 아들 극와極窩 이주희李澍熙
가 철종 3년(1852)에 건립하여 극와고택으로 전하는 가옥이다. 건립 당
시 가옥의 배치 형태는 안마당 동쪽에 광채가 있어 튼 'ㄷ'자형을 이루
고 있었다고 전하나 지금은 'ㅡ'자형의 사랑채와 안채만이 경사진 언덕
을 따라 '二'자형으로 배치된 형태를 하고 있다. 건물을 지은 극와 선
생은 어머니가 돌아가시자 3년 동안 흰옷과 흰 갓을 쓰고 어머니를 생
각하는 생활을 실천한 효자였다고 한다. 또한, 한일합방 소식이 전해
지자 이를 한탄하며 방에 거적을 깔고 생활하면서 한 번도 외출을 하지
않은 애국지사였다고 한다.

막돌허튼층 쌓기 한 기단의 부드러운 안채

　사랑채는 특이하게 초가집이며 정면 네 칸 측면 한 칸 반의 규모에 가운데 큰 사랑방 두 칸, 사랑마루 한 칸을 배치하고, 큰 사랑방 좌측으로 작은 사랑방 한 칸을 덧붙인 형태다. 사랑채 마루 끝 귀틀의 장귀틀 아래 부분이 밑으로 둥글게 처리되어 기단 아래에서 보면 마치 건물이 물 위에 뜬 배처럼 보인다. 더욱이 사랑채가 초가집인 점은 상당히 의아스럽게 생각되는데, 집 주인이 사랑채보다 오히려 아녀자들과 아이들의 터전인 안채를 더 중시한 것은 아니었을까 싶다. 말하자면 이 마을에서는 부인에 대한 지극한 사랑이 미덕이었던 것 같다고 생각하고 싶다. 하지만 필자의 이런 생각은 동네의 나이 많은 어르신 말씀에 의하여 산산이 부서지고 말았다. 그 어르신의 증언에 따르면 예전의 극와고택 사랑채는 분명히 기와집이었으며, 언젠가 정비 사업을 하면서 초가집으로 바뀌었다는 것이다.

안채 부엌 살창의 멋스러운 조각

만석의 각자된 섬돌을 밟으며 마음으로의 풍요를 느끼고자 했던 삶의 표정

자연에 승화하기 위헤 커다란 암반 위에 올려놓은 안채

안채는 기와집으로 정면 여섯 칸 반의 규모에 중앙 대청 두 칸을 중심으로 좌측에 부엌 한 칸 반, 안방 두 칸, 우측으로 건넌방 한 칸이 연속 배열되어 있다. 이 가옥은 대문이 담장의 모서리에서 연결되는데, 한주종택으로 올라가는 토석담과 어울려 가장 전통적인 한옥 마을의 골목길을 느끼게 하는 장소이기도 하다.

안채는 정면 일곱 칸 측면 한 칸 규모로, 중앙에 대청마루를 두고 서편에 부엌과 아궁이, 동쪽 끝에는 함실아궁이를 둔 건넌방이 자리하고 있다. 안채는 경사진 대지의 형태에 따라 지어 놓았는데, 이 가옥에서 가장 높은 뒤편에 큼지막한 호박돌을 세 줄 쌓아 높게 기단을 만들고 그 위에 가공된 초석을 놓고 방주를 세워 공포를 짜고 맞배지붕으로 마무리를 하였다. 동쪽 벽에는 띠살무늬 2분합문을 달고 쪽마루는 설치하지 않은 것으로 보아 출입을 위한 문이라기보다는 채광을 위한 문으로 보인다. 기둥은 곡선부재 없이 방주의 직선부재를 사용하여 투박하고 경직된 느낌이 든다.

특히 안채는 3군데의 건축적인 아름다움을 찾을 수 있다.

첫째, 안채 가운데에 놓인 디딤돌에 '만석萬石'이라는 각자가 눈에 띈다.

둘째, 동쪽 뒷편 기둥을 커다란 암반 위에 올려 자연에 순응하려는 주인의 마음을 느끼게 하는 멋이 있다.

셋째, 부엌의 광창인 살창의 멋스런 조각과 부엌 솥위로 나온 안방다락의 아래부분을 둥근 곡선나무로 둥글게 돌려 부엌에 일하는 여인들의 편리와 멋을 표현하고 있다.

안채 마루에서 앉아서 앞을 내려다보면 마을 앞에 펼쳐진 들판과 냇가가 보여 시원스럽다. 그리고 방 앞으로는 툇마루를 두어 유기적으로

강학당 망와의 표정

한천서당

밖과 안의 동선을 편리하게 사용하도록 하였다.

한개마을에는 또 동쪽 끝자락 한가한 장소에 한천서당 건물이 자리하고 있다. 작은 개울 건너 조용한 동쪽에 자리한 이 서당은 주변에 건물이 없이 조용하고 한적한 곳에 있어 예전 당시 선조들의 면학 분위기를 느끼게 한다. 강학공간인 월봉정은 중앙에 대청마루를 두고 좌우에 온돌방을 두었다. 서편에 있는 양심재의 대청과 만나는 벽은 마치 벽체와 같은 분합문을 달아 맹장지를 양면으로 발라 꾸몄는데, 평소에는 분합문을 출입문으로 쓰다가 필요하면 모두를 한꺼번에 들어 올려 열수 있는 구조로 만들어 분합이 불발기창의 역할을 하도록 한 것이 특이하다. 또 중간에 눈꼽재기 창문을 만들어 평소에는 이 창문으로 대청에서 공부하는 학생들의 동태를 파악할 수 있게 하였다. 학생들이 기거했을 강학당은 맞배지붕에 세 칸 규모의 집으로 되어 있는데, 이 건물의 용마루 망와는 벽사의 의미를 담은 도깨비 형상이 아니라 할아버지의 웃음 같은 표정을 하고 있어 학생들이 공부하는 모습을 흐뭇하게 바라보는 모습 같다. 이 서당은 뒤쪽으로 협문이 있고 그 옆에 문간채겸 곳간채가 있는데 곳간채는 창문 없이 토벽으로 쌓고 두툼한 두 짝짜리 판문으로 되어 있어 매우 투박한 느낌을 준다.

마을 안길이자 종가로 가는 길

초가와 어울림

안사랑

서정호徐廷昊

일본 九州대학 공학부 건축학 전공(공학박사)
현재 공주대학교 문화재보존과학과 교수
(전통건축학, 문화재수복기술, 문화유적복원, 목조문화재보존)
한국문화재보존과학회 이사
한국기와학회 이사
하남역사연구소 이사
경기도 문화재위원(유형문화재분과)
공주시 재정심의위원
천안시정발전연구원 자문위원

논 문

「고대 銘文 陶板의 연대측정 및 재질의 성분분석에 관한 연구」
(『백산학보』68호)
「高麗時代 銀製龍頭連唐草文자물쇠의 新例와 保存方案」
(『문화사학』22호)
「粉靑沙器 陶窯止 保存의 必要性에 대한 考察-忠南 燕岐郡 達田里 窯址를 중심
으로-」(『문화사학』28호)
「高句麗時代 城郭의 門樓에 대한 硏究」(『고구려연구』9집)
「벽화를 통해 본 고구려의 집문화(주거문화)」(『고구려연구』17집)

저 서

문화재를 위한 보존방법론(2009, 경인문화사)

보고서

석조문화재 재해발생 예측 진단시스템 개발
(국립문화재연구소 R&D)
죽주산성 출토 목재유물 보존처리 외 다수
조선시대 청화주전자 수리복원
영국사 출토 철재유물 보존처리
용인죽전지구 출토 문화재복원(죽전 문화재공원 조성) 외 다수
문화재 이전 및 복원관련 용역 다수 시행

그리움으로 찾아가는 아름다운 전통 가옥과의 만남

한옥의 美 ❶

초판 1쇄 발행 | 2010년 7월 15일
초판 2쇄 발행 | 2010년 10월 25일

저 자 | 서정호
발행인 | 한정희
발행처 | 경인문화사
등록번호 | 제10-18호(1973년 11월 8일)
편 집 | 신학태 김지선 문영주 안상준 정연규
영 업 | 이화표   관 리 | 하재일 양현주
주 소 | 서울특별시 마포구 마포동 324-3
전 화 | 718-4831~2   팩 스 | 703-9711
홈페이지 | http://www.kyunginp.co.kr
이메일 | kyunginp@chol.com

ISBN 978-89-499-0731-4 04610
ISBN 978-89-499-0730-7 (세트)
값 30,000원